深圳职业技术学院学术出版基金资助

The Proceedings in Which State Immunity Cannot be Invoked

不得援引国家豁免的诉讼

——国家及其财产管辖豁免例外问题研究

夏林华 著

暨南大學出版社
JINAN UNIVERSITY PRESS

中国·广州

图书在版编目（CIP）数据

不得援引国家豁免的诉讼：国家及其财产管辖豁免例外问题研究/夏林华著．—广州：暨南大学出版社，2011.8
ISBN 978-7-81135-908-4

Ⅰ.①不… Ⅱ.①夏… Ⅲ.①豁免权—研究 Ⅳ.①D993.7

中国版本图书馆 CIP 数据核字(2011)第 140671 号

出版发行：暨南大学出版社

地　址：中国广州暨南大学
电　话：总编室（8620）85221601
营销部（8620）85225284　85228291　85228292（邮购）
传　真：（8620）85221583（办公室）　85223774（营销部）
邮　编：510630
网　址：http：//www.jnupress.com　http：//press.jnu.edu.cn

排　版：广州市天河星辰文化发展部照排中心
印　刷：佛山市浩文彩色印刷有限公司

开　本：787mm×960mm　1/16
印　张：13.25
字　数：250 千
版　次：2011 年 8 月第 1 版
印　次：2011 年 8 月第 1 次

定　价：28.00 元

序　言

国家及其财产管辖豁免是一项普遍接受的习惯国际法原则。按照这一原则，一国及其财产在另一国的法院享有管辖豁免。但是，随着经济全球化的发展，国家从事国际商业活动日益增多，国家及其财产管辖豁免原则是否存在例外以及例外的范围问题引起了国际社会激烈的争论。有关国家豁免问题的国际法理论和实践的最新发展反映在第59届联合国大会于2004年12月16日通过的《联合国国家及其财产管辖豁免公约》。该公约在明确肯定国家及其财产管辖豁免是国际法原则的同时，第一次以全球性公约的形式明确规定了“不得援引国家豁免”的八类诉讼，为国际社会处理国家管辖豁免的例外问题提供了明确的法律规则。

国家及其财产管辖豁免问题，既是国际法的重大理论问题，也是国际社会中迫切需要解决的现实问题。20世纪70年代以来，美国（1976年）、英国（1978年）、加拿大（1982年）、澳大利亚（1985年）等国相继通过国内立法对国家豁免进行限制，为本国法院处理国家豁免领域的诉讼案件提供了法律依据。近年来，在国家豁免领域，我国已面临多起在他国被诉的案件。长期以来，我国缺乏对国家管辖豁免例外问题的研究，也缺乏相关的国内立法。这使得我国在处理国家管辖豁免领域的诉讼案件方面，长期处于被动应付的局面。

夏林华博士的《不得援引国家豁免的诉讼——国家及其财产管辖豁免的例外问题研究》是我国第一部专门对不得援引国家豁免诉讼问题进行研究的学术专著，是对国家及其财产管辖豁免例外问题开创性研究的学术成果，有重要的理论和实际价值。

不得援引国家豁免的诉讼问题是国家豁免领域的一个最核心又最具争议的问题。作者选取这一核心问题进行研究，反映了作者勇于探索的学术精神。该书研究视角独特，研究方法多样。作者对《联合国国家及其财产管辖豁免公约》中有关不得援引国家豁免的诉讼的法律规则进行了比较全面的梳理和研究，并在此基础上进一步探讨了该领域的理论、实践问题及其发展趋势。该书资料新颖、全面。作者收集、阅读和研究了国内外大量的资料，为该书的写作奠定了坚实的资料基础。该书理论联系实际，内容丰富，结论合理。作者在深入研究的基础上提出了自己独到的见解，反映出作者良好的学风和认真做学问的态度。例如，在商业交易的判断上，针对有关“性质”和“目的”的争论，作者提出应该从行为的全过程着手，在一些情形下除了考察行为的性质、目的或动机以外，还要考察其他如场地等补充性的因素，这样才能对国家的行为作出更准确的定性。又如，对政府中途介入国有企业所从事的商业交易的问题，作者认为要综合考察整个涉案行为的商业性，国有企业的商业交易行为并不一定因政府行为的介入而改变其性质。本书还对一些国家随意扩大本国法院对外国侵权行为管辖范围的趋势表示了担忧，提出应该严格按照有关公约的规定确定管辖的基础，如“侵权行为地”标准、“损害发生地”标准等；本书在分析大量的案例的基础上，较全面地概括了各国在处理有关雇佣合同诉讼中的国家豁免问题时的四种做法，主张雇员的工作内容、性质等因素应该作为确定被告国是否享有豁免权的重要依据。

本书是在作者博士论文的基础上经过修改补充而完成的。在博士论文的评阅和答辩中，该文获得了校内外专家的一致好评。本书作为开拓创新之作，难免存在不足。例如，限于篇幅，本书没有对香港法院正在处理的国家豁免案件进行分析。但是，无论是从事国家豁免领域的理论研究，还是从事国家豁免领域的立法或司法实践工作，本书都是一本有价值的参考书。作者在武汉大学攻读博士学位期间，我作为其导师，非常了解作者对国际法研究的全心投入。因此，很高兴借此机会，将作者和本书介绍给大家。我也衷心祝愿作者今后在国际法学的研究和教学中取得更大的进步。

邵沙平

2011 年 5 月 24 日

（序言作者为中国人民大学法学院国际法教授，博士生导师）

目 录

序 言 …………………………………………………………………… 1

第一章 导 论 …………………………………………………………… 1
第一节 国家及其财产管辖豁免问题概述 ………………………… 1
第二节 国家豁免理论与实践的历史审视 ………………………… 6
第三节 不得援引国家豁免的诉讼的范围 ………………………… 17

第二章 商业交易 ………………………………………………………… 32
第一节 《联合国国家豁免公约》中的“商业交易”条款 ………… 32
第二节 其他国际条约与各国立法中的有关条款 ………………… 39
第三节 商业交易的判断依据问题 ………………………………… 45
第四节 特殊领域中的商业交易 …………………………………… 55
第五节 关于“国际私法的适用规则”问题 ………………………… 59

第三章 仲裁协定 ………………………………………………………… 67
第一节 仲裁与国家豁免的关系 …………………………………… 68
第二节 《联合国国家豁免公约》中的“仲裁协定”条款 ………… 70
第三节 其他国际条约与各国立法中的有关条款 ………………… 72
第四节 司法审判实践 ……………………………………………… 76

第四章 人身伤害和财产损害 …………………………………………… 86
第一节 人身伤害和财产损害问题概述 …………………………… 86
第二节 《联合国国家豁免公约》中的“人身伤害和财产损害”条款 …… 88
第三节 其他国际条约及各国立法中的有关条款 ………………… 91
第四节 “人身伤害和财产损害”例外的几个要件 ………………… 94
第五节 司法审判实践 ……………………………………………… 99

第五章　国有船舶 ………………………………………………………… 111
第一节　国有船舶豁免问题概述 ……………………………………………… 111
第二节　《联合国国家豁免公约》中的"国有船舶"条款 …………………… 112
第三节　《布鲁塞尔公约》与各国立法中的有关条款 ……………………… 117
第四节　司法审判实践 ………………………………………………………… 124

第六章　雇用合同 …………………………………………………………… 134
第一节　雇用合同问题概述 …………………………………………………… 134
第二节　《联合国国家豁免公约》中的"雇用合同"条款 …………………… 137
第三节　其他国际条约与各国立法中的有关条款 …………………………… 143
第四节　司法审判实践 ………………………………………………………… 147

第七章　我国的立场与对策 ………………………………………………… 166
第一节　我国在国家豁免问题上的立场 ……………………………………… 166
第二节　我国司法实务中有关不得援引国家豁免的诉讼问题 ……………… 180
第三节　我国国家豁免立法中有关不得援引国家豁免的诉讼问题 ………… 186

结束语 ………………………………………………………………………… 192

参考文献 ……………………………………………………………………… 196

附录:《联合国国家及其财产管辖豁免公约》 ……………………………… 200

第一章 导 论

第一节 国家及其财产管辖豁免问题概述

一、关于国家及其财产管辖豁免原则

国际社会是由众多独立并存的主权国家组成的。国际体系内中央权威的缺乏必然导致各主权国家之间法律上的平等，因为主权本身就是一种平等权利。① 法学家巴托尔在1354年曾经提出“平等者之间无管辖权”的著名学说。② 根据这一学说，引申出一项原则，即主权国家不受外国法院管辖，这就是国家豁免原则。

国家豁免是习惯国际法中一个比较古老的原则。《联合国国家及其财产管辖豁免公约》第五条明确规定：一国本身及其财产在另一国法院享有管辖豁免。从公约的规定可以看出，豁免的范围不仅包括国家不受另一国法院的审判，而且包括国家财产在另一国法院的诉讼中不应受到扣押和执行令状等强制措施。豁免的内容就广义而言应包括整个司法程序，即从诉讼的提起或成立、传票的送达、调查、审查、讯问、能够构成临时措施的命令，到开列判决之各种情况的决定，以及这些判决的执行等，但一般主要指两部分，即司法管辖豁免和执行豁免。③

根据国家及其财产豁免原则，国家不受另一国法院审判，其财产在另一国法院也可免于遭受扣押等强制执行措施。但这并不表示国家可以免除其实

---

① ［美］熊玠．无政府状态与世界秩序．余逊达，张铁军译．杭州：浙江人民出版社，2001．109．

② 参见巴托尔．论报仇．1354．问题Ⅰ/3，第10号。转引自李浩培文选．北京：法律出版社，2000．528．

③ Louis Henkin, Richard C. Paugh, Oscar Schachter et al. *International Law: Case and Materials* (3rd ed.). West Publishing Co., 1993, 1127.

体法上的责任，它只是赋予国家享有程序上的豁免而已。[1] 此外，这也并不表示案件不能被裁判，只是因为案件涉及的当事人为外国国家或政府，所以国内法院依法不予管辖。至于实行国家豁免的方式，《联合国国家豁免公约》第六条第一款规定：一国应避免对在其法院对另一国提起的诉讼行使管辖权，并应为此保证其法院主动地确定该另一国享有的豁免权得到尊重。同时该条第二款还规定了两种被视为对他国提起诉讼的情形：一是他国被指明为某诉讼的当事方；二是他国虽未被指明为诉讼的当事方，但诉讼实际上企图影响他国的财产、权利、利益或活动。

"国家及其财产享有豁免权"也并不表示外国的任何行为都可以不受任何拘束而为所欲为。《联合国国家豁免公约》规定，国家在某些情形下或从事某些特定行为时，不得主张援引国家豁免。这主要包括国家明示同意外国法院行使管辖（第七条）、一国本身在外国法院提起或介入诉讼或采取与案件实体有关的步骤（第八条）、一国就另一国法院的诉讼提起反诉（第九条）等情形，以及国家在有关下列事由的诉讼中不得援引国家豁免：商业交易（第十条），雇用合同（第十一条），人身伤害和财产损害（第十二条），财产的所有、占有和使用（第十三条），知识产权和工业产权（第十四条），参加公司或其他集体机构（第十五条），国家拥有或经营的船舶（第十六条），仲裁协定（第十七条）等。

从法律实务的角度来看，"国家及其财产豁免"是国际民事诉讼活动中常见的问题，涉及国际公法、国际私法和国际经济法等领域，既受国际法的规制，又受有关国家的国内法规范。这主要是因为在目前的国际经济活动中，国家本身常常会不可避免地参与民事交易活动，如基于公共目的采购军备和购买医药品等。而从民事法律关系的角度来看，国家理当和普通当事人一样享有同样的民事权利和承担同样的民事义务，所以地位应是相同的。但是，国家又是一个主权者，基于国与国之间主权平等，除非国家同意，否则其本身及其财产都不应受外国法院管辖。在这种情况下，一旦产生国际民事争议，一个国家是否能在外国法院被诉，或是国家财产是否能在外国法院作为诉讼标的，往往成了一个不可避免而必须先解决的问题。

早在19世纪末期，就开始有国际学术机构就国家豁免问题展开学术研究。1891年，国际法学会（Institut de Droit International）在汉堡召开会议，通过了一个决议。该决议声称："国家在有关商业、工业或国家领土内经营的

---

① Sompong Sucharitkul. Development and Prospects of the Doctrine of State Immunity: Some Aspects of Codification and Progressive Development. *Netherlands International Law Review*, Vol. XXIX, 1982, 256.

铁路方面的诉讼中不得援引管辖豁免。”[①] 国际法学会在1954年的会议中通过了一个有关“外国国家管辖和强制执行豁免”方面的文件，该文件只有五个条款，是对1891年决议的补充与修订。[②] 1932年，《美国国际法杂志》（增刊）发表了哈佛法学院起草的一个有关一系列专题的国际公约草案，其中包括“国内法院对外国国家的管辖权问题”。该草案第九、十、十一、十二条分别规定了外国国家在有关权利、不动产、商业交易、工业、金融及国家债务等的诉讼中不得援引管辖权的豁免。[③] 国际律师协会（International Bar Association，IBA）于1956年第六次会议期间举办了一个关于“限制国家在有关国家侵权和商业合同的诉讼中援引主权豁免”的研讨会，但这次会议没有通过任何决议。[④] 1960年，国际律师协会第八次会议通过了“关于国家在其领土外从事商业行为时的国家豁免”的决议。[⑤] 该决议与哈佛法学院起草的公约草案的内容大体相似。国际法协会（International Law Association，ILA）在20世纪初就非常关注国家豁免问题。1926年，国际法协会在维也纳召开第34届会议，讨论了法兰克福大学教授Karl Strupp起草的“国际法上的豁免公约”草案。该草案第三条规定，国家在有关其商业行为、法院地国的不动产、雇佣合同等的诉讼中不得援引管辖豁免。[⑥] 在1950年哥本哈根第44届会议和1952年卢赛恩第45届会议上，国际法协会继续讨论了国家豁免的问题。在卢赛恩会议上还通过了一个关于“外国在有关其参加的私人实体的诉讼中不得援引管辖豁免”的决议。[⑦] 1980年，在贝尔格莱德召开的第59届会议上，国际法协会执行委员会任命了一个18人小组，专门研究并起草有关国家豁免的公约。1982年，蒙特利尔第61届会议通过了《国家豁免公约草案》[⑧]。1994年，国际法协会在布宜诺斯艾利斯对该草案作了进一步修改。[⑨]

各国有关国家豁免方面的国内立法始于20世纪70年代，主要是一些普通法系的国家，其中最具代表性的是美国1976年《外国主权豁免法》、英国1978年《国家豁免法》、澳大利亚1985年《外国国家豁免法》等。在国际层

---

① *Annuaire de l'Institut de Droit International* 1891, at 436 – 437.

② *Annuaire de l'Institut de Droit International* 1954, at 221 – 222.

③ G. M. Badr. *State Immunity: An Analytical and Prognostic View*. Martinus Nijhoff Publishers, 1984, 143.

④ IBA. *The Sixth Conference Report*. Martinus Nijhoff, 1957, at 238 – 247.

⑤ IBA, *The Eight Conference Report*. Martinus Nijhoff, 1960, at 8 – 10.

⑥ *Report of the Thirty-fourth Conference of ILA*, Vienna, 1926, at 426 – 440.

⑦ *Report of the Forty-fifth Conference of ILA*, Lucerne, 1952, at 395 – 406.

⑧ *Report of the Sixty-first Conference of ILA*, Montreal, 1982, at 372 – 391.

⑨ *Report of the Sixty-sixth Conference of ILA*, Buenos Aires, 1994, at 291 – 305.

面上，早在19世纪末期，就有国际机构就国家豁免问题开展学术研究。① 这些学术研究有力地促进了国家豁免原则、规则和制度的发展，为国家豁免问题的国际法编纂奠定了基础。欧盟理事会于1972年通过了《关于国家豁免的欧洲公约》，这是第一个在国际层面上具有法律约束力的国家豁免公约。联合国国际法委员会于1979年在联合国大会的建议下开始着手研究国家及其财产管辖豁免的法律问题。② 国际法委员会先后于1986年和1991年一读和二读通过了《国家及其财产管辖豁免条款草案》。经过二十多年的努力，《联合国国家及其财产管辖豁免公约》（以下简称《联合国国家豁免公约》）最终于2004年12月16日经第59届联大通过，这标志着国家及其财产豁免原则的演变进入了一个新的里程碑，即迈出了国际统一立法与司法实践的实质性的一步。

二、国家及其财产豁免问题的产生

国家及其财产豁免既是一项基于国家尊严、独立、主权和平等的国际公法原则，又是一项限制国内法院权限的国际私法规则，它产生的背景是国内法院审理有关涉及外国国家或其财产的民事案件，即在一国法院对另一国提起诉讼。虽然是民事案件，但由于涉及主权国家，所以既要考虑国际私法规则，也要接受国际公法的规范。

根据《联合国国家豁免公约》第六条第二款的规定，下列情况被视为对国家提起的诉讼，被诉国可以提出“国家豁免”作为抗辩理由：一是一国在另一国法院的诉讼中被指明为诉讼的当事一方；二是虽未被指明为诉讼的当事方，但该诉讼实际上是企图影响该国的财产、权利、利益或活动。在实践中，一国没有明确被指为诉讼当事方的情况下，法院给予其管辖豁免的情况比较多，但也有很多案例，国家实际被指明为被告直接牵连在诉讼中而法院也给予其豁免。③

上述第一种情况适用于指明国家本身或公约第二条第一款第（二）项规

① 早期在国际立法方面的努力包括1891年国际法学会的汉堡决议（*Annuaire de l'Institut de Droit International* 1891, at 436 - 437）、1926年国际法协会讨论的“国际法上的豁免公约草案”（*Report of the Thirty-Fourth Conference of ILA*, Vienna, 1926）、1932年的哈佛法学院草案（G. M. Badr. *State Immunity: An Analytical and Prognostic View*, Martinus Nijhoff Publishers, 1984, 143）、1960年国际律师协会第八次会议决议（IBA. *The Eighth Conference Report*, 1960, at 8 - 10），以及1982年国际法协会修订的“蒙特利尔草案”（*Report of the Sixty-first Conference of ILA*, Montreal, 1982）。

② 1979年12月19日，第32届联大通过第32/151号决议，建议国际法委员会着手研究国家及其财产管辖豁免的法律，以逐渐发展和编纂国家豁免法。

③ *Report of the Forty-third Conference of ILC*, 1991, 47.

定的其他实体为当事方的所有诉讼。① 一国被指明为争讼的当事一方，则它无疑被牵连在另一国法院的争讼中。但许多有关国家豁免的案例显示，以国家直接作为被告的情况实际上比较少，大多数诉讼是关于国有企业以及国家的舰艇、访问部队、弹药武器和飞机等的。② 必须注意的是，豁免问题只有在被告国不愿意或不同意被控告时才发生，如果被告国同意成为诉讼的当事人，则不发生豁免问题。《联合国国家豁免公约》第二十条规定：一国可以明示同意他国法院对其财产采取强制措施，但按照第七条的规定同意行使管辖，并不构成默示同意采取强制措施。因此，即使国家以明示的方法放弃了管辖豁免权，可是在判决作出前或下达后如果牵涉到对其财产进行扣押或执行，则国家也可以提出豁免主张。

此外，根据《联合国国家豁免公约》第八条第一款的规定，一国本身在另一国法院提起诉讼，即国家本身作为原告，以及一国介入另一国法院的诉讼或采取与案件实体有关的任何其他步骤时，该国不得援引国家豁免。《联合国国家豁免公约》第九条规定了反诉的情况，分为三种情形：一是如果被告在诉讼中提起与主诉的国家对该反诉也不能主张国家豁免；二是一国介入另一国法院的诉讼中提出诉讼请求，则不得就与该国提出的诉讼请求相同的法律关系或事实引起的任何反诉援引管辖豁免；三是一国在另一国法院对该国提起的诉讼中提出反诉，则不得就本诉向法院援引管辖豁免。

被视为是对国家提起的诉讼的第二种情况表示，即使国家不被直接指明为被告，但诉讼如果涉及国家的财产、权利、利益或活动等事项时，该国家也可以主张豁免。这种情形发生的第一种可能性是，诉讼是针对或影响到一个外国国家所拥有或控制的财产，则外国可以要求援引国家豁免。例如，针对国家拥有的船舶所提起的对物诉讼就是一个典型例子。③ 如前所述，在国家实践中，有关国家舰艇、访问部队、弹药和武器、飞机等的豁免案件非常多，而且给予豁免的对象也不限于外国直接拥有的财产，还包括外国实际控制的财产。至于另一种可能则是在对外国国家的财产受托人或代理人提起的诉讼中，外国也可以提起国家豁免的主张。其实，在国家实践中，关于国家豁免的法律不是直接从对外国或外国政府提起的诉讼中发展而来的，而是较间接

① 《联合国国家及其财产管辖豁免公约》第二条第一款对作为豁免主体的“国家”作了解释，包括：①国家及其政府的各种机关；②有权行使主权权力并以该身份行事的联邦国家的组成单位或国家政治区分单位；③国家机构、部门或其他实体，但须他们有权行使并且实际在行使国家的主权权力；④以国家代表身份行事的国家代表。

② *Report of the Forty-third Conference of ILC*, 1991, 49.

③ Robert Jennings, Arthur Watts (eds). *Oppenheim's International Law*. Vol. 1, 9th ed., Part 1, England: Longman Group UK Limited, 1992, 348.

地通过一系列关于没收或扣押船只作为海上留置权、碰撞赔偿或救助服务费的诉讼发展起来的。[①] 因此，第二种情形在实践中更为常见。

必须指出的是，当诉讼影响到与国家有关的财产时，如果希望能够成功地主张国家豁免而排除外国法院的管辖权，则仅仅强调国家和该财产之间存在着一种利益关系是不够的，该国还必须提出充分的证据支持其主张。[②]

第二节　国家豁免理论与实践的历史审视

一、国家豁免原则演进的历史背景

很显然，国家及其财产管辖豁免问题产生的前提条件是：在国际社会中，国家之间通过各种方式进行交往。然而，在18世纪以前，国家之间在和平时期的往来主要限于外交使节的派遣和接受。因此，也仅出现了有关外交使节的特权及豁免制度。18世纪以后，随着欧洲各国中央集权制的加强，封建君主专制制度极为盛行，国家之间的关系愈来愈体现为君主个人之间的关系。正是在这一时期，作为国家主权者的君主的管辖豁免理论也就被提了出来。[③]

从18世纪后半叶开始，发端于英国的工业革命对近代国际关系的发展产生了深远的影响。尤其是进入19世纪以后，由于人工开凿运河、利用汽船航运以及修建铁路等，极大地改善了国际交通状况，促进了各国之间的往来，特别是推动了经济贸易关系的发展。

法国大革命和美国独立，又为近代资本主义的国家制度奠定了政治基础。在一些欧美国家中，政府及其各部门开始取代过去的封建专制君主个人，从而发挥着越来越重要的作用。同时，各国政府的职能也在不断扩大。例如，在经济领域，许多国家的政府直接参与铁路运输、邮电、电信事业以及金融等方面的活动。与此同时，近代各国政府的对外活动，也逐渐超出传统的外交关系领域，而扩大到经济以及其他领域。

特别是在19世纪以后，不仅国家政府之间的各种方式的交往迅速发展，一国政府及其机关与他国个人或法人之间的各种方式的交往关系也随之发展

---

① *Report of the Forty-third Conference of ILC*, 1991, 48.

② Robert Jennings and Arthur Watts (eds). *Oppenheim's International Law*, Vol. 1, 9th ed., Part 1, Longman Group UK Limited, 1992, Queen's Bench, 349.

③ G. M. Badr. *State Immunity: An Analytical and Prognostic View*, Martinus Nijhoff Publisher, 1984, 9.

起来。与此同时，在一些国家的国内法院出现了个人或法人诉外国政府的现象。① 正是在这种情况下，外国国家及其财产管辖豁免问题开始引起各国的关注。因此，工业革命以及资产阶级革命为近代国际法上国家管辖豁免问题的出现奠定了经济和政治基础；而政府职能的扩大以及对外活动的增多，又构成了国家管辖豁免问题产生的直接契机。②

资本主义生产方式发端于欧洲。当欧洲一些国家和美国已进入资本主义阶段时，其他各大洲的国家和地区仍然处于封建社会阶段，甚至有不少国家还处于奴隶社会或原始社会阶段。这种情况决定了欧美国家在近代国际关系中起着主要作用。正因如此，近代国际法起源于欧洲，且具有强烈的排他性，它把南美、亚、非各洲均排除在当时适用国际法的国际社会（“欧洲团体”）之外，称非基督教各国为非“文明”国家。③ 在近代国际关系史上，由于殖民主义、帝国主义的对外扩张，欧美资本主义国家和其他各国之间长期处于不平等的关系。例如，19 世纪期间，西方国家就通过不平等条约，在包括中国在内的一些东方国家获得了领事裁判权。④ 这些东方国家的领土主权因此单方面受到限制，其国内法院甚至连对普通的外国国民都不能行使正常的司法管辖。作为国际法上的国家管辖豁免问题只能出现在处于平等关系的国家之间。上述不平等的关系使有关国家之间的国家管辖豁免问题丧失了存在的基础。至于那些被西方国家完全侵占和吞并的亚非国家，由于已经丧失了原有的国家主权和独立，成为殖民地或附属地，因而就更不可能在外国法院要求国家豁免的权利。上述情况就决定了至少在 19 世纪末以前，国家管辖豁免问题只能出现在基本处于平等关系的欧美国家之间。

国家豁免的发展，主要是由一些西方国家判例法形成的。⑤ 19 世纪以来，各国的国内法院判例与国家豁免理论及实践的产生和发展密切相关。⑥ 通过考察国内法院判例可知，在 19 世纪以前，有关国家豁免的案例和国家实践极少。⑦ 到 19 世纪末期，除了斯堪的纳维亚半岛国家及荷兰外，国家豁免原则已经在欧洲和美国获得了广泛承认。⑧ 美国、英国、法国、德国、比利时、奥地利、意大利都有判例支持这一原则。

---

① S. Sucharitkul. *Immunities of Foreign States before National Authorities*. 1976, 8.
② J. Brohmer. *State Immunity and the Violation of Human Right*, Martinus Nijhoff Publisher, 1987, 14.
③ 梁西. 国际法（第二版）. 武汉：武汉大学出版社，2000. 30.
④ 周鲠生. 国际法（上册）. 北京：商务印书馆，1976. 288～298.
⑤ 倪征燠. 关于国家豁免的理论和实践. 中国国际法年刊，1983. 8.
⑥ G. M. Badr. *State Immunity: An Analytical and Prognostic View*. Martinus Nijhoff Publisher, 1984, 1.
⑦ G. M. Badr. *State Immunity: An Analytical and Prognostic View*. Martinus Nijhoff Publisher, 1984, 1.
⑧ 龚刃韧. 国家管辖豁免的历史形成过程. 中外法学，1991（1）：35～38.

19 世纪，在各国的审判实践中，特别是在普通法系国家的审判中，海事诉讼占有十分突出的地位，产生了大量有关国有船舶管辖问题的判例，而国家及其财产豁免问题也就发端于与船舶有关的诉讼。① 1812 年，美国的“交易号”案被认为是最早确认外国军舰享有管辖豁免的案例；而关于外国政府非军用船舶方面，最重要确认豁免的判例是英国的“比利时国会号”案。②

二、两种理论的形成与博弈

19 世纪后半叶，国家豁免原则已被国际法学者广泛承认。然而，由于对这一原则的具体适用范围见解不同，出现了绝对豁免主义和限制豁免主义两种不同的理论派别。根据绝对豁免理论，除了不动产以及外国同意以外，国内法院对外国的任何行为都没有管辖权；而限制豁免理论则将国家的行为分为“统治权行为”和“管理权行为”，主张国家豁免的原则只适用于前者，而不适用于后者。

最初，持绝对豁免理论的国际法学者比较多。③ 19 世纪末期以后，支持限制豁免理论的学者逐渐增多。④ 绝对豁免理论和限制豁免理论从一开始就针锋相对。⑤ 1895 年，法国学者吉罗在详细总结了19 世纪的国际法学说后指出，作为原则或一般规则，国内法院对外国政府不得行使管辖权无疑是得到确立的，但关于这个原则存在着例外，而将这种例外限制在狭窄范围内的学说和试图扩大这种例外的学说之间的对立也明显存在。⑥

（一）绝对豁免理论及其审判实践

1. 绝对豁免理论的内容及依据

绝对豁免理论主张国家及其财产在其他国家法院应享有完全绝对的豁免，理由是所有从事的行为都是主权行为，除非自己同意，否则国家绝对不能接受外国法院管辖。按照绝对豁免论，在诉讼中，被告是否享有管辖豁免的权

① G. Kahale and M. A. Vega. Immunity and Jurisdiction: Toward a Uniform Body of Law in Actions against Foreign States. *Columbia Journal of Transnational Law*, Vol. 18, 1979, 211.

② I. Sinclair, *The Law of Sovereign Immunity: Recent Developments*. 1980, 122.

③ 早期主张绝对豁免理论的学者主要有 Bluntschli, Calvo, Chretien, Gabba, D. Anzilotti, Holtzendorff, Nys, Oppenheim, Westlak 等。

④ 早期主张限制豁免理论的学者主要有 Bar, Demangeat, Fiore, Gianzana, Heffter, Laurence 等。

⑤ 有关国家豁免问题各种学说的介绍，详见 S. Sucharitkul. *State Immunities and Trading Activities in International Law*. London, 1959, 259 – 267.

⑥ 龚刃韧. 国家管辖豁免的历史形成过程. 中外法学，1991（1）：35 ~ 38.

利，重点在其身份的性质[①]，只要被告能证明其身份为国家、政府或其他国家机构，且诉讼直接或间接与其有关，则无论其从事的行为是公法或私法性质，也无论其财产用作何种目的，更无论诉讼是对人还是对物，只要它不明示接受管辖，外国法院就不能对它行使管辖权。

关于国家享有绝对豁免权的理论依据，在国际法学界有不同的主张。在理论上，国际法学者和专家们提出以治外法权说、尊严说、国际礼让说和主权平等说作为国家豁免的依据，其中主权平等说得到了最广泛的支持[②]。

国家拥有独立的主权，是国际法律关系的平等主体。这种平等的资格排除了相互的从属关系，排除了相互的管辖和支配权，使国与国在相互交往中明示或默示地承认有尊重别国独立权、限制自己对内最高权的国际义务，从而在自己的领土内不能对他国实行管辖，使他国享有管辖豁免权。因此，一国免受他国的管辖是顺理成章的。主权平等理论较正确地说明了国家相互给予豁免的原因。国家豁免是国家之间相互平等的结果，这就克服了治外权说或其他理论主张对国家管辖豁免的根据所不能充分说明的原因和弱点。原国际法院法官倪征燠指出："关于国家主权平等和独立不容侵犯的理论，主要贯穿在近代一二百年期间，见诸各国法律、条约和判决等国家实践中，成为对一个外国国家给予管辖豁免的主要根据。"[③] 曾任国际法院法官的美国著名国际法学家 Hackworth 指出："这种对当地管辖的豁免，在理论上是基于当地的明示或默示同意，是基于国家在国际法上一律平等的原则，基于作为国际大家庭成员之间进行友好交往不可缺少的因素，而使当地管辖权在这方面有作出让步的必要……这种豁免现在可以说是基于普遍接受的习惯或惯例，即国际法。"[④]《奥本海国际法》也指出："国家在国际法面前一律平等，是从国家的国际人格推引出来的一个特性。按照传统的学说，尽管各国之间大小、人口、力量、文化程度、财富或其他特性是不平等的，然而，作为国际人格者，他们是平等的。这种法律上的平等，具有下述四个重要后果……国家平等的第三个后果是：按照平等者之间无统治权的规则，没有一个国家可以对另一个国家主张管辖权。因此，虽然国家能够在外国法院提起诉讼，然而他们通常不能在外国法院被诉，除非他们自愿服从该国法院的管辖权。这个规则不仅用于对外国国家直接提起的诉讼，并且适用于间接的诉讼，如对外国国家

---

① R. Higgins. *Problems and Process: International Law and How We Use It*. Oxford University Press, 1996, 79.

② S. Sucharitkul. *State Immunities and Trading Activities in International Law*. London, 1959, 262.

③ 倪征燠. 关于国家豁免的理论与实践. 中国国际法年刊, 1983. 4.

④ G. Hackworth. *Digest of International Law*, Vol. 2, 1941, 393.

占有的船舶提起的物权诉讼。虽然有时候法院在实行这个规则时以‘国际礼让’作为他们判决的根据，但是，主权国家免受其他国家法院管辖的原则，在事实上已被许多国家视为一项国际法规则。”①

主权平等理论正确地反映了国家在国际社会中的平等地位，并且这种平等地位是构成国家之间关系的基础，因而也为国家豁免原则的适用提供了客观依据。国际关系发展的历史证明，国家豁免原则只适用于相互平等的国家之间，否则国家豁免原则就丧失了赖以存在的基础。另外，主权平等理论从法律意义上正确解释了国家豁免的缘由。

2. 关于绝对豁免主义的审判实践

从19世纪到20世纪中期，美国、英国、荷兰、德国、奥地利等国都有判例支持绝对豁免主义。

美国最高法院1812年对“交易号案”的判决一般被认为是绝对豁免主义的先例，② 为美国法院以及其他国家的法院所频繁援引。该案的简要事实如下：1810年，原为美国人所有的“交易号”船舶被法国海军扣留，并改名为Balaou，扣留原因是当时拿破仑宣布对英国封锁，并扣留任何由新大陆至英国的船只。1811年，Balaou为了躲避风暴驶入费城，原船主McFaddon和其合伙人发现该船只，于是在联邦地方法院提起诉讼，主张拥有该船的所有权，地方法院同意了检察官的观点，即虽然原告的船舶是被非法捕获的，但其所有权目前已转归法国，故法国可以主张豁免。但第二审巡回法院却不同意地方法院的见解，本案因而上诉至最高法院。美国最高法院判决美国无管辖权而驳回原告之诉。最高法院法官马歇尔认为，“国家在其领域内具有完全的管辖权，但基于主权平等原则，一国不得对另一主权者实施管辖”，“一个主权者在任何地方都不从属于另一个主权者，它有最高的义务不把自己或其主权置于另一主权者的管辖之下，因而导致国家的尊严受损”。③ 很显然，在本案中美国最高法院所表达的立场是：主权国家在他国法院享有绝对的管辖豁免权。

美国另一个比较典型的体现绝对豁免主义的案例是1926年的“皮萨罗号

① 劳特派特修订．奥本海国际法．上卷（第一分册），王铁崖，陈体强译．北京．商务印书馆，1989：200～202.

② 但也有学者对“交易号”案能否构成绝对豁免主义的先例提出质疑，见I. Sinclair. *The Law of Sovereign Immunity: Recent Developments*. Recueil DES Cours，1980，Vol. 167（Ⅱ），122. 巴德尔甚至认为“交易号”案是“限制豁免主义理论的先驱，而不是绝对豁免主义的出发点”，见G. M. Badr. *State Immunity: An Analytical and Prognostic View*. Martinus Nijhoff Publishers，1984，13. 另见龚刃韧．国家豁免问题的比较研究（第二版）．北京：北京大学出版社，2005，28～29.

③ *United States Supreme Court Reports*，1812，136.

案”[①]。该案与“交易号案”最大的不同在于案件涉及外国从事商业行为的国有商船而非军舰。在下级法院审理时，法官 Julian Mack 认为本案所牵涉的行为在性质上是私法行为，而且该船本身在意大利也不能主张豁免，所以他主张拒绝给予其豁免。但是最高法院有不同的意见，认为“交易号案”所确立的原则适用于政府为了公共目的而使用和拥有的船舶，并且“为了促进有关其人民的贸易和提供财政收入，一国政府在执行贸易时所获得、安排和经营的船舶，与军舰一样都是公务船。我们知道没有一个国际惯例规定，在和平时期，促进和维持人民的经济权益会比维持训练一支海军更欠缺公共目的”[②]。由此可见，最高法院是以政府行为的目的是否为了公共利益来判断应否给予豁免。由于任何政府的最终目的是要满足人民的需要，所以豁免的主张很容易被接受。

美国最高法院的上述判决，将外国政府商船视为和军舰一样的公共船只，因而把最高法院对“交易号案”的判决原则进一步扩大适用到外国政府商船。这表明绝对豁免主义立场已在实行判例法主义的美国法院得到确立。

20 世纪初的案例表明，英国当时也持绝对豁免立场，承认外国政府用于商业目的的船舶享有豁免权。如 1919 年英国上诉法院审理的“亚历山大港号案”[③]。在该案中，葡萄牙政府商船“亚力山大港号”在从里斯本向利物浦运送货物的过程中触礁后，得到利物浦三条拖船的海上救助。事后，由于在海上救助费用问题上发生争执，拖船船主、船长以及船员对葡萄牙的商船及其所载货物提起对物诉讼。作为被告的葡萄牙方面，以船舶及其船上所载货物是葡萄牙公共财产为由要求取消诉讼令状。在第一审中，葡萄牙方面的管辖豁免请求得到了法院的承认。原告不服，以从事普通商业运输的外国政府船舶不应享有管辖豁免为由提起上诉。英国上诉法院基于以下理由维持第一审法院的判决，承认葡萄牙商船的管辖豁免，即本案中被诉的“亚力山大港号”船是外国国家的财产，国家财产被用于商业贸易的事实并不能使该财产丧失管辖豁免权。

英国上议院于 1938 年在“克里斯蒂娜号案”[④] 的判决中也确认了绝对豁免主义立场。该案的案情如下：1937 年 6 月，西班牙共和国政府为平息叛乱，发布法令征用了在毕尔巴鄂港登记的所有西班牙私人船舶。本案所涉及的

---

① The Pesaro. 277 Federal Report. 437（S. D. Y. N. 1921）; Robert B. Von Mehren. The Foreign Sovereign Immunities Act of 1976. *Columbia Journal of Transnational Law*, Vol. 17, 1978, 39 – 40.

② 271 *United States Supreme Court Reports*, 526, 574.

③ *Annual Digest of International Law Cases*, Vol. 1, 1919 – 1922, 146.

④ *Annual Digest and Reports of International Law Cases*, Vol. 9, 1938 – 1940, 250 – 263.

"克里斯蒂娜号"是在毕尔巴鄂港登记的商船。当该船到达英国的加的夫港时，西班牙领事根据其政府的命令接管了这条船。为此，该船原船主在英国法院提起了对物诉讼。第一审和第二审法院都根据西班牙政府的要求撤销了对物诉讼。最后，本案被上诉到英国上议院。上议院判决维持下级法院的判决。上议院的判决书中写道："一国法院不得对外国主权者进行诉讼，即无论该诉讼是针对外国主权者本身提起的，还是为请求偿还其特定财产或损失赔偿而提起的，法院都不得违反外国主权者的意志而使其成为诉讼程序的当事人。""……法院不得通过令状没收、扣押外国主权者的财产……这一原则能否扩展到仅用于商业目的的外国主权者的财产或其私人的财产，在各国实践中还存在着争论。在我国已充分确定该原则适用于两者。"由此可见，上议院的意见表明英国法院仍坚持外国国家及其财产享有绝对豁免的立场。

德国在19世纪曾有过限制豁免主义的倾向，但20世纪初又转向了绝对豁免主义立场。例如，1921年在"冰王号案"[①]中，美国政府所拥有的商船"冰王号"因过失引起了船舶碰撞事故，原告在德国法院提起诉讼，要求美国承担损害赔偿责任。德国最高法院在该案判决中指出："最近在国际法学说中确实有一种倾向，就是废除外国从事私人商业活动的国家财产的豁免。然而，这个倾向并不普遍以至改变以往被承认的国际法原则。根据（德国）宪法第四条，法院有适用该项国际法原则的义务。因此，必须认为外国国家即使从事了纯粹私法性质的行为，在原则上仍应豁免于国内法院的管辖。"关于本案，德国最高法院认为"冰王号"是外国政府的船舶，不能像对待不动产那样来处理，而且美国法院并没有明确放弃管辖豁免，因此判决美国方面享有管辖豁免权。

奥地利在19世纪曾奉行绝对豁免主义，但从20世纪初开始一直到第一次世界大战后的若干年里，奥地利法院采用限制豁免主义。[②]但20世纪20年代后期又重新回到了原来的绝对豁免主义立场。如1928年在一个关于"外国国家（公使馆建筑）豁免案"[③]中，原告因在捷克斯洛伐克公使馆的一次事故中受伤，向捷克斯洛伐克提起要求损害赔偿的诉讼。奥地利最高法院确认了维也纳上诉法院对该案所作出的无管辖权的判决，并指出不能使一个国家服从外国法院的管辖，无论争端产生于外国国家主权权力的行使还是产生于作为私法主体的行为。1930年的"债券持有人诉匈牙利案"[④]也体现了绝对

① *Annual Digest of International Law Cases*, Vol. 1, 1919-1922, 150.

② G. M. Badr, *State Immunity: An Analytical and Prognostic View*. Martinus Nijhoff Publishers, 1984, 38.

③ *Annual Digest of International Law Cases*, Vol. 4, 1927-1928. 178.

④ *Annual Digest of International Law Cases*, Vol. 5, 1929-1930. 120.

豁免主义。该案涉及匈牙利政府1913年在奥地利发行债券，一些债券持有人为保护其利益请求任命监督人。第一审法院任命了监督人，但该项任命在上诉审中被撤销。为此，原告上诉到奥地利最高法院。最高法院以匈牙利没有表示服从奥地利法院管辖为由，驳回了上诉，即只要外国没有表示同意，国内法院就不得对外国行使管辖权。

荷兰法院在审理涉及国家豁免的案件时受政府意见的影响比较大。荷兰外交部和司法部在1917年曾作出一项声明：根据一般公认的国际法，一个国家通常不服从外国法院的管辖，除非该国自愿服从管辖。[①] 因此，按照荷兰政府的官方解释，荷兰法院应遵循绝对豁免主义。在1942年“韦伯诉苏联案”[②]中，阿姆斯特丹上诉法院明确地表述了绝对豁免主义立场。该法院判决指出，对国家主权的承认和尊重，不允许有外国法院对一个国家行使管辖权，所谓“统治权行为”和“管理权行为”的区分既不适当，也行不通，因为公法职能和私法职能这两种要素经常是混合在同一国家的同一行为之中的。阿姆斯特丹上诉法院还认为，国家的所有行为都是主权行为，因而拒绝对该案行使管辖权。

（二）限制豁免理论及其审判实践

1.“绝对”走向“限制”的主要原因

19世纪期间，绝对豁免主义在国际法理论界一度居于支配地位。尽管到20世纪上半叶支持限制豁免主义的学者明显增多，但在当时，绝对豁免主义理论和限制豁免主义理论基本上处于一种平分秋色的状态。[③] 第二次世界大战以后，限制豁免主义在国际法理论界逐渐取得了明显的优势。

关于绝对豁免主义向限制豁免主义转变的原因，国际法学界有很多种说法，归纳起来主要有以下三个原因：

一是自19世纪末期，随着自由放任经济思想的兴起，“国家”开始从事许多在传统上被认为是“私人”才可以从事的领域。[④] 但是一旦发生民事纷争，“国家”却享有管辖豁免的特权，从而使得相对人的一方处于不利的地位。面对国家在经济及商业领域中影响日增的形势，传统的“国家豁免”观念开始显得不合时宜。

---

① F. Enderlein. The Immunity of State Property from Foreign Jurisdiction: Doctrine and Practice of Netherlands. *Netherlands International Law Review*, Vol. 6, 1991, 122.

② *Annual Digest and Reports of International Law Case*, Vol. 11, 1939 - 1942, 140.

③ H. Fox. *The Law of State Immunity*. Oxford, 2002, 11.

④ Max Sorensen (ed.). *Manual of Public International Law*. New York: St. Martiin's Press, 1968, 425.

二是新兴国家和以公有制为特征的社会主义国家从事国有贸易活动，这是促进限制豁免论发展的另一个主要原因。[①] 19世纪末和20世纪初新独立的国家，由于过去大多曾遭受过殖民主义的剥削，经济上都比较贫穷落后，为了增强国际竞争力，往往以国有企业的形式参与对外贸易活动。这些新独立国家的对外贸易一般由国家垄断，这与西方自由贸易的做法不同。面对这些国家既从事商业，又履行国家公共职能的特性，为了避免本国自然人或法人与其进行交易活动时处于不利的地位，许多国家的实践开始显示，只有在国家从事主权权力的行为时才给予豁免。[②]

三是“公平”的观念越来越获得支持。许多国家逐渐认为，“豁免”的概念不应当被利用来规避法律责任，而仅仅因为具有“国家”资格就可以无限制地主张豁免的观念无法令人信服，尤其是既然“国家”在自己的法院内面对民事诉讼时愿意出庭接受管辖，则接受外国法院管辖并不见得有损其主权和国家尊严。[③]

2. 限制豁免理论的主要内容

限制豁免论主要是试图限制传统的国家及其财产管辖豁免原则，把国家的行为划分为主权行为和非主权行为，或统治权行为和管理权行为，或商业行为和政府行为，或公法行为私法行为。限制豁免论主张，国家的非主权行为和用于该行为的财产不享有管辖豁免，而国家从事主权行为则享有豁免。换言之，限制豁免论关心的重点不是被告的“身份地位”，而是被告所从事的“行为”或“交易”的性质。

至于如何区分被告的行为是主权行为还是非主权行为，判断的标准有“目的说”、“性质说”和“混合标准说”三种。依“目的说”，如果国家的行为含有公共目的，则国家享有豁免；而依“性质说”，若国家所从事的行为，自然人或法人依法也能够为之，则不论其目的为何，均无法享有豁免；“混合标准说”，则是在判断主权行为和非主权行为时，“目的”和“性质”两个标准都要采纳。[④] 这三种标准各有利弊，但事实上它们都很难明确地解决区分“主权行为”和“非主权行为”的问题。2004年，《联合国国家豁免公约》在区分国家行为时采取的是以“性质”为主、“目的”为辅的“折中标准”。[⑤]

---

① 李泽锐．国家豁免问题的回顾与前瞻．中国国际法年刊，1986．257～259．

② 李泽锐．国家豁免问题的回顾与前瞻．中国国际法年刊，1986．261．

③ Robert Jennings and Arthur Watts (eds.). *Oppenheim's International Law*. Vol. 1, 9th ed., Longman Group UK Limited, 1992, 342.

④ 黄进．国家及其财产豁免问题研究．北京：中国政法大学出版社，1987：73～77．

⑤ 详见本书第二章“商业交易”。

3. 关于限制豁免主义的审判实践

前面已经提到，第二次世界大战以来，限制豁免主义在国际法理论界逐渐取得了明显的优势。这一理论上的动向是与战后欧美资本主义国家全面转向限制豁免主义的实践相互呼应的，其中又以美国、英国、德国、法国等国的实践最具代表性。

美国国务院法律顾问泰特在1952年写给司法部长的一份公函（即泰特函件）中指出："美国政府感到由于各国政府从事商业活动的扩大和增加，确立能使和政府进行交易的个人权利在法院得到保护的实践是必要的。"① 基于这一理由，泰特函件表明，美国政府决定在外国豁免问题上实行限制豁免主义政策。② 美国法院随后的一些判例都遵照国务院的决定对外国政府行使管辖权。例如，在1964年的"胜利运输公司诉供应和运输委员会案"③ 中，西班牙商业部所属机构向原告租船运输小麦，该船在西班牙卸货时受到损害。原告根据租船合同的仲裁条款在美国法院请求强制仲裁。美联邦第二巡回上诉法院根据泰特函件的精神拒绝了被告的豁免要求。再如"邓希尔股份公司诉古巴案"④，古巴政府征收了五家外国制造雪茄烟的公司，这些公司的前所有人在美国法院以古巴为被告提起诉讼，美国联邦最高法院在判决中明确指出："对于由外国主权国家从事的纯粹的商业交易行为，不应当享有管辖豁免权。"法院最后判决对此案有管辖权。

美国于1976年出台的《外国主权豁免法》采用统一和确定的限制豁免主义立场，并且在原有的基础上进一步扩大了美国法院对外国的管辖权，从而使美国的审判实践进入一个新的阶段。"尼日利亚中央银行水泥案"⑤ 是一个典型例子。1975年初，尼日利亚政府与世界80多家供应商签订了购买水泥的合同，并规定通过尼日利亚中央银行开出信用证来支付货款。但由于订货量太大，运水泥的船只造成海港堵塞。同年7月，尼日利亚发生军事政变，新执政的军政府发布通告，禁止供货商的水泥入港，并单方面中止合同，拒绝支付货款。本案原告为四家美国公司，以尼日利亚方违反合同为由在美国法院提起诉讼。在第一审中，法院判决各不一致，结果通过合并上诉的形式提交到联邦第二巡回上诉法院审理。该上诉法院认为，尼日利亚政府购买水泥

---

① M. Whiteman. *Digest of International Law*. 1986, Vol. 6, 571 – 577.

② W. Bishaop. The New Policy of Restrictive Immunity of United States. *American Journal of International Law*, Vol. 47, 1953, 101.

③ Dunoff, S. Ratner & D. Wippman. *International Law: Understanding Process through Problems*. 2002, 179.

④ H. Steiner, D. Vagts & H. Koh. *Transnational Legal Problems: Materials and Text* (4 th ed.), 1994, 232.

⑤ E. Lauterpacht, C. J. Greenwood (ed.). *International Law Reports*, Vol. 79, 1989, 548 – 560.

无论是何目的，在性质上仍属商业行为，本案中的原告都是美国公司，而且都预计在美国纽约接受支付，根据《外国主权豁免法》的规定，尼日利亚政府的行为对美国公司造成了直接影响，对此美国法院有管辖权。

1994 年美国第二巡回上诉法院审理的“科威特商业银行诉伊拉克中央银行案”①、1997 年该法院审理“施密史诉利比亚案”②、1997 年佛罗里达南区法院审理的“Alejandre 诉古巴案”③ 及 2004 年美国第九巡回上诉法院审理的“沃尔夫诉墨西哥案”④ 等都体现了美国限制豁免主义立场。

20 世纪 70 年代中期以前，绝对豁免主义在英国判例法上一直占支配地位。⑤ 1975 年英国枢密院司法委员会对“菲律宾海军上将号案”的判决，标志着英国法院在对物诉讼方面判例法的一个重要转变。菲律宾政府所属的商船因物品和劳务支付等问题在香港法院被诉，后上诉到英国枢密院司法委员会。该委员会根据限制豁免原则否定了菲律宾政府商船享有豁免。在判决中，枢密院司法委员会提出的限制豁免的理由之一是：“多数西方国家的政府在商业交易合同方面可以在本国法院被诉，因此，外国政府不能被诉是没有理由的。”⑥

英国在 1978 年出台了《国家豁免法》，正式确定了英国法院在裁判和执行两方面的限制豁免主义立场。英国上议院在 1981 年审理“党代会一号案”⑦ 时，非常明确地表明了这一立场。上议院在判决中指出：“限制豁免已成为现代国际法的一部分，并通过近年的几个英国法院判例并入英国法。在适用限制豁免理论时，应根据外国行为的性质而不是目的来区分主权行为和商业行为。”

联邦德国法院 1963 年对“向伊朗王国索赔案”的判决标志着该国限制豁免立场的确立。⑧ 该案原告是一家私人公司，曾为伊朗驻德大使馆修理取暖设备，后来就修理费问题在英国对伊朗提起诉讼。在第一审中，伊朗豁免申请得到了法院的支持。在上诉审中，上诉法院则将私人能否在国内法院对外国国家提起诉讼的问题提交到联邦宪法法院。宪法法院指出：“绝对豁免主义已不再是国际法规则，因而也不构成联邦德国法的一部分。”法院最后确认对该

① E. Lauterpacht, C. J. Greenwood (ed.). *International Law Reports*, Vol. 107, 1997, 261 – 269.

② E. Lauterpacht, C. J. Greenwood (ed.). *International Law Reports*, Vol. 113, 1999, 534 – 551.

③ E. Lauterpacht, C. J. Greenwood (ed.). *International Law Reports*, Vol. 121, 2002, 603 – 617.

④ E. Lauterpacht, C. J. Greenwood (ed.). *International Law Reports*, Vol. 126, 2004, 429 – 502.

⑤ 龚刃韧. 国家豁免问题的比较研究（第二版）. 北京：北京大学出版社，2005. 11.

⑥ E. Lauterpacht, C. J. Greenwood (ed.). *International Law Reports*, Vol. 64, 1983, 90.

⑦ E. Lauterpacht, C. J. Greenwood (ed.). *International Law Reports*, Vol. 64, 1983, 307.

⑧ E. Lauterpacht, C. J. Greenwood (ed.). *International Law Reports*, Vol. 45, 1971, 57.

案有管辖权。

法国法院在实践中明确限制豁免主义立场是以法国最高法院 1969 年对“伊朗铁道管理局诉东方快速运输公司案”的判决为标志的。[①] 在该案中，原告是一家法国公司，因其运往伊朗的货物受损，对伊朗铁道部提起诉讼。在上诉审中，法国最高法院指出，外国国家只有在履行公权行为时才享有豁免。本案涉及的铁路运输行为依照伊朗国内法不是行使主权行为，而属于商业行为，因此不享有管辖豁免权。

法国上诉法院 1993 年审理的“爱沙尼亚共和国案”也是有关限制豁免立场的比较有影响的案例。[②] 爱沙尼亚于 1990 年 3 月宣布脱离苏联而独立，1991 年在法国法院起诉要求获得苏联在法国的一处房产的所有权，该房产曾用作使馆用房。在一审中，法院认为，使馆的房产享有外交豁免权，因此法国法院无管辖权。爱沙尼亚于是上诉至巴黎上诉法院。上诉法院认为，外国国家的管辖豁免并不是绝对的，使领馆的房产虽然不可侵犯，但两个国家因位于法国境内的不动产归属而发生纠纷，根据现有国家豁免规则，法国法院应该对案件有管辖权。

第三节　不得援引国家豁免的诉讼的范围

限制豁免意味着国家从事的各种行为中，有的可以援引国家豁免，有的不能援引国家豁免，即国家豁免是有“例外”的。国家在何种情况下不得援引国家豁免，这是研究“国家豁免”问题需要解决的核心问题。《联合国国家豁免公约》第三部分就“不得援引国家豁免的诉讼”作了专门规定。

一、不得援引国家豁免事项的确定

国家豁免规则的适用是双边性质的。每个国家都可能是国家豁免的接受者或受益者，同时也有义务实行另一国所享有的管辖豁免。在国家豁免理论与实践的发展过程中，关于“国家豁免不适用的领域”的界定问题是最具争议也是最关键的问题之一。

在实践中，欧洲大陆法系国家的法院一般采取区分“统治权行为”与

① E. Lauterpacht, C. J. Greenwood (ed.). *International Law Reports*, Vol. 45, 1971, 236.

② E. Lauterpacht, C. J. Greenwood (ed.). *International Law Reports*, Vol. 113, 1999, 477 - 480.

"管理权行为"的方法来确定不得援引国家豁免的领域，[1] 即不事先通过法律的形式明确哪些事项可以援引国家豁免，哪些事项不得援引国家豁免，而是由各个法院根据具体的案情并依据限制豁免主义理论来判断外国国家行为的性质，如果认为是"统治权行为"，就准予援引管辖豁免；相反，如果是"管理权行为"，就判定不得援引国家豁免。

国际法委员会曾对大陆法系国家法院的审判实践进行总结，概括了"统治权行为"大体包括"军事行为、授权和签订公债合同、取消敌国国民证券所有权和占有权、任免代理人、接受和保管确保个人在刑事程序中出庭的保证金、为使馆租赁不动产、达成商业或支付协议、管理对外贸易和金融等"，而"管理权行为"包括"经营管理铁路运输、购买军需品或原料合同、飞机乘务人员的工资报酬、租赁不动产、变卖或让与合同、资金转移合同、雇用商船工作人员、拍卖战利品等"。[2]

最早专门界定不得援引国家豁免的事项的是国际法学会于 1891 年通过的《关于对外国国家、外国君主或元首的法院管辖权的国际规则草案》，该草案第二条列举了诸如有关财产所有权、继承或赠与财产、商业工业、合同行为以及侵权行为等为不得援引国家豁免的事项。[3] 1932 年《哈佛研究草案》第九条至第十三条将有关不动产、继承或赠与财产、工商金融等企业活动规定为不得援引豁免的事项。[4]

最早以正式法律条款的形式规定不得援引豁免事项的是 1972 年《欧洲国家豁免公约》，该公约第四至十二条规定国家在有关债务、雇用合同、专利及其他知识产权、不动产的占有与使用、人身伤害或财产损害以及仲裁协议等诉讼中不得援引国家豁免。

兴起于 20 世纪 70 年代的国内有关国家豁免的立法，一般都有专门条款规定不得援引国家豁免的事项。如美国 1976 年《外国主权豁免法》第一六〇五条规定下列几种国家豁免的例外事项：商业交易、财产的继承和赠与、侵权行为、外国商船等。英国 1978 年《国家豁免法》第三条至第十一条规定国家在有关商业交易、雇用合同、侵权行为、不动产和财产的继承及赠与、参加法人和其他机构、仲裁协议等的诉讼中不得援引管辖豁免。

从以上国际法律文件以及国内立法可知，在不得援引国家豁免事项的范

---

① J. Brohmer. *State Immunity and the Violation of Human Rights*. Martinus Nijhoff Publlishers, 1997, 41－44.

② *Yearbook of International Law Commission*, Vol. 2 (Part 1), 1982, 199; UN Docs. A/CN. 4/357, Para. 35－45.

③ *Annuaire de l'Institut de Droit International* 1891, at 436－437.

④ *American Journal of International Law*, Supplement (1932), at 609－640.

围方面，各国的意见相差不大，只是在某些具体事项的界定上有所差异。2004 年《联合国国家豁免公约》在总结各国立法和实践经验的基础上，对这一问题作了明确规定。本书后面将会详细论述。

二、不得援引国家豁免的理论依据

为什么国家从事某些行为可以享有国家豁免权，而从事另一些行为则不得援引国家豁免？国家从事哪些行为不得援引管辖豁免，为什么从事这些行为不得援引国家豁免？不得援引国家豁免有何理论依据？这些一直是研究限制豁免理论所要解决的重要问题。

长期以来，“国家双重行为论”试图对以上问题作出回答。“国家双重行为论”将国家从事的活动分为两类：一类是国家传统上所从事的政治、外交及军事行为，即“统治权行为”；另一类则是经济、贸易等原来主要由自然人或法人从事的行为，即“管理权行为”。国家从事第一类行为可享有豁免权，从事第二类行为则不得援引国家豁免。这一理论最初是由意大利学者 Gianzana 提出的①，这来源于一些国家的司法实践。

最早被排除在国家豁免之外的国家行为应该说是国家的贸易活动。意大利、比利时和埃及等国的实践可以说是限制性豁免领域的先驱，它们不给予贸易活动豁免。意大利法院从 1882 年起首先将国家豁免的适用限于外国作为“政治实体”而非“法人”的行为的案件②，或者以有别于“民法法人”的主权者的身份从事行为的案件。③ 在“美国陆军部诉 Giori Save llini 案”中，④ 意大利法院只允许对“统治权行为”而不允许对“管理权行为”实行国家豁免。法院认为，国家行为的公共性质是确定是否应给予豁免的标准，对私人行为或私法性质的行为，不承认豁免。在“Bancode La Nacion 诉 Gredito Varesino 案”中，一家意大利银行涉及对秘鲁一家银行转账而发生债务纠纷，法院认为，虽然该银行是一公共实体，但是引起诉讼的行为不是出于行使主权权力，而是私人性质的活动，所以它不得援引对意大利法院的管辖豁免。⑤ 比利时的判例法早在 1857 年涉及秘鲁鸟粪专卖的三个有关案件中就确定下来了，这三个案件分别是：“秘鲁国诉 Krelinger 案”（1857）、“Peruvian Loans

① S. Sucharitkul. *State Immunities and Trading Activities in International Law*. London, 1959, 233.

② *Materials of International Law*. The Case of Gover Nor Danese (1882), *Vol.* 7, 1968, 1329 - 1332.

③ *Materials of International Law*. Hamsphon V. Bey de Tunisi, Vol. 7, 1968, 1402.

④ *Report of International Law* (1956). London, Vol. 23, 1960, 20.

⑤ UN Doc. A/46/10, 80.

案”（1877）和“Peruvian Guano Company 诉 Dreyfus 案”（1880）。[①] 在这三个案件中，布鲁塞尔上诉法院对秘鲁国的政府活动和非政府活动加以区分，对秘鲁的非政府活动拒绝给予豁免。因此，比利时法院自 1888 年以来，像意大利法院一样，区分了国家以主权者（政府）和民间（私人）身份从事的行为。在“枪弹制造公司诉保加利亚国防部 Mutkuroff 上校案”中（1888），布鲁塞尔民事法庭认为，保加利亚为购买子弹订立合同，是作为私人行事的，须承受该合同的一切后果。埃及混合法院一贯沿用意大利和比利时法院的做法，实行限制豁免主义，豁免只允许对主权当局的行为适用，不扩大适用于“普通行为”。[②]

一些案例确认，不得援引国家豁免也是为了在提起诉讼的私人实体的利益与外国国家援引管辖豁免的利益之间寻求一种平衡。如果某一诉讼是建立在外国国家统治权行为的基础上的，法院所属国之所以不愿对其进行管辖，主要是基于尊重对方的平等主权的考虑。然而，如果诉讼是基于外国国家的管理权行为，则国家援引管辖豁免的利益即主权利益就显得次要得多了。正如美国最高法院在审理某一案件时所解释的那样：“对某外国政府的管理权行为进行司法管辖时，可能造成的对该外国主权的侵犯的危险性要比对其政府行为进行管辖时的危险性小得多。而当外国国家从事管理权行为时，它并没有行使专属于主权者的权力，而只是行使了私人或私人团体也能行使的权力。因此，对外国国家的这种行为适用与私人实体一样的法律规则，不大可能触及‘国家主权’这一敏感的‘神经’。”[③]

在 1963 年的“暖气工程公司诉伊朗王国案”[④] 中，联邦德国宪法法院基于对私人企业提供法律保护的考虑而拒绝给予伊朗王国司法管辖豁免。宪法法院在裁决中指出：“……由此可见，外国国家的非主权行为并不能摆脱所在国法院的司法管辖。从法律社会学的观点，它归因于经济领域中的国家活动不断增加，尤其是近几十年来，国家商务范围更加扩大，鉴于这一发展，可以看到私人企业不仅要同本国国家打交道，还要在更广泛的范围里同外国国家打交道，因此需要对它们提供法律保护。但是，根据一般国际法，外国国

---

① *UN Materials on Jurisdictional Immunities of States and Their Property*. UN Legislative Series, ST/LEG/SER. B/20, New York: United Nations, 1982, 107, 307, 313.

② *UN Materials on Jurisdictional Immunities of States and Their Property*. UN Legislative Series, ST/LEG/SER. B/20, New York: United Nations, 1982, 569.

③ Alfred Dunhill of London V. Republic of Cuba (1976). E. Lauterpacht, C. J. Greenwood (ed.). *International Law Reports*, Vol. 88, 1992, 83 – 84.

④ 联邦宪法法院判决（第16卷），1963. 27. 转引自赫尔姆特·斯泰恩贝格. 联邦宪法法院对外国豁免权问题的判决. 当代联邦德国国际法律论文集，北京：北京航空航天大学出版社，1992. 474.

家的主权行为依然受到豁免保护。”

也有学者对上述理论提出质疑，如英国的劳特派特认为，由于国家从事的总是公法行为，因此不可能以其他身份作为，所以在真正意义上，所有“管理权行为”其实都是“统治权行为”。因此，“统治权行为”和“管理权行为”之分缺乏合乎逻辑的基础。① 还有学者认为，将国家行为分为“统治权行为”和“管理权行为”在性质上并不是很明了，在实践上使用这种区分会导致不一致和混乱状况。②

笔者认为，将国家行为区分为“统治权行为”和“管理权行为”，以此来说明“不得援引国家豁免”的依据问题是可行的。首先，它符合大多数国家的司法实践。上面已经提到，许多国家从19世纪开始，在审判实践中就把国家的行为分为“统治权行为”和“管理权行为”（或者政府行为与非政府行为、主权行为与非主权性质的行为等），以此来决定是否给予外国豁免权。在近年来的很多案例中，这种做法仍然很常见。③ 其次，现实中有时候国家的行为在性质上非常复杂，似乎没有明确而统一的分类标准，然而我们可以列举各种不得援引国家豁免的事项，再根据“国家双重行为论”对具体的事项作出界定，正如2004年《联合国国家豁免公约》第三部分所表述的那样。国际法委员会在起草公约时，也是在充分审议了“国家的双重人格”、“国家的双重身份”、“统治权行为和管理权行为”以及“商业行为与非商业行为”等学说的基础上，对适用国家豁免的行为或活动和不得援引国家豁免的行为或活动作出区分的。④

三、《联合国国家豁免公约》的规定

《联合国国家豁免公约》第五条明确了国家豁免的“一般原则”，即一国本身及其财产在另一国法院享有管辖豁免。作为“一般原则”的例外，公约第三部分（第十条至第十七条）专门列举了“不得援引国家豁免的诉讼”。⑤

---

① H. Lauterpacht. The Problems of Jurisdictional Immunities of Foreign States. *The British Yearbook of International Law*, Vol. 28, 1951, 224.

② L. J. Bouchez. The Nature and Scope of State Immunity from Jurisdiction and Execution. *Netherlands and International Law Review*, Vol. 10, 1979, 3.

③ E. Lauterpacht, C. J. Greenwood (ed.). *International Law Reports*, Vol. 116, 2000, 268; Vol. 118, 2001, 541-545; Vol. 123, 2003, 165-171; Vol. 126, 2004, 287.

④ *Report of the Forty-third Conference of International Law Commission*, 1991, 75.

⑤ 国际法委员会指出：“现行国际法在公约第三部分所涉领域中不承认国家管辖豁免。”见 *Report of the Ad Hoc Committee on Jurisdictional Immunity of State and Their Property* (2004). General Assembly Official Records of Forty-ninth Session, Supplement No. 22 (A/59/22), 5.

（一）商业交易[①]（Commercial Transactions）

对国家豁免限制的一个最重要方面就是商业交易。根据公约第十条，一国如与外国自然人或法人进行一项商业交易，而根据国际私法适用的规则，有关该商业交易的争议应由另一国法院管辖，则该国不得在该商业交易引起的诉讼中援引管辖豁免。出于对所有国家的利益的必要保障和保护，公约对此作了非常重要的限制，即第十条第二款规定："国家之间进行的商业交易或该商业交易的当事方另有明确协议的除外。"研究国家豁免的不同学派一致认为，外国法院必须先有管辖权后才能够行使管辖，而这种管辖权往往是根据法院地国的国内法来确定的。公约在第十条第一款使用了"国际私法的适用规则"（Applicable Rules of Private International Law）这一用语，国际法委员会解释说，"国际私法的适用规则"是一个中性的用语，选用这个用语是为了按冲突法或国际私法的适用规则来解决各种管辖上的问题，不论是否能适用统一的管辖规则。[②]

"商业交易"的定义和判断商业交易的标准这两个问题是国际法委员会在拟定公约草案过程中以及各国之间讨论协商中争论的焦点，因为各国实践和国内立法对这两个问题的立场差别很大。在各国关于国家豁免的实践中，许多国家在判定"商业交易"时都赋予"性质标准"以绝对优先的地位。[③] 一些国家明确反对在商业交易的定义中纳入目的检验。[④] 包括中国在内的一些国家则主张在把合同或交易的性质作为主要标准的同时，也把目的作为一个相关的标准。[⑤] 公约第二条第二款规定：在确定一项合同或交易是否属于"商业交易"时，应主要参考该合同或交易的性质，但如果合同或交易的当事方已达成一致，或者根据法院地国的实践，合同或交易的目的与确定其商业性质

---

① 公约第二条第一款（c）项对"商业交易"作了界定：为销售货物或为提供服务而订立的任何商业合同或交易；任何贷款或其他金融性质之交易的合同，包括涉及任何此类贷款或交易的任何担保义务或补偿义务；商业、工业、贸易或专业性质的任何其他合同或交易，但不包括雇用人员的合同。

② *Report of the Ad Hoc Committee on Jurisdictional Immunity of State and Their Property*（2004）. General Assembly Official Records of Forty-ninth Session, Supplement No. 22（A/59/22），11.

③ 例如，美国1976年《外国主权豁免法》第一六〇三条（d）款规定：商业活动是指某种正常商业经营行为，或是指某种特定的商业交易或行为。商业活动应该根据该经营或者该特定交易或行为的性质来决定，而不是根据其目的。

④ 如加拿大、墨西哥、北欧五国、卡塔尔、西班牙和英国。见 UN Docs. A/54/10，266.

⑤ 参见中国国际法年刊，1994. 468. 另见联合国文件 A/56/291 第3页，中国政府认为："应该保证国家用于公共目的的财产不受损害……适用'目的标准'绝非为国家从事的商业行为提供更多的保护，而是不应忽视某些情况下的国家特殊利益，如为赈济灾民采购粮食、为复兴受灾地区采购物品或为制止流行病蔓延而采购药品等。"

有关，则其目的也应予以考虑。公约显然是采取了一种折中的观点。

在公约草案的讨论过程中，许多国家非常关注国家与国有企业在豁免问题上是否区别对待的问题。有一种观点认为，国有企业的独立法人地位会导致欺诈或不公平，因而国家应为国有企业的行为负连带责任。包括中国在内的一些国家则主张国有企业具有独立的法人资格，应当对其与国家作出明确区分，对这些企业的起诉不应牵连其所属国。[①] 国际法委员会也认为，国有企业"通常代表自己，作为独立于母国的实体而不是代表该国从事商业交易。因此，在因一国实体所从事商业交易而发生的纠纷中，它可以在另一国法院被起诉。在这种情况下，母国本身的豁免不受影响，因为它并非该交易的一方"[②]。公约第十条第三款采纳了上述观点。但是，适用公约第十条第三款需要满足某些条件。首先，诉讼必须涉及国家企业或其他实体所从事的商业交易。其次，国家企业或实体必须具有独立的法人资格。这种法人资格必须包括有能力起诉或被诉，且能获得、拥有、占有和处置财产。公约附件还特别提到，第十条第三款并不预断"掀开公司面纱"的问题，涉及国家实体故意虚报其财务状况或继而减少其资产，以避免清偿索赔要求的问题。

（二）雇用合同（Contracts of Employment）

随着全球化步伐的不断加快，国家与他国国民之间的劳务纠纷以及因此引起的诉讼案件不断增多。国家在因此类纠纷引起的诉讼中的豁免问题也引起了广泛的关注。在公约草案的讨论过程中，雇用合同问题是一个争论的难点问题。该问题涉及两个主权国家，即雇用国和法院地国。法律体系不相同的两国往往会竞相适用各自的法律。对雇用国而言，其主管机关或部门在选择、征聘和任命雇员时必然适用其本国法律。另外，法院地国在关于保护其当地劳动力的国内公共政策问题上，也似乎应保留专属管辖权。有关医疗保险、最低工资、享受休息的权利、雇用合同终止时的补偿费用等问题，都是法院地国最关切的问题。法院地国行使管辖权的基础显然是雇用合同和法院地国之间的密切领土关系，即工作在法院地国进行，而且雇员是该国国民或长期居民或永久居民。

因此，公约第十一条设法使雇用国和法院地国利益之间保持微妙的平衡。该条第一款致力说明不豁免规则：除有关国家间另有协议外，一国在该国和个人间关于已全部或部分在另一国领土进行，或将进行之雇用合同的诉讼中，不得向该另一国原应管辖的法院援引管辖豁免。从条文上看，法院地国主管

① 参见中国国际法年刊，1994. 468.

② *Report of the Forty-third Conference of ILC* (1991), Supplement No. 10, Paras. 61 - 83.

法院行使管辖的基础显然是工作地点，而根据雇用合同，就是在法院地国领土内。第一款的措辞是作为一项补充性规则拟写的，因为国家总是可以另订协议，从而采取其他解决办法，放弃当地有关劳动法规而实行豁免。正如国际法委员会所指出的，尊重条约制度和尊重有关国家的同意都是至关重要的，因为在解决放弃豁免问题、由法院地国行使管辖问题或维持雇用国的管辖豁免问题时，这两项因素具有决定性作用。①

第十一条第二款的目的是确立和维持适当的平衡，对适用不豁免规则的情况规定重要的限制，列举仍然适用豁免规则的情况。公约第十一条第二款的内容与1991年国际法委员会二读通过的案文有很大的不同，增加了有关外交人员的规定。（a）项说明雇用职责与行使政府权力有密切联系的高级政府雇员的豁免规则。② 有关他们的雇用合同的诉讼将不能在法院地国的法院内提起或受理。（b）项规定有关外交代表、领事官员、常驻国际组织代表团外交工作人员、特别使团成员或被招聘代表一国出席国际会议的人员或享有外交豁免的其他人员的雇用合同的诉讼不适用本公约。（c）项旨在肯定现行的国家实践，赞同国家在行使任命或不任命某人担任某一官方职位或工作职位的酌处权方面的豁免规则。豁免规则只适用于个人的招聘、雇用期的延长或复职的诉讼。（d）项规定当诉讼的事由是解雇个人或终止对其雇用，且雇用国的国家元首、政府首脑或外交部长认定该诉讼有碍该国安全利益时，适用豁免规则。公约附件对“安全利益”作了解释，即主要是针对国家安全事项和外交使团和领事馆的安全而言。（e）项提供了保护雇用国利益的另一项重要保障。如果雇用合同中的雇员在诉讼提起时是雇用国的国民，而此人并不长期居住在法院地国，则这是雇用国与其国民之间的事情，任何其他国家都不应就雇用合同所产生的问题主张优先行使管辖。（f）项规定契约的自由，如果雇员和雇用国另有书面协议，包括选择法律和选择法院的协议，则可适用豁免规则。但公约规定，这项自由并不是没有限制的，它须受制于公共政策或公共秩序方面的考虑，或在一些制度下，受制于“善良风俗和公众良心”。

（三）人身伤害和财产损害（Personal Injuries and Damage to Property）

公约第十二条涉及另一项不得援引豁免的诉讼，即对自然人造成人身伤

---

① *Report of the Ad Hoc Committee on Jurisdictional Immunity of State and Their Property* (2004). General Assembly Official Records of Forty-ninth Session, Supplement No. 22 (A/59/22), 18.

② 按照国际法委员会的解释，这种雇员包括私人秘书、电码员、口译、笔译和职责同国家安全或国家基本利益有关的其他人员（见 UN Docs. A/35/10，16）。但也有意见认为这种解释太广泛，主张只包括与行使政府权力有直接而非密切联系的人员（见 UN Docs. A/48/313，4）。

害或对有形财产造成损害或灭失的行为或不行为所产生的侵权行为或民事赔偿责任方面的诉讼。此条所依据的基础是属地管辖原则。既然造成损害的行为或不行为是在法院地国领土内发生的，根据属地性原则，应当由发生侵权行为地的法院管辖，可适用的法律显然也是侵权行为地法。如果国家有权援引其管辖豁免，则受害人就会无法诉诸法律。

根据公约的规定，适用第十二条需要同时具备两个条件：第一个条件是造成死亡、伤害或损害的行为或不行为必须全部或部分发生在法院地国领土内，才能确定侵权行为地是在法院地国领土内；第二个条件是造成伤害或损害的行为或不行为人在行为或不行为发生时，必须在法院地国领土内。公约作如此规定，主要是为了确保将跨界伤害或跨界侵权行为或损害的情况排除在本条适用范围以外。① 越界射击或开火，或因武装冲突而炮火越界外溢的情况，按照国际法都是明显侵犯一邻国领土的行为，应排除在第十二条适用范围之外。这里所指侵权地应该包括侵权行为地和损害结果发生地。②

公约对财产的损害和赔偿的范围作了严格的限制。损害仅限于有形财产的损害，不包括破坏名誉等无形财产的损害。根据国际法委员会的解释，第十二条规定的损害范围，包括以铁路、公路、空中或水路载人运货时所涉及的的大部分事故，也包括如殴打、恶意损坏财产、纵火或甚至杀人并包括政治谋杀在内的有形伤害。③ 公约所指“赔偿”，仅限于金钱赔偿，而不包括任何非金钱的赔偿形式。

值得注意的是，公约并没有按照传统的“统治权行为”和“管理权行为”来区分侵权行为。国际法委员会在讨论条款草案时说：“第十二条只适用于有关国家按侵权行为地法应负赔偿责任的情况。虽然国家通常应不受另一国法院的管辖，但就此一例外规定来说，则不予豁免，不论所涉活动的性质是统治权的活动还是管理权活动。”④ 但第十二条第一句规定了一个限制条件(即有关国家间另有协议的除外)。这是一项保留，这项保留实际上允许不同的规则适用于条约、双边协定或区域安排特地管制的问题，因为这些协议都具体规定或限制赔偿责任或补偿的程度，或规定一种不同的解决争端程序。

（四）财产的所有、占有和使用（Ownership, Possession and Use of Property）

根据公约第六条第二款（b）项的规定，一国的财产、权利、利益或活动

① *Report of the Forty-third Conference of ILC* (1991), Supplement No. 10, 115.

② 在讨论条款草案时，Mc Caffrey 指出：“条款草案似乎要求侵权行为和损害结果都发生在法院地国，同时侵权行为人在损害发生时也应在法院地国。”（见 *The Thirty-Fifth ILC Session Summary*, at 467.）

③ *Report of the Forty-third Conference of ILC*, Supplement No. 10, at 113 – 114.

④ *The Thirty-Fifth ILC Session Summary*, at 469.

在另一国的诉讼中受到或可能受到实际影响时，该国可以援引管辖豁免。这是实行国家豁免的主要方式之一。但公约第十三条对此规定了一项重要的例外，一国在涉及：（a）该国对位于法院地国的不动产的任何权利或利益；（b）对动产或不动产由于继承、赠与或无人继承而产生的任何权利或利益；（c）对托管财产、破产者财产或公司解散前清理之财产的管理的任何权利或利益引起的诉讼中，不得对另一国原应管辖的法院援引管辖豁免。（a）项处理不动产，但指明不动产仅限于"位于法院地国的"不动产。由于各国普遍接受"物之所在地法"优先适用原则和"物之所在地法院"专属管辖权原则，所以对（a）项各国都没有什么争议。（b）项涉及国家对动产或不动产由于继承、赠与或无人继承而产生的权利或利益。如果诉讼所涉及的不仅是位于法院地国领土管辖范围内的动产，还涉及不动产，则可能需要另外提起诉讼，以便在不动产所在国法院确定这方面的权利或利益。（c）项的列入是为了照顾到许多国家，特别是英美法系等国家有以下情况：法院对托管财产或以其他方式信托的财产的管理，对死亡者、精神失常者、破产者产业的管理，或对公司结业时财产的管理，行使某种监督管辖或其他职能。行使这种监督管辖完全是附带性质的，因为诉讼可能部分涉及确定或确认所有利害关系当事方的权利或利益的问题，其中可能也包括一个外国的权利或利益。[1]

（五）知识产权和工业产权（Intellectual and Industrial Property）

为促进发明和创造，同时为了协调和保证国际贸易中的公平竞争，知识产权或工业产权的保护正越来越受到各国的重视。公约第十四条涉及了知识产权或工业产权这一个愈来愈具有实际重要性问题的国家豁免规则的例外。该条规定，一国在有关：（a）确定该国对在法院地国享受某种程度，即使是暂时法律保护的专利、工业设计、商业名称或企业名称、商标、版权，或任何其他形式的知识产权或工业产权的任何权利；（b）据称该国在法院地国领土内侵犯在法院地国受到保护的、属于第三者的（a）项所述权利的诉讼中，不得向另一国原应有管辖权的法院援引管辖豁免。

第十四条所指"知识产权和工业产权"是指在法院地国受到法律保护的一项权利。一般而言，保护是以登记为前提的，有时候甚至以交存或提出登记申请书为前提。而一国自愿参加法院地国的法律体制，如提交版权登记申请或登记版权等，以及法院地国提供的法律保护，都是法院地国承担和行使管辖的有力法律基础。因此，法院地国对涉及受其法律保护的知识产权和工

① *Report of the Ad Hoc Committee on Jurisdictional Immunity of State and Their Property* (2004). General Assembly Official Records of Forty-ninth Session, Supplement No. 22 (A/59/22), 21.

业产权的诉讼具有管辖权。这是将知识产权和工业产权作为国家豁免例外的一个重要因素。知识产权或工业产权是一种专门的财产权利，它们是无形或无实体的，但各国国内法都承认它们是可被拥有、占有和使用的。[①] 因此，公约将其区别于第十条规定的“商业交易”和第十三条规定的“财产的所有、占有和使用”而单独列为一条。根据国际法委员会的解释，“知识产权和工业产权包括现有和将来的各种形式、类型和种类的知识产权或工业产权。具体来说，主要包括：属于工业产权的专利和工业设计；同商业领域或国际贸易以及有关限制贸易的实施和不公正的贸易竞争（不正当的竞争）等问题有更多关系的商标和商号；版权或任何其他形式的知识产权”[②]。

第十四条（a）项具体处理一国对一项受法律保护的知识产权或工业产权的任何权利的确定问题。公约的附件中明确指出，“确定”一词在此不仅是指查明或核实受保护的权利是否存在，而且是指评价或评估此种权利的实质，包括这种权利的内容、范围和程度等。

第十四条（b）项是关于据称一国在法院地国领土内侵犯在法院地国受到保护的、属于第三者的知识产权和工业产权的行为。根据公约的规定，适用这一项必须符合两项标准：首先，据称一国侵犯版权等权利的行为必须是在法院地国实际发生的；其次，属于第三者的此种版权等权利必须是在法院地国受到保护的。因此，本条的适用范围是有限制的。根据本条的规定可知，一国在其本国领土内而不是在法院地国内侵犯版权的行为，不足以构成法院地国行使管辖的基础。

（六）参加公司或其他集体机构（Participation in Companies or Other Collective Bodies）

公约第十五条规定了另一项不得援引管辖豁免的诉讼，即如果一国参加的公司或机构是在法院地国建立的，或其所在地或主要营业地位于法院地国，则该国在有关此类公司或机构的诉讼中不得对另一国的法院援引管辖豁免。从公约的规定可知，第十五条所指“公司或机构”的范围很广泛，既包括具有法人资格的公司或机构，亦包括不具有法人资格的其他实体；[③] 既包括营利

---

① UN Docs. A/C. 6/54/L. 12, 6.

② *Report of the Ad Hoc Committee on Jurisdictional Immunity of State and Their Property* (2004). General Assembly Official Records of Forty-ninth Session, Supplement No. 22 (A/59/22), 23.

③ 根据国际法委员会对《国家及其财产豁免的条款草案》的解释，之所以把具有或不具有法人资格的公司或机构都包括在内，旨在把名称各异的不同类型或种类的机构、集体和团体包括在内，诸如公司、协会、合伙企业和其他类似形式的集体，而在不同的法律制度中，这些机构可能具有不同程度的权利能力和法律地位。见 *Report of the Forty-third Conference of ILC*, Supplement No. 10, at 125.

性质的公司或机构，如贸易公司、商业企业等，也包括非营利性质的机构，如学会、寺院、宗教、团体、慈善机构等。

第十五条分为两款。第一款所载的无豁免权规则的适用与否，取决于是否同时具备或同时存在两项重要条件。首先，该机构的参加者必须不限于国家或国际组织。换言之，该机构必须有私营部门参加。因此，没有私营部门参加而完全由国家与国际组织组成的各种形式的机构或组织不在第十五条的适用范围之内。其次，该机构必须按照法院地国的法律注册登记或成立，或其所在地或主要营业地必须位于法院地国。据此，我们可以分析法院地国对此类机构具有管辖权的法律基础：如果一国参加了某一公司或机构，如取得或持有某一公司的股份或成为某一法人团体的成员，而该公司或机构是在另一国成立或营业，则该国自愿进入该另一国的法律制度，从而接受该另一国有关法律制度的约束，并有义务遵守这些规则和法律。

第二款规定了一项特定保留条件，即适用第一款的一个前提是，有关国家（包括法院地国和被提起诉讼的国家）之间并未订有不同或相反的协议。第二款还确认争端各当事方有商定不按照第一款所载无豁免权规则行事的自由。而且，公司或机构的有关各方之间可以议定作为成员的国家继续享有豁免，或可选定任何有管辖权的法院或程序来解决它们之间或机构内可能出现的争端。

（七）国家拥有或经营的船舶[①]（Ships Owned or Operated by a State）

公约第十六条关系到对外贸易行为，因此涉及海洋法的一个十分重要的领域。该条拟订为一种余补规则，因为各国之间都可缔结协议，从而可对国家或其机构拥有或经营的从事商业服务的船舶适用管辖豁免，所以该条明确了“除有关国家之间另有协议外”。该条共分六款，第一款主要涉及从事商业服务的船舶，第二款主要涉及军舰和辅助舰艇，第三款和第四款主要涉及货物的地位。第三款订立了一项规则，即在一国拥有或经营的船舶所载货物之运输的诉讼中，如船舶是政府用于非商业性用途以外的目的，则不得援引豁免。第四款规定，对于第二款所指船舶所载运的任何货物以及专门用于或意图专门用于政府非商业性用途的任何货物，依然享有国家豁免。

第一款规定，拥有或经营一艘船舶的国家，[②] 如果该船是用于政府非商业

① 此处“经营”（Operated）是指利用或经营船舶进行海上客、货运输。“船舶”一词应理解为涵盖一切类型的海船，无论其属哪一类名称，而且即使仅部分从事海运也一样。见 *Report of the Fifty-ninth Conference of ILC*, Supplement No. 10, at 259.

② “经营一艘船舶的国家”也包括一国“拥有”、“控制”、“管理”和“租用”船舶，无论租用是按时间一次计的还是按航次计的，也不论是光船还是其他情况。见 *Report of the Forty-ninth conference of ILC*, Supplement No. 10, at 132.

性用途以外的目的，则该国在另一国有关该船的诉讼中不得援引管辖豁免。在实践中，拥有但不经营船舶的国家不应以其他任何方式被要求对经营负赔偿责任，因为可由公司或经营实体来承担船舶经营引起的一切赔偿责任。因此，第一款的规定可理解为，在船舶为一国拥有但由一具有独立法人地位的国有企业经营的情况下，应受法院所在地国法院管辖的是经营船舶的国有企业而不是拥有船舶的国家。也可以说，当可允许在不涉及国家或其管辖豁免要求的情况下对船舶的经营提起诉讼。在这种情况下，似乎没有必要对拥有船舶的国家本身提起诉讼。第二款规定了军舰和辅助舰艇方面的国家豁免，即使这类船舶不是用于军事目的，而是用于应对紧急情况或其他自然灾害，也应对其保留豁免。当然，其他政府船舶，如警察巡逻船、海关检查船、海洋调查船、测量船等，也都应享有国家豁免的待遇。第三款规定了无豁免规则，适用于属于一国的、用于或意图用于商业性非政府用途的货物。第四款的目的在于维持第二款所述船舶装载的任何商业性或非商业性货物的豁免，并维持属于一国的、用于或意图用于政府非商业性活动的任何货物的豁免。应当指出，在第四款中，保留了“意图用于”一语，这与第一、第二和第三款不同，原因是货物装载在船舶上一般不是使用的，因此，应由其预计的用途来决定有关国家是否有权援引豁免。[①] 第五和第六款既对船舶适用，又对货物适用，这两款的目的，是在第一和第三款关于国家不得援引豁免的规定与应给予国家的某种保护之间保持适当平衡。第五款重申了拥有或经营从事商业服务的船舶的国家可提出私有船舶、货物及其所有人所能利用的一切抗辩措施、时效和责任限制。第六款所示为一种实际方法，即由船舶或货物所属国委派的外交代表在通常情况下签署证明书，分别作为船舶或货物为政府非商业性质用途的证据。

（八）仲裁协定的效果（Effect of an Arbitration Agreement）

公约第十七条规定，一国如与他国自然人或法人订立书面协议，将有关商业交易的争议提交仲裁，则该国不得在另一国原应管辖的法院有关如下诉讼中援引管辖豁免：（a）仲裁协议的有效性、解释或适用；（b）仲裁程序；（c）裁决的确认或撤销。但仲裁协议另有规定者除外。

在一般情况下，法院可因仲裁地位于法院地国境内或因仲裁协议缔约方选定法院地国的国内法作为仲裁适用法而拥有管辖权。一国根据公约第十七条提交商业仲裁，就等于同意接受用仲裁协议明确规定的仲裁方式解决争议

① *Report of the Sixth Committee of Fifty-third Session*, at 16.

的义务，并表示同意接受由此产生的一切后果。仲裁协议对有关的程序问题，如仲裁地点、适用的法律等都有规定。因此，豁免问题就由此种协议规定的法院而不是由任何别国的法院处理，而（a）至（c）项提及的事项则按仲裁协定规定的仲裁程序处理。

必须指出的是，第十七条所指的“仲裁协议”是指“一国与外国自然人或法人订立的”仲裁协议，而不包括国家之间或国家与国际组织之间订立的仲裁协议。第十七条最后申明“仲裁协议另有规定者除外”，其目的是把有关当事方自行表示要选用的办法考虑进去，这种选择办法有可能使仲裁诉讼摆脱国内司法的管辖。

本章小结

“国家及其财产豁免”是一项重要的国际法原则，主要处理主权国家与外国法院之间的关系。它是一个以主权平等为基础，并经各国长期的外交实践和法院判决而逐步形成的习惯国际法规则。当国家在外国法院的诉讼中被指明为诉讼的当事方，或者发生在外国法院的诉讼影响到国家的财产、权利、利益或活动时，就会出现国家及其财产豁免问题。国家及其财产豁免的范围不仅包括国家不受另一国法院的审判，而且包括国家财产在另一国法院的诉讼中不应受到扣押和执行令状等强制措施。

开始于18世纪后半叶的工业革命以及资产阶级革命为近代国际法中国家管辖豁免问题的出现奠定了经济和政治基础；而政府职能的扩大以及对外活动的增多，又构成了国家管辖豁免问题产生的直接契机。长期以来，绝对主义和限制豁免主义两种不同的理论派别形成了对立。[①] 第二次世界大战以后，限制豁免主义在国际法理论界逐渐取得了明显的优势。限制豁免论主要是试图限制传统的国家及其财产管辖豁免原则，把国家的行为划分为统治权行为和管理权行为（或商业行为和政府行为，或公法行为和私法行为）。限制豁免论主张，国家的非主权行为和用于该行为的财产不享有管辖豁免，而国家从事主权行为享有豁免。

2004年，第59届联大通过了《联合国国家及其财产管辖豁免公约》，该公约代表了当今国际法学界的主流立场，即限制豁免主义立场。当前各国的实践也显示，有关国家豁免的争议早已不在于是采取限制豁免立场还是采取绝对豁免立场，而是如何限制，以及如何划分限制标准等，才不会影响到主

① 其实，在绝对豁免主义和限制豁免主义之外，还存在着其他一些不同的立场。而且，即使采用同一种立场，各国也存在着不同程度的差异。

权平等和国家尊严。

不得援引国家豁免的诉讼问题，是限制豁免理论与实践的核心问题。国家在哪些领域不得援引管辖豁免，在每一个具体的领域中又如何界定国家行为的性质，这一直是国际以及各国国内立法、司法实践中所涉及的主要内容。

国内法院在决定对外国国家进行管辖之前，需要考虑这样的问题：保护提起诉讼的自然人或法人的利益与维护他国的国家主权利益，何者更为迫切。按照“国家双重行为理论”，国家的行为可分为统治权行为和管理权行为。当外国从事管理权行为时，它并没有行使专属于主权者的权力，而只是行使了私人或私人团体也能行使的权力。因此，对外国的这种行为可以适用与私人实体一样的法律规则，即国内法院对外国政府的管理权行为也进行司法管辖。而相比对外国的统治权行为进行管辖，对其管理权行为进行管辖时可能造成的对该外国主权的侵犯的危险性要小得多。从另外一个角度来说，这也就是国家不得就某些事项在外国法院援引管辖豁免的原因之所在。

通过长期的实践，各国在不得援引国家豁免事项的范围方面分歧逐渐减少。《联合国国家豁免公约》将不得援引国家豁免的事项概括为八项，其内容可以说比以往任何条约和各国国内立法都丰富。但是，公约毕竟经过了各国长期的斗争和协商，有很多内容是各国相互妥协的结果，具体对某一项不得援引国家豁免的事项如何确定，这些事项适用的条件、由此产生的结果等，各国还存在着分歧。正因如此，虽然公约已获得通过，但是国际法学界对公约所体现的原则、规则和制度，特别是不得援引国家豁免的诉讼所涉及的一系列问题的探索远没有停止。

本书第二至第六章将分别就不得援引国家豁免的事项中的商业交易、雇用合同、人身伤害和财产损害、国有船舶以及仲裁协定等五项内容展开论述。这五项不得援引国家豁免的事项，是各国司法实践中涉及最频繁的问题，也是在理论上最具争议的问题。随着各国立法、司法以及外交实践的不断发展，国家豁免问题在理论上也不断有新的突破。这五种不得援引国家豁免的事项既具有共性——都属于国家豁免的例外事项，又各自具有不同的内容和特点，本书将分别进行论述。

第二章　商业交易

自从限制豁免理论出现以来，无论是考察国际、国内有关国家豁免的立法，还是从各国在国家豁免方面的司法实践来看，有关一国政府同另一国自然人或法人之间的商业交易的诉讼，始终是不得援引国家豁免的诉讼中最常见也是最引起人们争议的诉讼。商业交易是不得援引国家豁免的事项中最重要的内容。

20 世纪 70 年代以来，一些国际条约和各国有关国家豁免方面的立法，往往都包含了商业交易或商业活动内容的条款，明文规定国内法院对外国的商业行为具有司法管辖权。这似乎是限制豁免理论中根据“统治权行为”和“管理权行为”的区分来决定是否对外国国家行使审判管辖权的必然结果。其实，“管理权行为”这一传统概念所揭示的内容，绝大多数被国家豁免立法中有关商业交易的条款里规定的行为所涵盖。当然，除商业交易外，管理权行为还包括雇佣合同、工业与知识产权、持有股份或占有财产等，这些在国家豁免立法中都单独作了规定。在许多持限制豁免立场的国家，其判例中“管理权行为”和“商业交易”这两个概念往往是相互混用的，并没有作原则上的区别，管理权行为就是指商业交易，商业交易就是管理权行为。这足以说明商业交易在不得援引国家豁免的诉讼中的重要地位。在以利益为导向的商业活动领域，各国对于“在有关商业交易的诉讼中放弃主权豁免”这一做法似乎有着高度的一致性。①

第一节　《联合国国家豁免公约》中的“商业交易”条款

《联合国国家豁免公约》中有两条包含了关于“商业交易”的内容：一是第二条第一款第（三）项对“商业交易”作出定义，第二款规定了“商业交易”的判断标准（这部分内容将在本章第三节作详细论述）；二是公约第十

① ［英］马尔科姆·N. 肖. 国际法. 下册（第五版）. 北京：北京大学出版社，2005. 640.

条对“商业交易”作为国家豁免的例外作出的规定,① 这是公约有关“商业交易”的主要条款。

一、关于“商业交易”的定义

国际法委员会在1986年一读通过条款草案时，第二条第一款第（二）项使用的是“商业合同”而非“商业交易”。但是国际法委员会一些成员和第六委员会一些代表团表示使用“商业交易”一词更合适,② 因为“交易”一词的意义比“合同”一词更为广泛，前者还包括商业谈判等非订立合同的活动。因此，国际法委员会在1991年二读通过条款草案时将原来的“商业合同”改成了“商业交易”。

根据《联合国国家豁免公约》的规定，“商业交易”主要包括三类交易。

第一，它包括为出售或购买货物或提供服务而订立的所有各种商业合同或交易。

第二，“商业交易”也包括贷款或其他金融性交易的合同，如商业贷款、信贷或在另一国货币市场上发行证券等。国家往往不仅必须以本身的名义筹集贷款，而且有时如果其本国企业由外国银行或金融机构、财团贷款购买如民用或商用飞机时，还须为之担保或保证。国家提供的这种保证可以采取担保合同的形式，在其中规定国家有义务保证偿还或结清其企业所借贷款并在合同缔约方不履行债务时偿还债务，或有义务赔偿主要贷款合同或金融性交易一方造成的损失。保证义务和赔偿义务之间的区别可能在于，对主要合同原缔约一方不执行或不履行合同义务可否采取比较直接或比较迅速的补救方

---

① 《联合国国家豁免公约》第十条内容如下：

一、一国如与外国一自然人或法人进行一项商业交易，而根据国际私法适用的规则，有关该商业交易的争议应由另一国法院管辖，则该国不得在该商业交易引起的诉讼中援引管辖豁免。

二、第一款不适用于下列情况：

（一）国家之间进行的商业交易；

（二）该商业交易的当事方另有明确协议。

三、当国家企业和国家所设其他实体具有独立的法人资格，并有能力：

（一）起诉或被起诉；

（二）获得、拥有或占有和处置财产，包括国家授权其经营或管理的财产。其卷入与其从事的商业交易有关的诉讼时该国享有的管辖豁免不应受影响。

② 事实上，有些国家的立法中使用的是“商业行为”一词，如英国1978年《国家豁免法》第三条（三）、新加坡1979年《国家豁免法》第五条（三）、巴基斯坦1981年《国家豁免规程》第五条（三）、南非1981年《外国豁免法》第四条（三）和澳大利亚1985年《外国豁免法》第十一条（三）等。

法。赔偿义务也可以说成是愿意或准备向原缔约方赔偿由于另一方不履行其合同义务所造成的开支或损失，而且可以附有或不附有相应的代位权。国际法委员会在1991年二读通过条款草案时，对第二条第三款第二项作了文字上的改动，即在“贷款”后加上“其他金融性质之交易的合同”，以便考虑到担保的义务不仅存在于贷款，也存在于具有金融性质的其他协议中。同样的情况也适用于保赔的义务。因此，国际法委员会把提到担保义务和保赔义务的部分结合起来，使它们同时适用于贷款合同和其他具有金融性质的协议。

第三，“商业交易”还包括其他种类的商业、工业、贸易或职业性质的合同或交易，从而涉及相当广泛的国家活动领域，尤其是制造业，[①] 还可能涉及投资及其他交易。

二、从事商业交易的当事方

《联合国国家豁免公约》第十条第一款的规则处理的是，一国与外国自然人或法人在另一国法院可以而且有资格根据自己的国际私法的适用规则行使管辖的情况下进行的商业交易。国家与其本国国民以外的自然人或法人进行商业交易不得援引对另一国法院的管辖豁免。这说明在不得援引国家豁免的诉讼中，从事商业交易的当事方是国家与外国自然人或法人。[②] 第十条第二款接着表明国与国之间的商业交易不在“不得援引国家豁免的诉讼”所涉范围之内。公约之所以规定，从豁免例外的角度，从事商业交易的当事方不能是一国与另一国，主要是为了对所有国家的利益进行必要保障和保护。[③] 众所周知，发展中国家经常与其他国家订立贸易合同，他们除了相互进行直接的国家贸易以外，还会与高度工业化国家进行直接国际贸易。根据第十条第二款，这类国家间订立的国家合同，显然不在第一款所述规则的实施范围之内。这样，国家豁免在这类情况下仍然是适用的规则。这类合同也包括为了更好地和更有效地管理粮食援助方案的各种三边交易。[④] 如粮食供应是为了救济饥荒或使受灾的地区复兴，它们的采购可以直接地或通过国际组织或联合国专门机构，由另一国或国家集团出资，并根据三边或多边谈判，在国家对国家的

---

① UN Doc. A/46/10, Supp. No. 10, 34.

② “外国自然人或法人”可以广义解释为包括私人和公职人员。见 E. Denza. The 2004 UN Convention on State Immunity in Perspective. *International and Comparative Law Quarterly*, Vol. 55, 2006, 396.

③ C. A. Bittenham. Foreign sovereign Immunity and Commercial Activity: A Conflicts Approach. *Columbia Law Review*, Vol. 83, 2003, 1020.

④ Gerhard Hafner and Ulrike Kohler. The UN Convention on Jurisdictional Immunities of States and Their Property. *Netherlands Yearbook of International Law*, Vol. XXXV, 2004, 9–13.

基础上向发展中的粮食出口国购买。这样的交易不仅帮助了需要援助的居民，还可能促进发展中国家的出口，避免倾销或助长国际贸易中不公平的竞争。

根据公约第十条第二款第（二）项，国家之间进行商业交易时，[①] 作为商业交易当事方的国家充分享有自由，就有关交易的争议规定不同的解决办法。一国可以在商业交易本身或通过以后的谈判明示同意，接受仲裁或其他友好解决办法，如调解、斡旋或调停等。不过，任何这样的明示同意通常都应当以书面形式提出。

三、国家企业或其他国家实体从事商业交易的问题

（一）公约第十条第三款

公约规定了国家对外国管辖豁免问题上国家与某些实体之间的法律区别，即一国享有的管辖豁免在一个具有独立法人资格[②]的国家企业或该国设立的其他实体所从事商业交易的有关诉讼中不应受影响。在有些国家的经济体制中，公约第二条第一款第（三）项所界定的商业交易一般由国家企业或国家建立的其他实体进行，它们具有独立的法人资格。一国设立国家企业或其他实体的方式按照该国的法律制度可能有所不同。在一些法律制度下，它们是根据一项法律或政府的法令设立的。在另一些制度下，它们可能被视为母国收购大多数股份或其他所有权交易时已经设立。它们通常代表自己，作为独立于母国的实体而不是代表该国从事商业交易。因此，在因一国家实体所从事商业交易而发生的纠纷中，它可以在另一国法院被起诉，并对另一方索赔的任何后果负责。在这种情况下，所属国本身的豁免不受影响，因为它并非该交易的一方。

具体适用公约第十条第三款需要具备某些条件。首先，诉讼必须涉及国家企业或其他实体所从事的商业交易。其次，国家企业或实体必须具有独立的法人资格。此种法人资格必须包括有能力：（a）起诉或被起诉；（b）获得、拥有或占有和处置财产，包括国家授权其经营或管理的财产。[③] 上述

---

① 公约所指的“国家之间进行的商业交易”，是指一项涉及公约第二条第一款第（二）项所界定的国家的所有机构和部门包括政府的各种机关的交易。见 Richard Gardiner. UN Convention on State Immunity：Form and Function. *International and Comparative Law Quarterly*，Vol. 55，2006，407－410.

② 一些国家认为，这里的“法人资格”是指独立于国家法人资格之外的法人资格，而且是指国内（民）法领域内所使用的法人资格，而非指国际领域内者。见 UN Doc. A/48/464，6.

③ 在一些发展中国家，国家授权其企业或其他实体经营或管理的国家财产被称为“分离的国家财产”。有些国家曾建议公约中使用这一术语，但未被采纳。见 UN Docs. A/C. 6/48/3，3.

(a)、(b) 两项要求是累积的：除了有能力起诉和被诉以外，此种国家企业或其他实体还必须满足（b）项中规定的某些财政要求，即他们必须能够获得、拥有或占有和处置财产[①]——国家授权它经营或管理的财产和由于其活动而得到的其他财产。

（二）公约起草过程中一些国家的不同意见

在公约起草的过程中，关于国家企业或其他国家实体从事商业交易时与国家的关系问题一直是各国非常关注的问题，各国围绕这一问题提了一些建议，并一度产生分歧。

一些国家主张将国家和国有企业区别对待。例如，奥地利认为，“国家豁免不得适用于国家企业……考虑到全世界日益增长的私有化趋势和国有企业日益增加的商业自主权，应当将国家与国有企业区别对待”[②]。保加利亚也坚持相同立场，认为国有企业不应为国债负责，相反亦然。“建立在国家财产基础上的企业应受私法的管辖，国家财产应改造成属于新成立的经济实体（商业公司）的财产。因此就这些企业而言，应适用民法和国际法的一般规定。”[③] 苏联建议在条款草案中列入分离的国家财产方面的某种规定，因为这在社会主义国家得到广泛的承认，这意味着国家企业作为一个法律实体，拥有国家财产的分离部分。[④] “鉴于国家对这类企业有基本利益，如果不对这些企业实行管辖豁免，就可能会影响到有关国家的豁免。因此，为了保护国家的利益，有必要将国家和国有企业区别开来。”[⑤]

我国也主张对国有企业的起诉不应牵连其所属国。我国代表在1994年第49届联大第六委员会关于《国家及其财产管辖豁免公约》的发言中指出，国有企业具有独立的法人资格，自主经营，自负盈亏，有起诉和被诉的能力，无论在理论上还是实践上都不能被看作是国家的一部分。因此，应当对其与国家作出明确区分。对这些企业的起诉不应牵连其所属国；反过来，对国家的起诉也不应牵连其国有企业。[⑥] 因而，除非国家明确承担担保义务，或经国家明确授权，国家就不应对国有企业的行为负连带责任。那种关于国有企业的独立法人地位会导致欺诈或不公平，因而国家应为此负连带责任的主张，

---

① 国际法委员会在讨论时认为，“处置”一词特别重要，因为它使得人们可以对某种实体的财产包括国家授权给它经营或管理的财产采取限制措施，诸如查封、扣押和执行，以满足债权人的要求。

② UN Doc. A/53/274, 2.

③ UN Doc. A/C. 6/48/3, 3.

④ UN Doc. A/CN. 4/415, 109.

⑤ *Yearbook of International Law Commission*, Vol. 2, Part I, 1988, 60.

⑥ 中国国际法年刊，1995. 468.

是没有道理的。国家赋予国有企业以独立地位，恰恰是为了避免不公平[①]。区别于国家、具有独立法人地位的企业所作出的行为，即使从国家责任原则的角度来看，也不能归因于国家，相反，这很可能导致国内法院对外国国家滥用国内司法程序，从而产生不公正和国际关系的紧张。

另一些国家则主张，由于国有企业与国家的关系密切，为了使国家无法利用这类企业逃避责任，不应该将国家与国有企业的责任区别开来。如德国在向第53届联大提交的报告中指出："……在某些情况下或许宜于忽略国家企业或其他实体的单独法律人格，应转而诉诸该国本身……如果完全排除此项申诉渠道，的确会使各国为了想要逃避商业交易上的金钱赔偿责任而设立一些独立的实体。"[②]

《联合国国家豁免公约》最后采纳了区别对待的立场，规定国家享有的管辖豁免不应受国有企业所涉诉讼的影响。

（三）国际法委员会对这一问题的讨论

国际法委员会在1989年第41届会议上根据特别报告员初步报告提出的建议，讨论了"分离的国家财产"问题。特别报告员建议说，该规定的目的不只是界定"分离的国家财产"的概念，而且要免除外国主权国家出庭在有关国家企业与分离财产和外国法人之间的商业合同方面的诉讼中援引豁免。[③]虽然国际法委员会许多委员认识到这种规定的意义，但他们不能就案文达成一般性的协议。

在1989年第44届联合国大会上，联大第六委员会也讨论了"分离的财产"问题。有些代表表示支持，建议该条款在商业合同方面对国家及其独立企业作必要的区分，这是一个重要的概念，值得详细研究。有人说，这一概念如果能一贯适用，可用于限制在国有企业缔结的商业合同方面对国家滥用司法诉讼。一名代表不同意这条规定，他认为，参与经济和贸易活动的国家实体，包括公司、企业或有独立法人资格的其他实体，根据国内法或国际法，实际上并不享受管辖豁免；而如果这些实体参与管辖所在地国的商业活动，那么在商业合同和其他民事问题上它们受到与私人和法人同样的责任规则的

① 中国国际法年刊，1995. 468.

② UN Doc. A/53/274/Add. 1，2.

③ 国际法委员会曾提出如下建议："如果一个国家企业代表国家与外国自然人或法人签订商业合同，而根据国际私法所适用的规则，商业合同方面的分歧属另一国的法院管辖，那么前一个国家不能在因这项商业合同引起的诉讼中援引管辖豁免，除非代表国家作为合同当事方并有权拥有和处置分离的国家财产的该国家企业在商业合同方面受到与自然人或法人一样的责任规则的管辖。"见 *Yearbook of International Law Commission*，Vol. 2，Part Ⅰ，1989，138.

管辖。他认为，将这些国营实体的责任归因于国家本身，等于要国家保证对国营实体的行为承担无限责任。他还指出，在司法豁免方面将国家从他们的独立实体中分开，是所有国家关注的问题。① 还有的代表认为，“分离的国家财产”概念需要作进一步澄清，他们对是否有必要在条款草案中对这一专题作特别规定表示疑问。一名代表指出，虽然这一规定要解决的真正问题是国家在国家企业缔结合同时产生的责任，但有可能在这些条款草案中予以处理。②

特别报告员在1990年国际法委员会第42届会议上就第十一条之二提交了新的建议，③ 委员会讨论了这一议题。主要的论点有两类：一方面，有些委员认为，国家企业作为独立的并在法律上独立于国家的实体从事商业交易，适用范围非常广泛，因为它特别适合于发展中国家，甚至也适合于许多发达国家；另一方面，还有些委员认为，这一规定适用有限，因为分离财产的概念是社会主义国家的特点，不应列入条款草案。④

在1991年第43届会议上，《关于国家及其财产豁免的条款草案》起草委员会提出了新的案文，⑤ 国际法委员会通过了这条案文。这条新案文的要点如下：第一，以前的第十一条之二作为第三款插入第十条；第二，用词更笼统，特别是删除了“分离的”一词。⑥

1992年联合国大会第46/55号决议设立的工作组主席提出了一条非常不同的案文，建议删除第十条第三款，列入新的条款。⑦ 他提出这项提案是为了用尽量明确的措辞就豁免问题表达国家与由国家设立并拥有独立法人地位的某些企业和实体之间的区分。只要不涉及行使国家主权，不仅在企业从事的商业活动方面，而且在企业的其他活动方面均承认这种区分。⑧

他的提案没有解决有些代表提出的国家企业资本不足的问题。为此，主席介绍了他在辩论结束后收到的委员会特别报告员就这一专题提出的提案⑨。

---

① UN Doc. A/CN. 4/443, 72 - 73.

② UN Doc. A/CN. 4/443, 73.

③ UN Doc. A/CN. 4/431, *Yearbook of International Law Commission*, Vol. 2, Part I, 1990, 13.

④ *Yearbook of International Law Commission*, Vol. 1, 1990, 78 - 94.

⑤ *Yearbook of International Law Commission*, Vol. 1, 1991, 68 - 72.

⑥ *Yearbook of International Law Commission* , Vol. 2, Part II, 1991, 35 - 36.

⑦ 这条建议涉及删除第十条第三款，列入下列新的条款，可作为第五条第二款或作为第五部分的新的一条：“在与行使主权所从事的行为无关，而涉及国家设立的（a）拥有独立法人资格，（b）能够起诉和被诉，（c）能拥有、控制、处置财产的国家企业和其他实体的诉讼中，另一国的法院不应对一国及其财产行使管辖权。”

⑧ UN Doc. A/CN. 4/47/L. 10, Para. 31 - 32, 6 - 7.

⑨ 该提案设想在第十条第三款或在主席对第二条第一（b）四款的另一提案中增加下列案文：“保持交易另一方可以按照该国国内法或书面合同获得的适当的资产负债表或财务记录。”

该提案的目的是要给私人公司以“穿透公司面纱”的机会，就国家企业从事的交易向国家提出起诉。主席支持这一提案，并提出将进一步加强国家企业财务透明度，以免有些代表团反对该条款，这似乎更容易接受。①

1993 年，按照第 47/414 号决议设立的工作组继续讨论这一问题。关于要采取的办法，有两种不同观点：一种是支持国际法委员会条款草案的办法，另一种要在第二部分（总原则）或草案第四部分所载的保留条款中处理这一问题。主席根据后一种办法提出了一项提案，即将目前的第五条案文变成第一款，加进如下两条新款：“2. 在（a）拥有独立法人地位，（b）能以自己的名义起诉和被诉，（c）能采购、占有或持有和处置财产的国家企业或国家设立的另一实体所从事的商业交易方面，一国法院不应对另一国及其财产行使管辖权。3. 如果国家作为国家企业或其他实体的债务担保人，或者如果企业或实体在交易中充当国家授权机构，上述第二款不影响法院考虑国家的责任。”② 也就是说，将第二款代替第十条第三款，第三款将规定国家作为国家企业或其他实体担保人而可能承担的责任。

工作组分别讨论了主席提出的提案各款。第一款一字不变地照搬国际法委员会的案文，对该款在措辞上提出了一些建议。就第二款而言，虽然有些代表团反对，另有一些代表团对这个问题提出保留意见，但总的来说，除有一些保留外，该提案受到欢迎。

在根据大会第 48/413 号决定举行的非正式磋商中，主席最后提出了一项可能的折中基础，即第十条第三款的规定范围可以澄清，只要指出，就国家企业或国家设立的其他实体所从事的商业交易而言，国家责任问题可以提出，如：（a）国家企业或其他实体以国家授权代表身份从事商业交易；（b）国家实体的债务的担保人；（c）国家实体故意误报其财务状况或随后减少其资产以避免偿付索赔。③ 委员会的一些委员在书面评述中支持主席的折中基础。④

第二节 其他国际条约与各国立法中的有关条款

纵观有关国家豁免方面的国际公约（草案）以及各国关于国家豁免的国内立法，它们对商业交易（或商业活动）的表述大都非常相似。

---

① UN Doc. A/CN. 4/47/L. 10, Para. 33 – 34, 7.

② UN Doc. A/C. 6/47/L. 4, Para. 49 – 50, 10.

③ UN Doc. A/C. 6/48/L. 4, Para. 64 – 66, 12.

④ UN Doc. A/53/274/Add. 1.

一、《欧洲国家豁免公约》与早期国际协定（草案）

1972年《欧洲国家豁免公约》对商业交易的规定集中在第七条和第四条。第七条规定国家的各种机构“从事工业、商业或金融业活动”时，与私人行为“享受同样的待遇”。这一条所指的“从事商业、工业或金融业活动”，其实就是广义上的“商业交易”活动。该公约第四条规定一缔约国不得在有关该国的债务的诉讼中“免于另一缔约国法院的管辖”。但该条对债务作了四个方面的限定：①债务是在法院地国的领土内履行；②债权债务关系的双方不能都是国家；③债权债务关系的双方无其他约定；④如果产生债务的合同是在该国缔结的，且其所承担的债务又是受其国内法支配的，则该国享有管辖权。第四条是对第七条所规定的商业行为的一个补充。

国际法协会在1982年蒙特利尔第61届会议通过的《国家豁免公约草案》有几个条款涉及“商业交易”。第三条规定：除了另有规定外，一外国不得在诉讼中向法院地国原应管辖的法院援引管辖豁免，如果诉讼是因下列原因引起的：

（1）该外国的商业行为；

（2）该外国负担的合同债务（不管该合同是否属于商业行为，但雇用合同除外），除非合同的当事方另有约定。

该草案第一条C款为“商业行为”下了定义：商业行为是指某种正常做法的商业行为，或是指某种特殊的商业交易或行动。它包括外国国家从事或参加非行使主权权力范围内的一切活动或交易，特别是以下行为：

（1）一切提供货物或服务之契约；

（2）一切借贷或其他与提供资金的其他行为以及其他一切有关这种行为或其他金融债务的保证或赔偿。

该条还规定：在适用以上定义时，应当根据行为的性质而不是其目的来确定该特殊行为是不是商业行为。

国际法协会的这一定义，综合了美国和英国的国内立法的内容，可以说是对“商业行为”进行了非常广泛的界定，包括国家从事的主权权力范围以外的一切活动，难怪有人称这一定义为商业交易“最低限度的指引”。①

美洲国家组织的政治机构——美洲法律委员会1983年通过的《美洲间国家管辖豁免公约草案》在第二部分“管辖豁免的例外”的第一个实质性条文，

① *Report of the Sixty-first Conference of ILA*, Montreal, 1982, 325.

即第五条规定："国家对有关在法院地国从事的贸易或商业活动的请求不得援引豁免。"根据第五条第二款，"贸易或商业活动"是指一国按其普通经营贸易方式从事的个别交易或商业贸易行为。[①] 这一解释非常模糊，让人不知所云。

与《欧洲国家豁免公约》相比，2004 年《联合国国家豁免公约》对"商业交易"的规定更为详细、明了。公约从三个层面对"商业交易"问题进行了规定。

第一个层面是有关商业交易的国家豁免例外问题。公约第三节"不得援引国家豁免的诉讼"的第一项（即公约第十条）规定一国不得在该国所从事的商业交易引起的诉讼中援引管辖豁免。《欧洲国家豁免公约》第七条强调商业行为是在"法院地国的领土内"进行的，即行为与法院地国的领土联系；《联合国国家豁免公约》没有如此规定，而是要求"根据国际私法适用的规则，有关该商业交易的争议应由另一国法院管辖"。这一规定比《欧洲国家豁免公约》更灵活，更具实际操作性。关于这一点，本书后面还要作详细分析。

第二个层面是专门对"商业交易"的内容作出解释。这比《欧洲国家豁免公约》只是笼统地用"从事商业、工业或金融业活动"来概括"商业交易"的方法更进一步。《联合国国家豁免公约》第二条"用语"部分的第一款第三项指明，"商业交易"是指：①为销售货物或为提供服务而订立的任何商业合同或交易；②任何货物或其他金融性质之交易的合同，包括涉及任何此类货款或交易的任何担保义务或补偿义务；③商业、工业、贸易或专业性质的任何其他合同或交易，但不包括雇用人员的合同。《联合国国家豁免公约》对"商业交易"的这一定义内容非常广泛，不仅限于商品买卖及提供劳务等狭义的商业行为，还包括工业、金融、货物贸易、服务贸易等，可以说包括了国家在经济领域里的所有活动。从这个意义上说，正如前文所提到的，在一些国家特别是英美法系国家的判例中，"商业交易"几乎与国家的"管理权行为"没什么差别。

第三个层面是对如何确定某一行为是否为公约中所指的"商业交易"作出规定。第二条第二款指出："在确定一项合同或交易是否为第一款第（三）项所述的'商业交易'时，应主要参考该合同或交易的性质，但如果合同或交易的当事方已达成一致，或者根据法院地国的实践，合同或交易的目的与确定其非商业性质有关，则其目的也予以考虑。"公约这一界定"商业交易"的规定是折中了"性质说"与"目的说"两种不同学说的结果，它采用的是以性质标准为主、目的标准为辅的双重标准。关于这一问题的详细分析请见

---

① *Materials of International Law*, Washington, D. C., Vol. XXII, 1983, No. 2, 292.

本章第三节。

通过以上三个层面，《联合国国家豁免公约》对与“商业交易”有关的国家豁免问题、“商业交易”的内涵以及对“商业交易”的界定作了比较完整的规定。

二、一些国家的立法

各国有关国家豁免的国内立法，以美国和英国最具代表性。

（一）美国

将外国的商业交易行为作为管辖豁免的主要例外，是美英两国立法最基本的特征。

美国1976年《外国主权豁免法》（FSIA）对“商业交易”的规定比较抽象。FSIA第一六〇五条主要内容是“对于外国享有管辖豁免权的一般例外”，其中第一款第（二）项规定了商业交易的例外：如果诉讼是基于外国在美国进行的商业活动而提出的；或者基于与该外国在别处的商业活动有关而在美国完成的行为提出的；或者基于与该外国在别处的商业活动有关，而且在美国领土以外进行但在美国引起直接影响的行为提出的，则外国不能免于联邦法院或各州法院的管辖。FSIA的这一规定非常强调“商业活动”与美国的领土联系，即美国法院只对外国在美国领土进行的商业活动具有管辖权。第一六〇三条“定义”的第五款规定：“外国在美国进行的商业活动”是指该国所进行的对美国“有直接影响”的商业活动。第一六〇三条第四款还明确，对判断某一行为是否为商业行为起决定性因素的不是行为的目的，而是行为的性质。在这一点上，法院所关注的是该外国政府是作为市场的管理者而作为，还是以市场中的一名私营者的身份而作为。前者的行为是非商业性质的，而后者的行为则是商业性的。诉讼所依据的必须是商业活动，而不仅仅只是与商业活动有关，且该商业活动发生在美国，或对美国有直接影响。

至于如何才能满足“直接影响”的要求，美国国会明示地将此留给司法部门对每个个案进行自由裁量。但是，国会在一份委员会报告中提供了构成这种影响的几个例子：全部或部分在美国履行的商业交易、涉及购买或销售美国财物的进出口贸易、发生在美国的商事侵权，以及由于外国在美国谈判或履行货款协议，或接受位于美国境内的私人或官方借贷机构的融资而造成的亏欠等。[①]

---

① *House of Representatives Reports*, No. 94 - 1487, 1976, at 15.

FSIA 第一六〇三条第四款对"商业活动"下的定义是：指某种正常做法的商业行为，或是指某种特殊的商业交易或行动。这一定义显然太笼统，可操作性不强，这无疑给予了法院较大的自由裁量权。为了克服这一缺陷，美国《对外关系法重述（第三次）》对"商业活动"进行了列举：包括"有关物品的生产、销售或购买、财产的租借、金钱的借贷、服务的履行或因履行服务为目的之合同的缔结以及由自然人或法人从事同种类的活动"[①]。美国众议院司法委员会也解释说，商业活动包括从事商业企业、采矿公司、航空公司以及国家贸易公司等活动。[②] 在有关商业交易的诉讼中，不得援引国家豁免的前提条件是国家的行为属于商业行为。如何判断外国国家的行为是否属于商业行为，怎样决定是否允许外国政府援引管辖豁免，在国家豁免的理论和司法实践中，这是一个非常引人关注的问题。美国在出台 FSIA 以前，主要由政府部门来决定外国的行为是否属于商业行为。1976 年 FSIA 出台以后，该法将这一权力授予了法院，以避免过多地考虑政治方面的因素。按照该法，决定国家主权豁免问题时，将更多地考虑"纯粹的法的背景"，而不是政治、外交因素。[③] 根据以上 FSIA 的规定，要确定是否适用商业交易的国家豁免例外条款，需要三个步骤：第一步是必须明确地界定相关的行为。这就需要重点考虑被告国的相关行为，而不是那些与案件只具有偶然联系的行为。尤其是对构成诉讼的基础的被告国的特定行为，更是要单独重点考虑。"国家豁免例外所主要关注的并非被告国通常是否参加商业实体或从事商业活动……而是被告国引起诉讼的某一特定行为是否与商业活动有关联，这与被告国通常的商业行为或该国政府的性质无关。"[④] 第二步是根据相关行为的性质（而不是目的）确定该行为是主权行为还是商业行为。第三步，如果该行为是商业性质的，则要确定它是否与美国有下列三种必要的司法管辖联系：①商业行为是在美国发生的；②在美国完成的行为与外国在别处的商业活动有关，而诉讼是由在美国完成的行为引起的；③虽然商业行为不是在美国完成，但对美国有直接影响。

（二）英国

英国于 1978 年出台《国家豁免法》（SIA），其中一个重要目的在于实施

---

① American Law Institute. *Restatement of the Law: the Foreign Relations of the United States*, 3rd ed., Vol. 2, 1987, 402.

② *Materials of International Law*, Washington, D. C., Vol. 15, 1976, 1406.

③ *House of Representatives Reports*, No. 94 – 586, 1976, at 6606.

④ Arango V. Guzman Travel Advisons Corp., 621 *Federal Reporter*, Second Series, U. S., 1371 (5th Cir 1980).

《欧洲国家豁免公约》和1926年布鲁塞尔《统一有关国有船舶豁免某些规则的公约》(以及1934年有关该公约的议定书)。因此，英国SIA对“商业交易”的规定吸收了《欧洲国家豁免公约》的有关内容，并且其范围非常广，包括了除雇用合同以外的所有合同和国家从事的“非行使主权权力”的一切其他交易。

英国SIA第二条至第二十一条是有关国家豁免的实质性例外的内容。其中最重要的是第三条，规定了“商业行为”的例外。[①]

与美国FSIA对“商业交易”比较抽象和笼统的规定相比，英国SIA对“商业行为”的规定要详细得多，可以说是吸收了美国众议院司法委员会对FSIA中的“商业活动”的解释以及《欧洲国家豁免公约》中的相关内容。但是，对于如何判断什么样的行为属于“商业行为”，是以性质为标准，还是以目的为标准，英国SIA并没有像美国FSIA那样作出规定。在实践中，英国法院往往是根据行为的性质来确定某一行为是否属于商业行为。[②]

除了美国和英国外，另外一些国家主要是英联邦国家先后出台了国家豁免方面的国内立法。这些国内法对“商业交易”的规定与英国SIA的规定大同小异。如澳大利亚1985年《外国国家豁免法》给“商业交易”下的定义是:“指外国国家已参与的商业、贸易、营业、职业、工业或同类的交易，或者外国国家已参加的类似活动，并且不限于大多数前述事项，包括(a)货物供应合同或服务合同;(b)货款协议或某种其他的寻求或涉及提供资金的交易;并且(c)关于金融债务的担保或补偿，但不包括雇用合同或汇票。”这一定义的范围也是非常广泛的。

总之，“商业交易”是国家豁免领域中最复杂的概念之一[③]，无论用何种方法，列举或者笼统地下定义，都很难非常清楚而全面地概括其内涵。在许多案例中，要把商业行为和非商业行为截然地分开仍然十分棘手。上文所列举的国际条约和各国有关国家豁免的立法，有的虽然给“商业交易”下的定义非常详细，但往往陷入了“循环论”的怪圈，即用“商业活动”或“商业行为”来解释“商业交易”，这显然是很难解释清楚的，于是在实际应用中仍不免引起争议。特别是一些模棱两可的领域，如国家开发自然资源、发展科学技术、文化教育以及核能的开发利用等，单纯根据“商业交易”的定义来

---

① 见英国1978年《国家豁免法》第三条规定。

② E. Lauterpacht, C. J. Greenwood (ed.). *International Law Reports*. A Company Ltd. V. Republic of X, Vol. 87, 1992, 413; Re Rafidain Bank, Vol. 101, 1995, 333-337.

③ C. H. Schreuer. *State Immunity: Some Recent Developments*. Cambridge Grotius Publications Limited, 1988, 14.

作出判断是不够的，还要结合案情，具体问题具体分析。①

第三节　商业交易的判断依据问题

上文已经提到，商业交易是国家豁免领域中一个比较复杂的概念，很难用一句话或一段文字来清晰而全面地概括其内涵。

因此，在有关国家豁免的司法实践中，适用什么样的依据来确定一项合同或交易的商业性质，成了首先要解决的问题。在理论界和实践中争论得最多的是通过行为的性质或者目的来判断商业交易。20 世纪 70 年代以来，一些国家出台的国家豁免方面的国内法，大都将“性质”作为检验一项活动是否属于商业性活动的依据，而排除了“目的”依据。在司法实践中，大多数国家也是根据政府行为的性质而不是目的来作出判断。但是，在联合国国际法委员会起草《国家及其财产管辖豁免公约草案》的过程中，许多发展中国家都主张将“目的”定为确定一项合同是否属于商业合同的依据。《联合国国家豁免公约》采取了一种折中的方案，即首先强调性质检验，并以目的检验为补充。

《联合国国家豁免公约》采用折中方案是基于各国的国内立法与司法实践。

一、各国立法中商业交易的判断依据

在各国立法方面，英美等国的有关立法都强调以性质作为判断商业交易的依据。其中美国和加拿大的立法就明文规定根据行为性质来判定是否为商业活动。英国的立法虽然没有作明确的规定，但也从实质上肯定了性质依据的优先地位。

美国 1976《外国主权豁免法》（FSIA）第一六〇三条第四款规定：“是否是商业性的活动，应当根据行为的性质，或特殊的交易和行动的性质决定，而不是根据其目的。”很显然，美国明确排除了目的依据。美国众议院司法委员会在《1976 年外国主权豁免法立法历史报告》中解释道：“如果一项单独

① Australian Government Aircraft Factories and Another V. Lynne and Others (1984), Unites States Court of Appeals, Ninth Circuit. *International Law Report*, Vol. 98, 1994, 23-27; Cargo Ex the Ship Atra V. Lorac Transport Ltd. (1986), Canada, Federal Court of Appeal. *International Law Report*. Vol. 84, 1991, 701-708.

的合同，习惯上是为了谋取利益，那么其商业性便可以容易地推定。合同项下的货物或服务将用于公共目的是无关紧要的，重要的是一项活动或交易的商业性质。因此，外国政府为购买军需品或为建筑政府大楼而订立合同就属于商业活动，为修缮使馆馆舍而订立的合同也属于商业性质，尽管其最终是出于公共目的。”① 按照这一解释，FSIA 中的“交易或活动的商业性质”其实就是指交易或活动具有谋取“商业利益”的动机；只要有了这种谋利动机，其行为的公共目的性也就不必考虑了。从这也可以看出，FSIA 中“商业交易”的范围是相当广泛的。

加拿大 1982 年《国家豁免法》第二条也明文规定了性质依据：“商业活动是指其性质上带有商业特性的任何特殊交易、行为或活动。”

英国 1978 年《国家豁免法》（SIA）没有规定商业活动判断依据的专门条款。在立法的早期阶段，有关该法的议案中曾经包含依据行为性质确定商业活动，而对“目的不予考虑”的条款。② 该条款在后来正式通过时被删除了。但是 SIA 第三条第（三）款（c）项规定“商业行为”是指“外国国家从事或参加非行使主权权力范围内其他一切商业、工业、金融、职业或类似性质之行为”。这项规定暗示了 SIA 在实质上仍然适用性质依据。英国著名国际法学者马尔科姆·N. 肖也指出，1978 年豁免法没有直接区分统治权行为和管理权行为，但第三条第（三）款（c）项表明，似乎应该通过性质来确定外国国家是否在行使主权权力。③

二、各国有关商业交易判断依据的实践

考察近三十多年来各国的实践，大部分国家关注的不是交易的目的或更广泛的背景，而是通常表现为合同形式的交易的类型或活动的性质。

例如，在许多案例中，法院认为，为军队提供军事装备的合同是一种商业行为④。美国第八巡回法院在“麦克多内尔·道格拉斯公司诉伊朗共和国案”的判决中指出：“政府购买货物用于军事目的的交易行为不能被看作是非商业行为而享受豁免。”⑤

---

① *International Legal Materials*, U. S. 15 (1976), 139.

② U. K., Sec. 3 of the State Immunity Bill [House of Lord] of 4 April 1978.

③ Malcolm N. Shaw. *International Law* (Fifth Edition). Cambridge University Press, 2003, 641.

④ Behring International Inc. V. Imperial Iranian Air Force, U. S., 475 F. Supp. 383 (D. N. J. 1999). *International Law Reports*, Vol. 118, 2001, 261; Qureshi V. Union of Soviet Socialist Republic (2001), Pakistan, Supreme Court. *International Law Reports*, Vol. 123, 2003, 585.

⑤ *International Law Reports*, Vol. 126, 2004, 583.

在类似的有关以公共事业为目的的货物买卖、交通运输以及筹集资金等合同的案例中，被告国的行为无一例外地被认为是商业行为。[①] 这其中包括一些20世纪70年代著名的案例，如尼日利亚及其中央银行因水泥采购纠纷而遭到起诉的一系列案件。这些案例有一个共同之处，即交易的根本目的是为了修建军营，这与交易的外在形式毫不相干。尼日利亚政府于1975年间向许多国家的公司发出信用证，旨在支付尼日利亚政府购买水泥的货款，而这批水泥是用于建造军营的。但后来尼日利亚政府发生军事政变，新政府以港口堵塞为由宣布停止输入水泥，尼日利亚中央银行则根据政府的指示拒绝兑现信用证，结果在一系列诉讼中，包括英国[②]、德国[③]和美国[④]的法院，无论是从签发信用证还是从买卖合同的角度，都认定尼日利亚的行为属于从事商业交易。事实上，在案件事实的认定中，英国和德国法院更愿意将银行的相关措施认定为“签发信用证”而不是所谓的“买卖合同”，虽然其结果可能都是一样的。基于同样的道理，有关履行公共职能的协议，尽管其最终是为了公共目的，但仍被视为一般的合同。因此，在近几年一些案例中，有关修建铁路[⑤]、铺设油气管道[⑥]、修建用于军事[⑦]、农业、水利[⑧]的排水沟等的协议都应被视为商业交易。

在有关商业交易的国家豁免案件中，最常见的是涉及使领馆的房舍设施的买卖、维修及财产租赁的案件。从目的的角度来说，毫无疑问，这些都是官方行为。然而，丹麦、英国、德国、希腊、意大利和瑞士等国在司法实践中大都把这些行为认定为简单的商业交易。例如，德国联邦宪法法院1963年

① Penthouse Studios Inc. V. Venezuela (1969), Canada, Quebec Court of Appeal. *International Law Reports*, Vol. 64, 1983, 20; Carried Lumber Co. V. U. S. A (1974), Philippines, Court of Appeals. *International Law Reports*, 1983, Vol. 64, 661.

② Trendtex Trading Corp. V. Central Bank of Nigeria (1977), England, Court of Appeal. *International Law Reports*, Vol. 64, 1983, 111.

③ Central Bank of Nigeria, Germany, Oberlandesgericht Frankfurt (1975). *International Law Reports*, Vol. 65, 1984, 131.

④ National American Corp. V. Federal Republic of Nigeria and The central Bank of Nigeria (1978). *International Law Reports*, Vol. 63, 1982, 137.

⑤ Societe Enterprises V. Yugoslavia (1988), Netherlands, Supreme Court. *International Law Reports*, Vol. 94, 1994, 356.

⑥ National Iranian Oil Company Pipeline Contracts, F. R. Germany, Oberlandesgericht Frankfurt (1998). *International Law Reports*, Vol. 121, 2002, 212.

⑦ United States Government V. IRSA (1989), Italy, Court of Cassation. *International Law Reports*, Vol. 101, 1995, 262.

⑧ Inter-Science V. Mozambique (2002), South Africa, Supreme Court. *International Law Reports*, Vol. 128, 2005, 262.

审理的“暖气工程公司诉伊朗王国案”。该案是因伊朗使馆拖欠某暖气工程公司为使馆维修大型暖气设备应得的292.76马克维修费。在关于按照什么标准来区分商业行为和非商业行为的问题上，法院认为：“不能按国家活动的目的加以区分，也不能按这些活动是否同外国主权权利有明显联系作为区分标准，因为归根结底国家的活动即使并非全部，但绝大部分服务于主权目的和任务，而且总是有着明显的联系，同样，也不能依据国家是否本身从事工商业活动来区分。工商业活动按其性质不能同其他非主权的国家活动加以区分，有决定意义的是只能按照国家行为的性质或者按照所产生的法律关系的性质加以区分，而不考虑国家活动的动机或目的。”① 联邦宪法法院据此判定，维修使馆设施的承揽合同不具有行使主权权力的性质，因此属于商业交易行为。法国最高法院在“西班牙旅游局案”的判决中也排除目的依据，认为“虽然西班牙旅游局租赁房屋的行为是为了公共目的，但根据其性质仍然属于商业行为”。②

在许多场合，行为的性质和目的实际上会以正好相反的方式出现。一个公共行为或政府行为可能常有某种程度的商业或经济动机或者结果。法院有时候只狭义地看到行为的外在形式而没有考虑其根本的经济动机。例如，国家通过渔业法规对其领水进行管理，这显然是一种公共行为，虽然它带有一定的经济目的。③ 同样的道理，国家按照一次性付款合同分配资金④、中央银行操控外汇交易⑤以及基金会对基金的管理⑥等行为尽管都明显带有金融活动的性质，但都被认为是公共和非商业性质的行为。

国家参加国际组织也存在同样的问题。有些政府间国际组织是出于经济的目的而建立的，但国家加入这类国际组织的行为自然也是一种公共行为。在“国际机械与航空航天从业者协会诉石油输出国组织案”中，美国法院认为，调控原油价格的行为归根结底是一种政府行为，因此驳回了原告的起诉。⑦

---

① ［德］赫尔姆特·斯泰恩贝格．联邦宪法法院对外国豁免权问题的判决．当代联邦德国国际法律论文集．北京：北京航空航天大学出版社，1992．474～475．

② Spanish V. L'Hotel (1998), Court of Cassation. *International Law Reports*, Vol. 116, 2000, 61.

③ Perez V. The Bahamas. *International Law Reports*, Vol. 120, 2002, 350.

④ X. V. F. R. Germany, Austria, Supreme Court. *International Law Reports*, Vol. 118, 2001, 10.

⑤ Blagojevic V. Bank of Japan, France, Court of Cassation. *International Law Reports*, Vol. 124, 2003, 63.

⑥ Zucca V. Fondazione Internazionale Premio Balzan and Swiss Confederation (1999), Italy, Court of Appeal of Milan. *International Law Reports*, Vol. 121, 2002, 280.

⑦ International Association of Machinists and Aerospace Workers V. OPEC. *International Law Reports*, Vol. 106, 1997, 284.

对外国财产实行国有化也是一种明显带有经济目的的公共行为，其带来的经济后果与行为本身所具有的政府性质都是不容置疑的。但是，也有例外，例如，虽然美国 FSIA 把政府的征收行为规定为统治权行为，但在“美国国际集团股份有限公司诉伊朗案”中，美国区法院就认定伊朗征收财产的行为是一种商业行为①。这种认定在美国的司法实践中是绝无仅有的，这只能解释为美国法院在该案的审判中更多的是依据感情而不是根据法律断案。

以上提到的案例都是把性质作为确定一项合同或交易商业性质的依据。法国、德国、菲律宾等一些国家也曾有少数案例适用了目的检验依据。如法国最高法院审理的“Enterprise perignon 诉美国案”，法院认为使馆财产的租赁有官方的目的，因此不属于商业行为②。巴黎中级法庭在“欧洲装备公司诉科特迪瓦农产品稳定和支助储蓄银行欧洲中心案”的判决书中指出：虽然首先应当考虑有关行为的性质，但是有时候也可以考虑有关行为的目的③。德国联邦宪法法院审理的“菲律宾使馆案”④，案件的原告曾将其房地产租给被告用作菲律宾使馆办公室，后来使馆搬出，原告向法院提出要求菲律宾共和国偿付拖欠的房租和修缮费用。法院认为，本案“不能以行为的性质作为判断的依据”，使馆租赁房屋和维修设施最终是为主权目的服务的，因此不属于商业行为。在 2001 年的“教廷诉星光销售企业公司案”中，菲律宾最高法院考虑了购买土地的目的，从而否定了有关行为的商业性质。⑤

适用目的检验依据的案例毕竟是少数，就像上面提到的几个案例一样，有时候适用目的检验依据往往是出于政治或外交的考虑，需要把某种带有商业性质的行为认定为主权行为，因而选择从其目的角度来考虑。

三、折中方案——《联合国国家豁免公约》的最终选择

以性质还是目的作为确定一项合同或交易的商业性质之依据，是国际法委员会在起草《国家及其财产管辖豁免公约》过程中争论的关键问题之一。当一个国家进行商业活动的时候，不应当享受管辖豁免，这是限制豁免理论最重要的内容，绝大部分国家在这一点上已基本达成共识。然而为了国家豁免的目的，如何给“商业交易”下定义，这恰恰是一个颇有争议和各抒己见

① American International Croup Inc. V. Islamic Republic of Iran. *International Law Reports*, Vol. 101, 1995, 453.

② *International Law Reports*, Vol. 129, 2005, 82.

③ *International Law Reports*, Vol. 113, 1999, 446.

④ *International Law Reports*, Vol. 102, 1996, 129.

⑤ *International Law Reports*, Vol. 124, 2003, 163.

的问题，而“商业交易”的判断依据又是问题的核心所在。只有弄清合同或交易的商业性质的判断依据，才能准确定义“商业交易”。

在国际法委员会起草工作的初期，各国对“商业交易”的判断依据问题争论非常激烈。许多国家（主要是发达国家）主张把性质作为判断商业交易的唯一依据，反对在商业交易的定义中纳入目的检验。例如，在就公约草案征求各国意见时，德国指出：“在判断某项交易是商业交易还是非商业交易方面应采取哪项标准的问题，德国仍然认为决定国家是否享有豁免的判断标准只应当是涉及外国的交易的客观性质，而非其主观目的。如果国家行为的目的成为标准，那么，同外国的法律上的交易就具有无法计算的危险。”① 比利时在提交的建议书中也认为，在确定交易的商业性质时，应只考虑交易的法律性质而不必依据交易的目的。他们认为：“如果采取目的标准，对私人会产生一个极不确定的因素，因为他事先无法知道交易是否附有管辖豁免。在这方面，人们有理由发表以下意见，‘人们可以认为一国的任何活动——即使明显属于私法性质——均是以国家福利为目的的统治权行为’。目的标准似乎难以有效实施。”② 保加利亚也主张一个交易的商业特性应主要由其性质决定，交易的特性应该决定其目的。他们认为，如果使用目的依据，未来可能由于不同的结果而产生许多纠纷③。澳大利亚、美国、英国、意大利等国也认为，目的依据在确定商业交易的性质当中，可能会引入一些主观的因素，从而以无法预见的方式扩大了统治权的范围。④

虽然没有哪个国家主张将目的作为确定一项合同或交易的商业性质的唯一依据，但有一些国家认为单独靠性质依据，并不一定能确保法院就一项活动是否属于商业行为作出恰当结论，因此主张有时候也应当考察国家所采取的行动究竟是商业目的还是政府目的。奥地利赞成既考虑性质依据，也考虑目的依据，认为这样“既具灵活性，又特别为私人提供了较高度的法律上的明确性”⑤。法国也主张“还必须应用行为目的标准来确定该项作业是否具有商业性”⑥。

发展中国家大都主张考虑目的依据。这是因为发展中国家为了发展其国民经济、预防灾害以及救灾等目的，往往更多地是由政府亲自参与合同或交易。如果仅仅适用性质依据，发展中国家即使在行使政府职能的活动中，可能也享受不到国家豁免，这显然对发展中国家是不利的。

---

① UN Doc. A/53/274/Add. 1，2.

② UN Doc. A/48/313，3.

③ UN Doc. A/C. 6/48/3，3.

④ UN Doc. A/C. 6/47/L. 10，A/C. 6/47/L. 4.

⑤ UN Doc. A/53/274，2.

⑥ UN Doc. A/53/274，4.

也有国家主张在公约中“不规定任何区分商业性和非商业性交易的依据，留待法院选择和适用任何这类依据”①。

由于各国之间意见分歧很大，国际法委员会试图在各种观点之间寻找折中方案。国家及其财产豁免问题特别报告员小木曾本雄在初步报告中这样表述了他自己的观点：“关于第二款，由于许多国家赞成以性质作为确定一项合同是否属于商业合同的准则，并对目的作出批评，它们认为这个准则较不客观而且片面，因此特别报告员也不反对将目的这一准则删除。同时，应当指出的是，若干国家政府在第六委员会上提出的书面评论和口头意见都赞成将目的这一准则包括在内。”② 国际法委员会在非正式磋商时曾提出折中方案的基础，强调在使用性质依据的同时，也不应该忽略目的依据：“如果国家可以利用发表关于公约的总声明，或以任何方式就某一合同或交易或两者向另一方发出明确通知而表示根据本国法律和惯例可能涉及目的依据，便可大为提高确定性。这不仅使私营企业在同国家签订合同或进行交易时得以澄清情况，也使法院在接到要求援引公约规定时得以澄清情况。”③

国际法委员会在1986年一读通过的条款草案中采取了折中方案，其第三条第（二）款草案案文如下：“确定出售或购买货物或提供服务的合同是否属于商业合同时，首先应根据合同的性质，但如果合同的目的在该国的实践中与确定合同的非商业性质有关，则也应予以考虑。”该草案虽然把“目的”列为辅助性的依据，但是规定得很模糊，到底“目的”在什么情况下会与“合同的非商业性质”有关，没有一个统一的标准，从而给司法机关留下太多的自由裁量空间。特别报告员小木曾本雄在《关于国家及其财产管辖豁免的初步报告》中曾建议将该条款改为：“……首先应根据合同的性质，但如果有关国家间的国际协定或各方之间的书面合同规定合同为政府用途，则确定合同的非商业性质时，应考虑此种目的。”④ 特别报告员的这一建议也是出于折中的考虑，将是否采用目的依据的选择权利交给法院所在地国的法院。

国际法委员会于1991年二读通过的条款草案第二条第二款没有对一读草案作太大的改动，仍然规定“如果在作为其缔约一方的国家实践中合同或交易的目的与确定其非商业性质有关，则也应予以考虑”。《联合国国家豁免公约》最终基本上保留了一读、二读条款草案的表述，即只要法院地国的实践表明某项合同或交易的目的与确定非商业性质有关，就应该考虑目的依据。

---

① UN Doc. A/C. 6/54/L. 12, 3.

② *Yearbook of International Law Commission*, Vol. 2, 1988, 102.

③ UN Doc. A/C. 6/49/L. 2, 3.

④ UN Doc. A/CN. 4/415; *Yearbook of International Law Commission*, Vol. 2, 1988, 101.

如果在这项实践中，其目的与合同或交易之非商业性质的确定有关，则应该让被告国有机会证明某一合同或交易在该国的实践中应视为非商业性，因为这种合同或交易显然是为了公共目的。例如，采购粮食是为了供应居民，或赈济灾民，或为受灾地区的重建；供应药品是为了制止流行病的蔓延等。但是，为此种公共目的缔结这种合同或达成交易必须是该国历来的做法。还应该指出，在每一案件中，考虑到被告国的习惯，决定一项合同或交易是否具有商业性质或非商业性质的是主管法院而不是被告国。另外，《联合国国家豁免公约》强调了“合同自由原则”，即规定“如果合同或交易的当事方已达成一致”，也可以考虑目的依据。

《联合国国家豁免公约》最终选择折中方案，既考虑到性质依据，又兼顾目的依据。这主要是为了充分保障和保护发展中国家的利益，尤其是在它们努力促进国民经济发展的时候给予充分的保障和保护，因为大部分发展中国家担心它们的经济发展和国内经济政策会因为性质依据的采用而受到不利的影响。因此，公约的做法从某种程度上可以协调西方发达国家与发展中国家之间的不同立场。依据公约的规定，当争议发生时，首先要确定争议的行为是否属于公约第二条所指的各项商业交易行为。这些行为包括：①为销售货物或为提供服务而订立的任何商业合同或交易；②任何贷款或其他金融性质之交易合同；③商业、工业、贸易或专业性质的任何其他合同或交易。如果不能很明确地断定，那么法院可依据行为的“性质”来决定该行为是否为商业行为。但是如果被告国能证明依照该国的实践，该行为是基于公共目的而应被视为非商业性，则法院也应当予以考虑。

但是，公约的如此规定也有值得商榷的地方：第一，按照公约的规定，在每一个案件中，要考察的是法院地国的实践而不是被告国的实践，因此，确定是否有惯例可循的主动权在受理案件的法院而不是被告国本身，这样容易出现法院作出主观武断认定的情况；第二，公约第二条第二款所指“法院地国的实践”中“实践”一词，到底仅仅是指司法部门的实践，还是包括政府部门的一些惯常做法，这个范围不是很明确。如果也包括政府部门的实践，范围似乎太广了，因此有学者主张“应当很明确地限定于法院地国的司法实践，而不应包括法院地国政府的主观解释”①。

① Burhand Hess. The International Law Commission's Draft Convention on the Jurisdictional Immunities of States and Their Property. *European Journal of International Law*, Vol. 4, No. 2, 1993, 274.

四、有关政府干预商业交易的案件

如果在有关国有企业的同一案件中，由于政府对国有企业所从事的商业交易的介入，使得涉案的行为既包含可能带有商业性质的行为，又包含可能带有公共职能的行为，那么如何确定涉案行为的商业性质？如果一个国家从事的行为开始属于一项商业交易，随后又属于不具有私法性质的政府行为，那么该国是否可以就该行为援引国家豁免呢？各国在具体实践中对这些问题的处理方法并不完全相同。

英国法院审理的“巴提多国会号案”就同时涉及商业交易行为和政府行为问题。1973年9月，正当智利发生政变之时，古巴一家国有企业从智利运送蔗糖。古巴政府出于政治因素的考虑，下令终止蔗糖交易，从而构成了违约。审判该案的法院依照“后发介入的国家豁免理论”（Doctrine of Supervening Immunity）①，认定古巴在与智利的经济往来中的违约行为属于主权行为，因而在本案中，古巴可以就其整个交易行为援引豁免。上诉法院大法官Denning提出了不同的意见，认为：“（古巴的行为）是明显的毁约行为，不应当被确认为享有豁免性质的行为。无论毁约是出于什么目的……实际上是出于对智利政变的不满，抑或是出于对新政权的敌意。这些动机改变不了行为的性质，也不可能使本无豁免权的当事国享有豁免。这是由行为的性质而不是行为背后的动机来决定的。”②

上议院认为，古巴以蔗糖所有人的身份占有船货的行为实际上是私法行为，于是驳回了古巴的豁免请求。上议院的认定或多或少是出于对私人贸易者的同情，正像判决书中所说的：“为了明确地保护私人贸易者的利益不受因政治因素引起的违约行为的侵害，限制豁免理论允许受害方在国内法院对外国国家提起诉讼。”③

本案的复杂之处在于国有企业是遵照政府的命令而违约的。事实上，绝大多数有关政府干预商业交易的案件都涉及国有企业。在政府干涉国有企业的经营事务时，作为政府控制的实体，国有企业应该在多大范围内承担责任，这是一个非常复杂的问题。

对于有关政府干预国有企业的商业交易的案件，如果从不同的角度去思

---

① J. R. Crawford. International Law and Foreign Sovereigns: Distinguishing Immune Transactions. *The British Yearbook of International Law*, Vol. 54, 1983, 69.

② *International Law Reports*, Vol. 64, 1983, 154, 227.

③ *International Law Reports*, Vol. 64, 1983, 307.

考，有时会得出截然相反的结论。例如，有两个分别发生在美国和瑞士的极其相似的案例，这两个案例都涉及"性质与目的"和"后发介入"问题。两个案例都是因为货币调控政策的原因，外国银行必须通过各自的中央银行支付资金，而中央银行拒绝支付，从而构成违约。第一个案例是美国法院审理的"De Sanchez 诉尼加拉瓜中央银行案"①。尼加拉瓜中央银行曾经开出了支票，但是在支票兑付之前，为了保护国家外汇储备，尼加拉瓜总统签发了停止兑付的命令。那么这一行为如何定性呢？法院认为，一种可能的答案是把开出支票看作是简单的商业交易，从而根据"一次为商则永远为商"（Once a Trader—Always a Trader）② 的理论，将尼加拉瓜央行的行为认定为商业性行为。然而，法院最终判决尼加拉瓜享有豁免权。法院解释说，这并非出于因政府下令停止付款而构成的所谓"后发介入的豁免"，而是考虑到中央银行最初签发支票的行为本身就属于主权行为。法院强烈地意识到这样一个事实：中央银行开出支票的目的在于维持稳定的汇率。从某种意义上说，法院这一判决与美国 FSIA 关于"性质依据"的规定（第一六〇三条第四款）是背道而驰的。法院解释说，FSIA 第一六〇三条第四款并没有完全禁止采用目的依据，"如果不考虑行为的目的，就无法确定行为的性质。实际上商业行为本身很大程度上是根据其目的来定性的……行为之所以成为商业行为，是因为其赢利的目的"。因而法院得出结论：本案中尼加拉瓜央行是为了履行政府职能，并非从事商业交易。

另一个与上述案件非常相似的是瑞士联邦法院审理的"土耳其中央银行诉 Weston 金融投资公司案"③。该案件的判决结果与上述案件正好相反。案件审理过程中起决定性作用的是前期商业关系的法律性质。瑞士法院认为，土耳其央行卷入案件的事实并没有改变这种商业关系。法院因此拒绝了土耳其援引豁免的请求，并发出命令对土耳其央行采取强制措施。

比较以上两个案例，美国法院的判决结果可能更令人信服。在判断行为的商业性时，美国法官并不是教条地搬用"性质与目的"规则。瑞士法院严格地坚持"一次为商则永远为商"的原则，这也许忽视了这样一个事实：中央银行在后一阶段是以官方的身份进入这场交易的，而前期的商业交易行为已经由另外不同的主体实行完毕。

从以上案例分析可知，当政府干预国有企业所从事的商业交易，使得涉

---

① De Sanchez V. Banco Central de Nicaragua. *International Law Reports*, Vol. 92, 1993, 262.

② J. R. Crawford. International Law and Foreign Sovereigns: Distinguishing Immune Transactions. *The British Yearbook of International Law*, Vol. 54, 1983, 98.

③ *International Law Reports*, Vol. 102, 1996, 417.

案的行为既包含可能带有商业性质的行为，又包含可能带有公共职能的行为，则对整个涉案行为的商业性要综合起来判断，既要考虑其性质，又要考虑其目的。对于这类案件而言，政府的干预行为往往是出于公共目的，是履行公共职能；而国有企业的商业交易行为不能因为政府行为的介入而改变其行为的性质。

第四节　特殊领域中的商业交易

如上所述，在大多数案例中，法院是根据行为的性质来判断国家的行为是不是商业交易的。假如，一项买卖合同或贷款协议的核心内容是商业性质的，则很容易认定该合同或协议是否为商业交易。但是在一些特殊领域，要作出判断并非易事。某些行为以商业领域内常见的法律形式出现，并不意味着这些行为就必然是商业交易。例如，并非所有的合同都是商业行为。因此，在作出判断时，我们不仅要看行为的外在表现形式，还要研究其内涵。行为的当事方是否有私营者参与，这对于行为的定性也是非常重要的。

一、服务领域

在有关服务领域的案例中，非典型的商业合同可能会被认定为非商业性协议从而享受豁免。例如，在“实践概念公司诉玻利维亚共和国案”① 中，美国的实践概念公司与玻利维亚签订了有关提供咨询服务的协议，美国法院认为协议中包含许多与典型的商业合同性质不一样的内容，如免税、优先移民以及外交豁免等，因此这一协议不应该被认定为商业交易。

很显然，合同的标的物有时候对判断合同的商业性也会起到重要的作用。例如，“弗雷达尔诉以色列政府案”②，该案涉及以色列政府。以色列国家军队在招募新兵时，以色列政府同每名新兵签订了一份协议，许诺将来为新兵支付医疗费用。审理该案的法院认为，合同标的物涉及政府公共权力，因此不属于商业性合同。

由国家经营的服务领域，如交通运输、通信、文化、教育、旅游等，往往也是判断商业交易的难点。政府经营这些服务项目，虽然也收取费用，但

① Practical Concepts Inc. V. Republic of Bolivia. *International Law Report*, Vol. 86, 1991, 326 - 348.

② Friedar V. Government of Israel. *International Law Reports*, Vol. 99, 1994, 187 - 209.

政府一般要给予补贴，这与那些以赢利为目的的纯粹商业交易还是有差别的。另外，如果诉讼完全是因官方管理方面的过错引起的，这种情形下给予被告豁免权是很难令人信服的。还有一种观点，即不要把这种类型的国家活动仅仅看成是无效的商业交易，而要看成是为了普通公共利益的服务行为。这一观点显然有利于将这种行为认定为非商业性行为。

各国法院在这些领域的审判实践也很不一致。例如，瑞士和荷兰的法院在一些案例中曾认为国家经营铁路属于履行公共职能①；法国法院却认为经营铁路是一种商业活动，它不会有任何公共权力的成分②。美国法院曾将国家经营航空运输的行为认定为典型的商业活动③；而加拿大法院却主张不应当将政府经营航空公司认定为商业行为④，但是，高速公路主管局维修路面的行为在加拿大法院的判决中却被认为是商业活动而非主权行为⑤。

各国法院对涉及文化和教育领域的案件的判决也是五花八门的。在“联合尤拉姆公司诉苏联案”中，美国法院根据《美苏文化交流条约》的规定，认定苏联国家音乐协会在美国主办的音乐会属于提供服务贸易的商业行为⑥。与此十分相似的是荷兰法院对“苏泽诉葡萄牙案”的判决，法院认为国家主办学校的活动中并没有包含具体的政府行为，因此，国办学校与私营机构没什么区别⑦。意大利和瑞士却得出与此相反的结论。意大利上诉法院在审理“匈牙利教皇研究院诉匈牙利国家学院案”时认为，匈牙利国家学院在罗马经营图书馆属于履行公共职能的行为，因此给予匈牙利国家豁免⑧。瑞士外交部早在1984年曾发表了一个声明，指出：外国国家在瑞士主办艺术展览属于“行使公共权力”⑨。

对于外国旅游主管部门在本国开展的旅游宣传促销活动，是属于商业行为还是属于履行公共职能，各国的定性也不一样。瑞士联邦法庭在审理“埃及诉国际影视案”中，认为国家旅游局的促销活动属行使公共权力范畴⑩，德

① *International Law Reports*, Vol. 103, 1996, 354-394.

② *International Law Reports*, Vol. 91, 1993, 217-225.

③ *International Law Reports*, Vol. 87, 1992, 446-449.

④ *International Law Reports*, Vol. 115, 1999, 211-232.

⑤ *International Law Reports*, Vol. 116, 2000, 63-78.

⑥ United Euram Company V. USSR. *International Law Reports*, Vol. 80, 1989, 228-253.

⑦ Sousa V. Republic of Portugal. *International Law Report*, Vol. 90, 1992, 378-381.

⑧ Hungarian Papal Institute V. Hungarian Institute (Academy) in Rome. *International Law Reports*, Vol. 89, 1992, 59-71.

⑨ J. F. Lalive. Swiss Law and Practice in Relation to Measure of Execution against the Property of a Foreign State. *Netherlands Yearbook of International Law*, Vol. 10, 1985, 153-166.

⑩ Egypt V. Cine-television International. *International Law Reports*, Vol. 118, 2001, 425.

国最高法院在审理“西班牙国家旅游局案”时却得出了相反的结论①。

二、金融领域

政府在金融领域的一些活动到底是属于商业交易行为还是属于政府行为，各国的判例也存在差异。

一些案例中，政府债券或其他形式的公债可能被认定为商业行为。如“湖广铁路债券案”②。美国阿拉巴玛州地方法院曾认定中国清朝政府发行铁路债券属于商业性行为，于1982年进行了缺席审判，判决中华人民共和国向原告支付债券本息；1984年，该地方法院又重审了此案，撤销了缺席判决，驳回了原告的诉讼。事实上，一些国家的豁免法明确规定，公债和其他涉及金融的交易，包括金融担保，都属于商业交易。例如，英国《国家豁免法》第三条第（三）款第②项规定，“一切借贷或其他与提供资金有关的行为以及其他一切有关这种行为或其他金融债务的担保或赔偿”都属于商业交易。澳大利亚《外国国家豁免法》第十一条第（三）款也有类似的规定。美国《外国主权豁免权法》虽然没有对此作出明确规定，但是美国众议院司法委员会的立法历史报告中将外国在美国签订的贷款协议规定为“商业交易”③。《外国主权豁免法》的修正案也认为“国家承诺付款、债权、证券以及对此的任何担保”都属于商业交易④。

三、自然资源的开发利用领域

按照国际法，一国开发和利用本国的自然资源属于行使主权权利的行为。例如，联合国大会1962年通过的《关于自然资源永久主权的决议》［第1803（XII）号］宣布：“确保国家对本国自然财富和自然资源的主权不受损害。”1992年通过的《联合国里约环境与发展宣言》明确规定：“各国拥有按照其本国的环境与发展政策开发本国的自然资源的主权权利。”⑤ 但是，在有关涉及国家自然资源的案例中，各国法院对国家开发自然资源的活动性质认定不

① Spanish State Tourist Office. Oberlandesgericht Frankfurt. *International Law Reports*, Vol. 115. 1999, 140.

② R. Jackson and Others V. The People's Republic of China. *International Law Reports*, Vol. 84, 1991, 133 - 158.

③ *International Legal Materials*, Vol. 15, 1976, 1398, at 1407.

④ *American Journal of International Law*, Vol. 79, 1985, 770, at 784.

⑤ *The Rio Declaration on Environment and Development*, 1992, Principle 2.

一，有的认为是商业交易行为，有的认为是行使主权权利的行为。

德国宪法法院在审理“伊朗国家石油公司案”时，认为伊朗勘探和开采其本国国内的石油和天然气属于商业行为①。荷兰海牙上诉法院审理的另一宗涉及伊朗国家石油公司的案件中，法院也得出同样的结论：伊朗石油开发合同是非主权行为②。南非最高法院认为有关农业和水利方面的测量与规划合同属于普通的商业交易③。

与上述国家的立场不同，美国法院在处理有关自然资源的案件时，往往将国家开发自然资源的活动认定为非商业性行为，比较典型的是“国际机械与航空工人协会诉欧佩克案”。在该案中，法院引用了联合国一系列有关自然资源主权的决议，特别是1962年联大通过的《关于自然资源永久主权的决议》。法院在判决中指出：“一个主权国家对其自然资源拥有唯一主权，这是联合国反复重申的一项国际法原则。美国遵循这一原则……被告控制其国内石油资源是在行使主权职能，因为石油是这些国家最主要的财政收入来源，关系到国计民生和国民福祉。”④ 美国法院审理的另一个案件涉及墨西哥对因油井事故造成损害所采取的补救行动，法院认为，为开采石油而打油井不是商业行为，而是主权行为，因为它涉及国家对其矿藏资源所拥有的最高权力⑤。

美国法院不但认定开发矿藏资源为主权行为，对其他自然资源也采取同样的立场。美国第九巡回法院审理的“摩尔公司诉孟加拉国案”涉及孟加拉国给外国公司颁发猕猴捕捉和出口许可证⑥。该案的主要案情是这样的：1977年孟加拉国和摩尔公司所签订的许可协议要求向摩尔公司出口的猕猴是为了世界人民福祉而用于医学和科学研究，并要求该公司在孟加拉国建立猕猴饲养基地，孟加拉政府还保留了终止协议的权利。1979年，孟加拉国终止了许可协议，理由是摩尔公司未在孟加拉国建立猴子饲养基地，而且猴子被作为试验中子武器的试验品，不符合当初协议的约定。原告于是提起诉讼。美国法院认为，管理本国自然资源的权利是一种排他的主权，任何私人当事方无权干涉这一权力的行使，法院因此给予孟加拉国豁免权。

---

① National Iranian Oil Co. Legal Status. *International Law Reports*, Vol. 94, 1994, 199.

② N. V. Cabolent V. National Iranian Oil Company, Court of Appeal at the Hague. *International Law Reports*, Vol. 91, 1993, 138.

③ Inter-Science V. Mozambique, Supreme Court. *International Law Reports*, Vol. 99, 1994, 689.

④ International Association of Machinists and Aerospace Workers V. OPEC. *International Law Reports*, Vol. 96, 1994, 284.

⑤ Matter of Sedco. *International Law Reports*, Vol. 101, 1995, 529.

⑥ Mol. Inc. V. People's Republic of Bangladesh. *International Law Reports*, Vol. 80, 1989, 536 – 551.

从以上的案例可以看出，上述特殊领域往往既涉及政府部门的参与，又带有以赢利为目的的商业性质。虽然《联合国国家豁免公约》给"商业交易"下了定义，也为如何判断商业交易提出了指导性意见，但是就上述领域来说，单凭一条简单的规则确实难以清楚地判断行为的商业性。"没有哪一种商业活动是真正'非政府性'的，而每一种商业性活动都带有公共目的。"①用这句话来形容上述领域的行为是再恰当不过的。如果我们遵循这么一个原则，即在判断行为的商业性质时，并非要考虑特定政府实体的所有职能范围或其赢利性，而只需考察案件所涉及的特定的行为，特别是那些带有经济回报性质的行为，那么范围就小多了。

第五节　关于"国际私法的适用规则"问题

研究国家豁免的不同学派一致认为，外国法院必须先有管辖权才能够行使管辖；只有根据法院地国的国内法，包括适用的管辖规则，这种管辖才能存在，管辖权的行使也才能得到许可，特别是在需要解决或裁判的争端或争议涉及外国因素的情况下。

一、《联合国国家豁免公约》中关于"国际私法的适用规则"的规定

关于以什么样的依据断定管辖权是否存在，理论上存在不同的意见。有人主张根据法院地国有关国内法来断定是否具有管辖权限。法院地国有关的国内法可以是关于法院组织或司法管辖范围的法律、规则或条例。② 也有学者主张应依照国际私法规则中的居所、国籍、领土联系或物之所在地等因素来决定。③

《联合国国家豁免公约》第十条第一款在规定法院对商业交易争议的管辖权基础时，就采用了"根据国际私法适用的规则"这一用语。按照国际法委员会的解释，"国际私法的适用规则"是一个中性用语，选用这个用语是为了

① G. R. Geudill. Breaking out of the Capitalist Paradigm: The Significance of Ideology in Determining the Sovereign Immunity of Some States and Their Commercial Entities. *Houston Journal of International Law*, Vol. 2, 2005, 125.

② *Report of the Forty-third Conference of International Law Commission*, 1991, 68.

③ S. Sucharitkul. Immunity of States. In Mohammed Bedjaui (ed.). *International Law: Achievements and Prospects*, Paris: UNESCO & Dordrecht: Martinus Nijhoff Publishers, 1991, 330.

“按冲突法或国际私法的适用规则来解决各种管辖上的问题，不论是否能适用统一的管辖规则”①。每一个国家在管辖问题上，包括其法院或其他法庭的组织和确定它们的权限方面，都是完全自主的。公约以一句笼统的“国际私法的适用规则”作为决定法院是否有管辖权的基础，主要是为了协调各国不同的观点，包括各种不同的规则。各国的立法和司法实践在确定法院管辖权方面的确存在很大的差异。有的国家严格地要求以“领土联系”作为判断是否有管辖权的原则。这一主张基于以下认识，即一般而言，在跨国的民商事诉讼中，一国行使管辖权的先决条件是当事人、法院所在地和诉讼之间存在足够的联系，因此以国家为被告的案件应当使用同样的规则。美国和英国的国家豁免立法特别强调“领土联系”。美国《外国主权豁免法》第一六〇五条明确规定“该诉讼是基于该外国在美国进行的商业活动而提出的”，第一六〇三条进一步强调，商业活动不但是在美国境内进行的，而且要“与美国有实质的交往”。英国《国家豁免法》第三条第一款第二项强调“合同义务应在英国境内履行”。另外，《欧洲国家豁免公约》第七条第一款规定：“如缔约国在法庭地国的领土上设有办事处、代理机构或其任何形式的组织用于从事商业、工业或金融业的活动，且诉讼与该机构或组织的此项活动有关，则法院对该案件有管辖权。”这说明该公约也是把“领土联系”作为一个缔约国对另一个缔约国行使管辖权的前提条件。与上述国际、国内立法不同的是，澳大利亚的《外国国家豁免法》和加拿大的《国家豁免法》涉及商业交易诉讼的有关条款中，并没有提到确定法院管辖权的标准。这并不是由于疏忽，而是反映出另一种观点，即有关法院管辖权的确定问题应当是一般国际私法处理的范围，而不在“国家豁免”的领域内讨论。② 而美国《外国主权豁免法》除了规定“领土联系”标准外，还规定了“直接影响”标准等。在司法实践上，意大利法院和瑞士法院往往通过“领土联系”标准来确定法院的管辖权③；而荷兰、德国和法国等欧洲大陆法系国家的法院则认为没有必要以领土联系作为法院拥有管辖权的要件。④

因此，鉴于各国在立法和司法实践上意见不一致，《联合国国家豁免公约》笼统地以“国际私法的适用规则”作为确定法院管辖权的基础，不失为一种妥协的安排，有利于被各国所接受。但是，由于目前世界上尚不存在统

① *Report of the Fifty-ninth Conference of International Law Commission*, 78.

② 陈纯一. 国家豁免问题之研究——兼论美国的立场与实践. 台北：三民书局，1997. 35.

③ Richard Gardiner. UN Convention On State Immunity: Form and Function. *International and Comparative Law Quarterly*, Vol. 55, April 2006, 407 - 410.

④ 龚刃韧. 国家豁免问题比较研究（第二版）. 北京：北京大学出版社，2005. 316.

一的国际私法规范，而国际私法属于各国国内法的范畴，因此，如果依据《联合国国家豁免公约》第十条第一款，一旦发生争端，各国一定会优先适用自己所认可的国际私法规则，其结果是从理论上而言，一个国家把另一主权国家置于自己的法律制度之下，有损他国的主权独立。而从实务上而言，则可能出现两种结果：一是国家为了保障自己的私利，会倾向于通过制定或修改自己的国际私法而扩大管辖权；另一种可能的结果是，一旦发生商业纠纷，各国自行其是，依照自己所遵循的国际私法规则主张管辖权，从而造成管辖权的冲突。

二、国际私法中确定案件管辖权的一般原则

根据国际私法的适用规则，国家与其本国国民以外的自然人或法人进行商业交易时，自然人或法人所属国的法院可以根据有关法律规定行使管辖权。如上文所述，目前世界上尚不存在统一的国际私法规范，所谓的国际私法其实属于各国国内法的范畴。不过，综观目前国际社会的立法和司法实践，不管是大陆法系国家，还是英美法系国家，可以总结出确定国际民事案件管辖权的四个原则[①]：一是属地管辖原则，即以有关国际民事案件中的案件事实和当事人双方与有关国家的地域联系作为确定法院管辖权的标准；二是属人管辖原则，即以有关国际民事案件中的双方当事人与有关国家的法律联系作为确定法院管辖权的决定性标准；三是专属管辖原则，即以有关国际民事案件与有关国家的联系程度作为确定法院管辖权的标准，强调一国法院对与其本国国家及其国民的根本利益具有密切联系的国际民事案件具有专属管辖权；四是协议管辖原则，即以基于有关诉讼当事人双方的合意原则来确定管辖法院，是意思自治原则在国际民事案件管辖权问题上的具体表现。

以上四个原则，有的原则在《联合国国家豁免公约》和一些国家的立法中得到了体现。《联合国国家豁免公约》第十条第二款第（二）项规定，“第一款不使用于下列情况：该商业交易的当事方另有明确协议”。这里体现的是协议管辖原则，即公约给予作为商业交易当事方的国家充分的意思自治。美国《外国主权豁免法》第一六〇五条第一款第（二）项涉及美国法院行使管辖权的三种基础条件：第一，诉讼是基于在美国进行的商业活动而提出的；第二，诉讼是基于与该外国在别处的商业活动有关而在美国完成的行为提出的；第三，诉讼是基于与该外国在别处的商业活动有关，而且在美国领土以

① 韩德培. 国际私法. 北京：高等教育出版社，北京大学出版社，2000. 426～428.

外进行但在美国引起直接影响的行为提出的。第一、二种管辖基础显然符合领土管辖原则，因为两者都强调行为“在美国进行（完成）”。第三种管辖基础设置了非常广泛的管辖权，即美国法院对发生在“美国领土以外”的行为引起的诉讼具有管辖权。美国的这一规定引起了很大的争议，因为它可能不恰当地扩大了美国的管辖权。关于这一点，本书后面还会作进一步论述。

三、美国关于国际私法适用规则的实践

在所有国家豁免立法中，唯有美国的《外国主权豁免法》（FSIA）就美国法院如何确立案件的管辖权规定最为详尽。上文已提到，FSIA 针对外国从事商业活动而提供了三种确定法院管辖权的基础条件：一是外国在美国进行的商业活动；二是在美国履行的某项行为与外国在美国以外从事的商业活动有关；三是外国在美国以外的商业活动对美国造成了直接影响。FSIA 虽然规定了以上三种条件，但法律条文措辞不是很明确，国会对这三种条件的解释也有些模糊。例如，关于第一点“外国在美国进行的商业活动”，FSIA 第一六〇三条第五款作了解释，是指“外国所进行的与美国有实质联系（Substantial Contact）的商业活动”。至于什么是“实质联系”，到目前为止还没有定论。依美国众议院司法委员会的立法报告解释，下列活动都是在美国从事的商业行为：全部或一部分在美国履行的商业交易；与美国企业之间进行货物买卖的进出口交易；在美国产生的商务侵权行为；经由在美国谈判或订立货款协定而在美国产生的债务；接受由一个私人或公立的借贷机构的金融援助，如美国进出口银行所提供的贷款、担保或保险。该报告继续表示，一个商业活动是否全部或一部分在美国履行由法院来决定，而这一定义的目的是要反映一定程度的联系，而不是仅仅因为原告是美国公民或居民就认定外国在美国进行商业交易。① 显然，上述关于“实质联系”的解释还是比较模糊，从而使法院在司法实践中具有较大的自由裁量权。关于上述第一个确定管辖权的基础条件，在实践中争议的焦点往往就是有关“实质联系”的问题。从一些实际案例可知，下列情形都被认为是构成与美国有实质联系的商业交易：①在美国有办公室并设立永久代表；②在美国从事正常的航空营运；③在美国公开要约投标；④在美国实质磋商合同的内容；⑤安排运送在美国购买的货物。② 例如，在“Shapiro 诉玻利维亚政府案”中，法院认为玻利维

① House Report, No. 94 - 1487, *UN State Immunity Materials*, 108.

② C. H. Schreuer. *State Immunity: Some Recent Developments*, Cambridge: Grotius Publications Limited, 1988, 38.

亚政府为了购买军机而签发本票，并经由其代理人在美国出售，当然属于在美国从事的商业行为。按照众议院司法委员会的解释，外国和美国企业进行进出口贸易，必须要发生了实质性的交往才能认定为“有实质联系”。在“东欧 DISC 诉 Terra 案”中，法院认为涉案的罗马尼亚国有公司在美国没有办公室，没有派驻销售代表，也未和任何美国人或公司签订合同，仅仅是和一个美国公司曾通过传真进行过业务联络，因此算不上有实质联系。同样，在“MINE 诉几内亚共和国案”中，由于几内亚国有公司与列支敦士登的 MINE 公司只是在美国为了某次商业交易而召开了两场业务洽谈会，因此法院认为该商业行为与美国不存在实质联系。①

对于涉及航空运输和海运的案件，美国法院在确定管辖权时会采取不同的方式。对于航空运输，只要机票是在美国出售的，法院就可能认定有管辖权。如“Barkanic 诉中华人民共和国民航总局案”，美国公民搭乘中国国内班机失事，法院仅仅基于机票是在美国出售的，便认定中国航空公司所导致的损害赔偿诉讼与该公司在美国进行的商业行为有关。② 而对于海运而言，船舶的行程往往是全球性的，美国港口有时只是众多停泊港口之一。例如，在“威勒多尔案”中，原告是南斯拉夫船员，他们依据《美国船员工资法》要求被告给付累计欠下的工资，但本案与美国的关联仅在于：船员利用船只驶入美国港口停泊时登岸作了逗留。虽然如此，法院仍认为其对本案有管辖权。③ 而另一个案件正好相反，一艘阿尔及利亚船舶因失火被拖回阿尔及利亚港口停泊，但因暴风雨侵袭而被宣告为失事破损，法院认为原告的损失和被告阿尔及利亚全球航务公司偶然进入美国港口之间不存在实质性联系，所以法院没有管辖权。④

FSIA 提出的第二项确定管辖权的基础条件是：如果外国在别处的商业活动与外国在美国的一个行为有关联，则法院具有管辖权。这一项在实践中重要性并不明显，案子也不多⑤。这主要是因为第一六〇五条第一款第（二）项所指的第一种和第二种确定管辖权的基础条件事实上是有重复之处，有的

① Maritime International Nominees Establishment V. Republic of Guinea. *International Law Reports*, Vol. 101, 1995, 693 - 699.

② Barkanic V. General Administration of Civil Aviation of the People's Republic of China, 822 F. 2d 11 (2d Cir. 1987).

③ Velidor V. L/P/G Benghazi, 653 F. 2d 812 (3d Cir. 1981).

④ Vencedora Oceanica Navigacion, S. A. V. Compagine Nationale Algerienne de Navigation. *International Law Reports*, Vol. 90, 1992, 730 - 746.

⑤ Georges R. Dilaume. The Foreign Sovereign Immunities Act and Public Debt Litigation: Some Fifteen Years Later. *American Journal of International Law*, Vol. 88, 2004, 260, 261.

案件虽然符合第二种条件，但只适用第一种条件就可以确立管辖权。例如在"Kline 诉洪都拉斯案"中，洪都拉斯和一个美国人签约，内容是后者协助前者在洪都拉斯境内兴建钢铁厂，而在建造之前，洪都拉斯官员曾到美国讨论整个计划。法院认为，这种考察和在美国进行谈判的活动已符合第一种条件的要求，但是如果不采用第一种条件，它们也一样符合第二种条件，因为这些在美国境内从事活动与在洪都拉斯进行的商业活动有关。[①] 其实，从美国国会立法意图上看，FSIA 之所以设置第二种管辖要件，主要是因为国会立法时担心，法院在适用第一种管辖要件时，如果对"实质联系"标准采取太严格的要求，则第二种管辖要件可以作为补救措施。[②]

FSIA 规定的第三种确定管辖权的基础条件是："在美国以外的行为与外国在美国以外从事的商业活动有关，且对美国造成了直接效果。"这一点引起了很大的争议，因为它可能会大幅扩张美国法院的管辖权。而国会对于什么是"直接效果"并没有给出直接而明确的解释，只表示可以参考《美国对外关系法第二次重述》[*Restatement*（*Second*）*of Foreign Relations Law of the United States*]第十八条。[③]

不过美国最高法院在 1992 年的"阿根廷诉威尔特欧威公司案"中似乎澄清了 FSIA 中有关"直接效果"的含义，认为如果一个效果是由于"被告活动立刻产生的一个结果"，则可认定效果是"直接"的。基于这一看法，法院因此认为阿根廷既然已经同意在纽约支付债权而未支付，当然是对美国有"直接效果"，所以法院当然有管辖权。[④] 而 1988 年"勒登诉沙特阿拉伯王国"案，[⑤] 则认为虽然原告是在美国接到雇佣电话，但在美国接到雇佣电话并不构成对美国产生了"直接效果"。

本章小结

商业交易是不得援引国家豁免最常见的事项，也是在理论和实践中最容易引起争议的领域。在判断商业交易的依据上，理论界素有"性质说"和"目的说"之争。《联合国国家豁免公约》采取了以性质依据为主，兼顾目的依据的折中方案。

---

① *International Law Reports*, Vol. 88, 1992, 440.

② Dellapenna, Joseph W., *Suing Foreign Governments and Their Corporations*, Washington D. C., The Bureau of National Affairs, Inc., 1988, 89.

③ House Report No. 94－1487, *UN State Immunity Materials*, 110.

④ Republic of Argentina V. Weltover Inc., 112 S. Ct. 2160, 1992.

⑤ Zedan V. Kingdom of Saudi Arabia. *International Law Reports*, Vol. 92, 1993, 462.

一方面，判断合同或交易的商业性本来就是非常复杂的事情，仅仅依据性质或目的是不够的。即使一个简单的买卖合同，如果从不同的角度来审查，可能会得出完全不同的结论。如果从目的的角度来看，国家参与商业活动，最终总是出于一定的主权目的和职权，或与此有着可以认知的联系。无论是如何纯正的商业行为，或多或少都会带有一些公共福利的色彩。极端地说，国家从事任何商业行为，都是为了获得利润从而增加财政税收，最终目的还是为其公共职能服务的。因此，单纯从行为目的的角度去考察，可能会不合理地扩大国家豁免的范围。

另一方面，完全排除交易或合同目的的做法也是不现实的。从交易或合同目的的角度来说，人们的活动都可以用某种具有法律意义的方式进行描述。例如，签订合同，如果单独就签合同这一行为本身而言，不考虑行为的目的，则只不过是一个人将自己的名字写在一张纸上而已。只有结合行为目的综合考虑，才能赋予行为特定的法律意义。另外，有些行为单纯从性质上看，似乎是商业行为；但实际上根据其目的来考察，这些行为是非商业性质的。例如，为购买商品而订立的贷款合同或为这种贷款订立的担保合同的性质，由于最终考虑到订立购买合同是为了公共目的，因此也可能是非商业性质的。同样的道理，为采购赈灾粮而订立的贷款担保合同由于其假定的公共目的，通常也是非商业性质的。

《联合国国家豁免公约》虽然规定了目的依据，但是对它作了一些限制：要求合同或交易的当事方达成一致，或者法院地国在司法实践中有考虑目的依据的惯例。这一限制条件使目的依据的实用性大打折扣。因为像美国、英国等西方国家在理论和实践上历来主张性质依据，排斥目的依据。按照《联合国国家豁免公约》，法院地国的司法实践中如果排斥目的依据，则在确定合同或交易的商业性质时，可以不予考虑合同或交易的目的。事实上，公约所附加的限制条件，等于是默许那些原来一直主张性质依据的国家仍然只适用性质依据。因此，公约并没能从根本上统一各国在商业交易判断依据上的立场。

实际上，要确定一项合同或交易是否为“商业交易”，要考虑的因素很多，不仅仅限于“性质”和“目的”。正如一些国家所指出的那样，在所谓性质依据与目的依据之间的区分可能在实际上并不像长时间辩论所暗示的那样意义重大。[①] 例如，有些国家在确定合同或交易的商业性时，也会考虑活动的地点，因为他们认为活动地点是确定管辖权的一项单独依据。[②] 在这种情况

① UN Doc. A/54/101, 1999, 273.

② UN Doc. A/54/101, 1999, 272.

下，如果在商业活动与审议该问题的法院所在国家之间并不存在任何关系或联系的话，仅仅以商业活动的性质或目的为理由而排除豁免可能是不适用的。

因此，笔者认为，在审查合同或交易的商业性质时，应该从行为的全过程着手，包括考察行为的性质、目的或动机，以及某些其他补充性的依据，如活动的地点以及所有与行为有关的情况的背景，以确定它究竟是主权活动还是商业活动。特别是对于复杂行为，如前期为商业交易，而后期为政府行为；或前期为主权行为，后期又演变成商业交易，对于这些行为更应该研究整个案件的全过程，而不能机械、片面地采用“性质依据”或“目的依据”。

第三章　仲裁协定

仲裁协定作为国家豁免的一种例外似乎有点出人意料，因为仲裁是有别于司法诉讼的一种解决争议的重要方法，人们往往通过仲裁来避免接受国内法院的管辖。但是，国内法院在仲裁程序中也扮演着重要的角色。虽然当事人可就由谁来仲裁、仲裁适用什么规则和法律以及仲裁地点等作出约定，但一旦这些事项确定下来，仲裁程序就必须在国内法的框架内进行。不同的国内法对在本国领土内或本国法律体系内进行仲裁程序规定的方式各有不同。而对于国际或跨国仲裁，虽然不受任何特定国家法律的约束，但其本身也有自己的仲裁法律规则，如国际商会（ICC）或国家与他国国民之间国际投资争端解决中心（ICSID）的仲裁。即便是这类仲裁，其裁决的最终承认与执行也有赖于国内法院发挥作用。

当然，以上所指的是有关国内或国际商事或司法性质的仲裁，不包括由国际公法规范的国与国之间或国家与国际组织之间的仲裁。ICSID 设立的仲裁庭受理的仲裁具有一定的特点，即一方当事人是主权国家或政府行政主管部门，另一方为外国的国民。他们之间的争议一般是由于国家的管理行为而引起的。按照一些国家的法律，此类争议不能通过仲裁的方式解决，只能诉诸法院。但基于国家法律、双边或多边国际公约，这类争议也可以通过仲裁解决。

在经济、社会日益全球化的背景下，国家与自然人或法人订立仲裁协议的情况越来越常见，特别是在有关商业交易过程中。这种仲裁协议增强了作为当事方的自然人或法人对外国当事方的信任感和合作的诚意。而国家签订这种仲裁协议就意味着国家在仲裁程序中不能像在国内法院中那样援引国家豁免。[①]

仲裁协定与国家豁免有着比较复杂的关系，各国的立法和实践差异较大。《联合国国家豁免公约》第十七条对作为豁免例外的仲裁协定的适用条件、豁免范围进行了界定，这对于统一各国的立法与实践具有重要意义。

---

① J. G. Wetter. Pleas of Sovereign Immunity and Act of Sovereignty before International Arbitral Tribunals. *Journal of International Arbitration*, Vol. 2, 1985, 7.

第一节 仲裁与国家豁免的关系

一、仲裁与仲裁协定

通过仲裁方式解决争议，是一项古老的制度。仲裁的实质就是争议双方共同约请与争议无利害关系的第三者公断，而对于公断结果，双方当事人必须执行。[①]

仲裁分为国内仲裁和国际仲裁两大类。联合国国际法委员会关于国家豁免专题的第一任特别报告员素差伊库将国际仲裁分为国际商事仲裁、国际投资争端仲裁和国家或政府间的仲裁三大类。[②] 前两种仲裁包含了国家与外国自然人或法人之间的仲裁，只有这类仲裁涉及国家豁免问题。

仲裁协定是双方当事人自愿将他们之间的争议提交给仲裁者进行仲裁的书面协议。通常，仲裁协定主要规定有关应提交仲裁的争议事项，确定仲裁地、仲裁机构和仲裁规则，选择适用法律以及规定仲裁效力等内容。仲裁协定的一个基本作用就是排除有关国内法院的管辖权。仲裁协定主要以仲裁条款或专门的仲裁协议等形式存在。

仲裁和法院管辖在组织机构的性质、程序、适用法律以及执行效力依据等方面都是两种基本不同的解决争端的方式。当前，在解决国家与外国自然人或法人之间有关商业交易等方面的争议中，仲裁制度已经成为最重要的方式。

二、仲裁协定与国家豁免的关系

仲裁协定与法院管辖权之间存在着比较复杂的关系，可以概括为既相互排斥又相互联系。一方面，国际社会公认有效的仲裁协定是对法院诉讼程序的一种限制，法院无权受理某一仲裁协定所涉及的事项。从这个意义上说，排除国内法院的干预以及避免引起国家豁免问题是国家与外国自然人或法院签订仲裁协定的主要动机之一。美国学者 Delaume 也指出："经济开发协定中的仲裁条款的主要目的是，将可能出现的争议不仅从东道国而且包括投资者所属国或其他国家的国内法院管辖中移出，并为双方当事人提供一个中立的

---

① 余劲松，吴志攀. 国际经济法. 北京：北京大学出版社，高等教育出版社，2000. 471.

② UN Doc. A/CN. 4/376/Add. 2, 1984, 4 -6.

场所以便在此提出他们的请求。”①

另一方面，仲裁协定和法院管辖之间还存在着某种内在的联系。仲裁并不是在所有情况下都能完全脱离国内法院的管辖。在一定条件下或范围内，国内法院对特定的仲裁及其裁决具有监督的职能。在大多数国家，作为一种民间的解决争端手段，仲裁仍然脱离不了作为国家权力一部分的法院的监督和控制。实质上，仲裁结果的有效性在很大程度上取决于法院的支持和提供的法律保障。

由于仲裁协定和法院管辖之间存在着一种既相互排斥又相互联系的关系，这就决定了仲裁协定与国家豁免之间的关系也必然是比较特殊的。

一方面，如果国家与外国自然人或法人之间有仲裁协定，那么，这首先表明当事人之间准备将有关争议提交给与国内法院相区别的方式——仲裁来解决。在这种情形下，当事人原则上就不得将争端提交法院解决。这样，国家与外国私人签订的仲裁协定具有排斥和回避法院管辖的一般性作用，因而与国家在有关合同中的“放弃豁免条款”有着本质的区别。因此，对有关当事国而言，仲裁协定显然不意味着国家明示放弃了司法管辖豁免权。

另一方面，由于国内法院对仲裁具有某些监督职能，或者说仲裁协定本身就有使某些特定事项服从法院管辖的创设作用，所以一般情形下在有关履行仲裁协定、程序以及执行裁决等方面都不能完全脱离有关国内法院的监督管辖，特别是在仲裁裁决的执行方面，最终还是国内法院起主要作用。因此，在与仲裁事项直接有关的限定条件下，仲裁协定也隐含着当事国默示放弃管辖豁免的意义。对此，联合国国际法委员会前任特别报告员素差伊库曾指出：“一旦国家以书面形式同意将与私人当事人之间有关交易的已经发生或可能发生的争议提交仲裁……则该国就有关仲裁程序的所有相关问题放弃了管辖豁免，从开始到司法确认以至仲裁裁决执行。”②

但是，国家通过仲裁协定而默示放弃豁免，只限于与仲裁有关的特定事项。因此，这和一国通过在另一国法院提起诉讼或参与诉讼等行为而表示出来的默示放弃形式也有着本质的不同。关于国内法院对仲裁事项所具有的监督职能以及可干预的程度、仲裁协定当事国在什么范围内默示放弃豁免等问题，都只能根据具体情况来进行具体分析。

当事国如果通过仲裁协定明示或暗示放弃国家豁免，那么该当事国放弃的豁免权涉及哪些内容？这曾在国际法学界引起过争议。目前比较一致的意

① G. Delaume. State Contracts and Transnational Arbitration. *American Journal of International Law*, Vol. 75, 1981, 784 at 788.

② UN Doc. A/CN. 4/376/Add. 2, 1984, 233.

见是，放弃豁免及于辅助性程序（如仲裁员的任命）、仲裁裁决的撤销或承认等。辅助性程序往往是国内法院对仲裁事项履行监督职能所必须的，如果允许当事国在此类程序中援引国家豁免，将会导致仲裁程序无法进行。同样，如果在作为当事方的自然人在法院提起的有关撤销或承认仲裁裁决的诉讼中，允许当事国援引国家豁免，则豁免权可能成为当事国用于保护对自己有利的仲裁裁决的工具，这对自然人或法人当事方是不公平的。①

第二节 《联合国国家豁免公约》中的“仲裁协定”条款

一、公约与条款草案相关内容的差异

《联合国国家豁免公约》第十七条针对另一国原应管辖的法院在决定有关仲裁协定的问题（如实行仲裁或诉诸仲裁或强行通过仲裁解决争议的义务之效力、仲裁条款或协定的解释和效力，仲裁程序和撤销或承认仲裁裁决等问题时拥有的监督管辖权）规定了豁免例外规则。

该条的内容是：一国如果与外国一自然人或法人订立书面协议，将有关商业交易的争议提交仲裁，则该国不得在另一国原应管辖的法院有关下列事项的诉讼中援引管辖豁免：①仲裁协议的有效性、解释或适用；②仲裁程序；③仲裁裁决的确认或撤销。但仲裁协定另有规定者除外。

比较国际法委员会1986年一读条款草案、1991年二读条款草案和公约条文，第十七条内容前后发生了一定的变化。在1986年一读条款草案中，该条在适用范围方面的措辞是“将有关民事和商业活动的争议提交仲裁”，后因二读条款草案第二条第一款第（c）项对“商业交易”的内涵作了界定，所以二读条款草案第十七条将上述范围改为“将有关商业交易的争议提交仲裁”。另外，公约第十七条与二读条款草案相比，在诉讼涉及事项方面也有些不同：二读条款草案的第（一）款只规定了“仲裁协定的有效性或解释”，而公约第十七条第（一）款增加了仲裁协定的“适用”，从而使内容更完善；二读条款草案第（三）款规定了“裁决的撤销”，而公约第十七条第（三）款增加了裁决的“确认”。裁决的确认同裁决的撤销一样，都是有关仲裁协定的诉讼中经常涉及的事项。

---

① Kaj Hober. *Some Comments on the Arbitration Agreement and on State Immunity*, 2004, 9.

二、公约第十七条解读

第十七条中“原应管辖的法院”一语指一国法院在有关的诉讼中，根据法院地国的国内法，特别是其国际私法的规则，行使监督管辖的权力。法院因一种或多种原因有权对商业仲裁行使此类监督管辖权。在正常情况下，法院可因仲裁地位于法院地国境内或因缔约方选定法院的国内法作为仲裁适用的法律从而拥有此种管辖权。此外，由于扣押或查封的财产处于法院地国境内，也可以有此管辖权。

在实践中，各国为了吸引当事方选择在其境内通过仲裁解决争议，往往会给出一些诱人、有利的条件，如尽量简化司法管制程序。因此，在实践中可能会出现原应管辖的法院拒绝行使监督管辖权，或者当局以新的立法来限制法院行使管辖权的情况。另外，当事方在某些情况下也可以设法排除国内法院的监督管辖权，常见的办法是当事方自行采用自治型仲裁，如前文提到的国际投资争端解决中心的仲裁，或是将仲裁裁决视为最终裁定，从而排除在任何阶段受到司法干预的可能。

第十七条最后有一句“但仲裁协议另有规定者除外”，其目的是把有关当事方自行表示要选用的办法考虑进去，这种选择办法有可能使仲裁诉讼摆脱国内司法的管制。尽管当事方表示不愿意，有些法院仍然会坚持对仲裁实行监督或管制。但无论如何，虽然仲裁协定的执行在某个时刻还取决于司法参与，但是仲裁协定本身对缔约各方还是具有约束力的。

因此，根据第十七条的规定提交商业仲裁，等于同意接受用仲裁协定明确规定的仲裁方式解决争议的义务，并表示同意接受由此产生的一切后果。仲裁协定对有关程序问题，如仲裁地点和适用的法律等，一般都有规定。因此，豁免问题就由此种协定规定的法院而不是由任何别国的法院处理，而公约第十七条第（一）至（三）项提及的事项则按仲裁协定规定的仲裁程序处理。对于一国承担的仲裁义务而言，另一国原应管辖的法院准备对仲裁协定包括仲裁程序和其他由仲裁协定或仲裁条款产生的问题行使监督管辖权只是偶然的情形。

正如上文所述，同意仲裁并不等于放弃原应有权对仲裁事项进行管辖的法院的豁免权。但是，同意接受商业仲裁必定意味着同意接受有关此种商业仲裁所产生的一切后果。因此，只有在与仲裁有关的事项方面，一国同意仲裁就意味着同意另一国法院行使监督管辖权，监督仲裁协定的实施情况。

第十七条所指的仲裁协定只限于国家与外国自然人或法人之间订立的仲

裁协定，国家之间或国家与国际组织之间订立的仲裁协定不包括在内。另外，不属该条范围的还有国家间的条约中有关解决争议的条款或者有关解决国家与他国国民之间争议的条约（如上文提到的1966年《关于解决各国与其他国家国民间投资争端的公约》）所规定的各种仲裁。这类公约或公约中的有关条款自成一体，含有裁决执行的规定。当然，《联合国国家豁免公约》第十七条不妨碍各国和国际组织缔结那种可能导致不得不接受法院地国监督管辖后果的仲裁协定。

仲裁作为和平解决各种争端的有效手段，已广泛运用于国际、国内各种交往之中。第十七条只考虑解决国家与外国自然人或法人之间争端的那类仲裁。此类仲裁可以采取任何形式，如根据国际商会或联合国国际贸易法委员会的规定进行的仲裁或其他种种制度化的或临时特定的商业仲裁。例如，将投资争端提交国际投资争端解决中心进行仲裁并不等于将其提交给公约所规定的这类仲裁，决不能将其解释为放弃豁免，接受原应管辖法院对诸如国际商会仲裁或美洲仲裁协会主持下的仲裁之类的商业仲裁行使监督管辖权。

公约第十七条不能被解读为扩大或减少国内法院的现有管辖权，也不能被认为是干涉国内法院在司法管制和监督方面所应该发挥的作用。第十七条表明只有在某些狭义的范围内才可以说，一国接受商业仲裁，意味着它在有关仲裁协定方面接受另一国原应管辖的法院的监督管辖。

第三节　其他国际条约与各国立法中的有关条款

各国有关国家豁免的国内立法一般把“仲裁协定”作为国家豁免的一项例外加以规定，且在适用条件、豁免例外范围方面差别不大。这表明大部分国家之间在仲裁协定作为国家豁免例外方面已达成了一定的共识。这也是《联合国国家豁免公约》在起草过程中，各国对该项内容分歧不大的主要原因。《欧洲国家豁免公约》作为早期国际立法的代表，对仲裁协定问题的规定比较全面。

一、一些国家的立法

美国1976年的《外国主权豁免法》没有直接提及仲裁协定与豁免放弃的关系，只是作为外国主权豁免的一个例外，在第一六〇五条第（a）款第（一）项中笼统地提到“外国国家已经明示地或默示地放弃其豁免”。对于何谓默示放弃，按照美国国会的立法解释，包括“某一外国国家已经同意在另一国家仲裁的情形”。①

但是，美国国会关于“外国国家同意在另一国仲裁意味着默示放弃管辖豁免”的解释，受到美国学者的广泛批评。他们认为国会夸大了默示放弃的范围，并会导致混乱或不合需要的结果②。美国法院之所以在有关仲裁和放弃豁免方面的判例不大一致，是与美国法律规定以及立法解释本身的不明确有因果关系的。

1988 年 11 月，美国国会通过并得到美国总统批准的关于《外国主权豁免法》的修正案③，其中很重要的一个内容就是对有关仲裁事项作出了新规定，主要有以下三个方面的内容：

第一，在美国法典第一编第一章中增加一个条款（第十五条），即“不得基于国家行为理论拒绝实施仲裁协定、确认仲裁裁决和执行基于确认这种裁决之命令的判决”。很明显，这一新增条款的主要用意就是在有关仲裁事项方面排除美国法院再适用“国家行为理论”④，从而扩大法院的管辖权。

第二，在《外国主权豁免法》第一六〇五条第（a）款中增加了一些新的内容，其要点是美国法院在下列情形下对实施仲裁协定以及承认有关仲裁裁决等方面可以管辖：仲裁在或准备在美国进行；或仲裁协定或裁决由在美国生效的要求承认或执行仲裁裁决的条约支配；或根据该条或第一六〇七条，基本的请求原本可在美国法院提出等。这里主要强调有关仲裁事项与美国法院管辖的联系。值得注意的是，这里专门提到除了仲裁地以外有关国际条约也是美国法院对在外国进行的仲裁进行管辖的依据。这主要是指《纽约公约》、《美洲国家间关于国家商事仲裁的公约》等公约。

第三，在第 1610 条第（a）款中增加了一些新的内容，主要是允许法院执行仲裁裁决，即“基于确认对外国国家所作出裁决之命令的判决，只要该扣押是为了帮助执行或为了执行，便与任何在仲裁协定中的规定不相矛盾”⑤。

与美国立法相比，英国《国家豁免法》规定得较为明确和具体。例如，英国豁免法第九条第一款规定：“如外国国家以书面形式同意把一项已发生或将要发生的争议提交仲裁，则该国对在联合王国法院与此项的诉讼中不享有

---

① *International Legal Materials*, Vol. 15, 1976, 1407.

② G. B. Sullivan. Implicit Waiver of Sovereign Immunity by Consent to Arbitration: Territorial Scope and Procedural Limits. *Texas International Law Journal*, Vol. 18, 1983, 337.

③ *International Legal Mmaterials*, Vol. 28, 1989, 398.

④ 例如，在 1980 年的“利美石油公司诉利比亚案”中，联邦哥伦比亚地区法院最后就曾根据“国家行为理论”拒绝对该案行使管辖权。见 *International Law Reports*, Vol. 62, 1982, 223 - 224.

⑤ *International Legal Mmaterials*, Vol. 28, 1989, 398.

管辖豁免。”由于英国豁免法在关于仲裁协定方面没有规定领土联系，因此在第三国作出的仲裁裁决也可以在英国法院执行。而且，上述条款规定还被解释为给予英国法院对有关费用担保、向诉讼对方提供事实等发出非最后命令的管辖权①。但也有些英国学者对上述第九条规定提出了尖锐的批评。例如，Hober 就认为该条款既没有将有关仲裁事项限于商业行为，而且对仲裁地以及执行裁决等方面都缺乏必要的限制性规定，因此不仅与《关于国家豁免的欧洲公约》以及《纽约公约》不一致，还会导致英国豁免法本身自相矛盾的结果。因为按照第九条的规定，外国国家同意仲裁反而比英国豁免法第二条所规定的书面放弃豁免等要广泛地服从英国法院的管辖。②

澳大利亚 1985 年《外国国家豁免法》基本上沿袭了英国立法的方式，但规定得更加详细和明确。如该法第十七条第一款规定，当一个外国国家成为仲裁协定当事人时，该外国国家在法院就有关仲裁事项行使监督管辖的诉讼程序中不享有管辖豁免。这些诉讼程序包括：有关仲裁协定以及仲裁程序的效力，有关宣布裁决无效，等等。同条第二款（b）项还规定当外国国家成为仲裁协定当事人时，该国家在有关承认或执行仲裁裁决诉讼程序中不得享有豁免，而无论该裁决在何处作出。由此可见，澳大利亚立法中关于仲裁问题的规定和英国法类似，也没有在商业行为、仲裁地以及执行裁决方面作出严格的限制性规定。

二、其他国际条约

与上述国内立法相比，1972 年《欧洲国家豁免公约》对仲裁问题的规定显得比较严谨与合理。公约第十二条第一款规定，“当一缔约国以书面形式同意将已发生或可能发生的民事或商事争议提交仲裁时，则该国不得在另一缔约国法院就有关下列诉讼程序主张管辖豁免，如仲裁在后者领土内，或依照后者的法律已经进行或将要进行：（a）仲裁协定的有效性或解释；（b）仲裁程序；（c）裁决的撤销。但仲裁协定另有规定者除外”。

显然，《欧洲国家豁免公约》对仲裁与法院管辖的关系有着明确的严格的界定。首先，该公约将争议的内容限定于“民事和商事争议”方面；其次，国内法院对涉及外国国家的仲裁事项行使管辖的前提条件，或者是仲裁地国或者是仲裁依据该国法律进行；再次，公约对法院有关仲裁事项的管辖权仅限于诉讼管辖阶段，而不包括执行裁决。

---

① F. A. Mann. The State Immunity Act 1978. *British Yearbook of International Law*, Vol. 50, 1979, 58.

② Kaj Hober. *Some Comments on the Arbitration Agreement and on State Immunity*, 2004, 23.

《联合国国家豁免公约》第十七条与《欧洲国家豁免公约》第十二条相比，有几个不同的地方：一是《联合国国家豁免公约》没有明文提及仲裁地或适用法律的问题，而是适用了“原应管辖的法院”这一说法。不过《联合国国家豁免公约》的这一规定与《欧洲国家豁免公约》中“一定条件下的有管辖权之法院”的规定在实质上大同小异。二是在诉讼涉及的事项方面，《欧洲国家豁免公约》第十二条第（一）款只涉及仲裁协定的“效力”及“解释”，而《联合国国家豁免公约》增加了仲裁协定的“适用”；《欧洲国家豁免公约》第十二条第（三）款只提到仲裁裁决的“撤销”，而《联合国国家豁免公约》还规定了裁决的“确认”。由此可见，《联合国国家豁免公约》在内容方面更为完善。

除《欧洲国家豁免公约》以外，1958 年《关于承认和执行外国仲裁裁决的公约》（以下简称《纽约公约》）和 1965 年《解决国家和他国国民间投资争端公约》（以下简称《华盛顿公约》），尽管不是专门涉及国家豁免的条约，但也是分析和处理有关仲裁尤其是承认和执行裁决和豁免放弃关系的重要依据。如《纽约公约》第三条规定：“在以下各条规定的条件下，每一缔约国应该承认仲裁裁决有约束力，并且依照裁决需其承认或执行的地方的程序规则予以执行。”值得注意的是，目前一些西方国家开始强调以《纽约公约》作为联系仲裁地国和法院地国的纽带，以便对涉及外国国家的仲裁裁决行使国内法院的监督管辖权。①

在世界银行的倡导下，各国于 1965 年在美国华盛顿签署了关于解决投资争端的《华盛顿公约》。《华盛顿公约》有两个重要的突破。首先，与其他有关仲裁的公约不同的是，该公约明确给予私人投资者在有关投资争端中与外国国家相对抗的地位。其次，通过排除至少在最初阶段考虑外国国家豁免的需要，使得有关商事或投资争端非政治化。②

根据《华盛顿公约》的有关规定，缔约国成立了“解决投资争端国际中心”。该中心属于自治性的仲裁机构，排除在仲裁审理的任何阶段上国内法院干预的可能性。这具体表现在如果当事人双方同意将有关投资争端提交中心解决，那么，第一，这种同意排除外交保护权（第二十七条）；第二，这种同意排除其他补救办法（第二十六条）；第三，这种同意对当事人双方具有拘束力，不得单方面撤销（第二十五条）。

---

① 如美国 1988 年对《外国主权豁免法》第一六〇五条第（a）款的修正案；C. H. Schreuer. *State Immunity*: *Some Recent Developments*. Cambridge: Grotius Publications Limited. 1988, 86-89.

② G. B. Sullivan. Implicit Waiver of Sovereign Immunity by Consent to Arbitration: Territorial Scope and Procedural Limits. *Texas International Law Journal*, Vol. 18, 1983, 334.

《华盛顿公约》除了在第二十六条规定解决投资争端国际中心仲裁的排他性质外，为了避免因国家豁免而产生的困难，在第五十四条还规定："每一缔约国应承认依照本公约所作出的裁决具有拘束力，并在其领土内履行该裁决所加的金钱的义务，如同该裁决是该国法院的最终判决一样。"

同样，公约第五十五条进一步规定："第五十四条的规定不得解释为背离任何缔约国现行的关于免除该国或任何外国予以执行的法律。"这一条的意义在于，如果缔约国不放弃豁免并依据现行法可以享有执行豁免时，便可以根据这条规定进行抗辩。①

第四节　司法审判实践

无论是有国家豁免立法的国家如美国、英国等，还是无豁免立法的国家如法国、瑞典等，在实践中一般都主张，如果外国国家是某一仲裁协定的当事人，且仲裁地在法院地国，则法院地国的法院对仲裁有监督管辖权。不过，如果仲裁地不在法院地国，则各国的做法有所差异。

下面以美国、法国、瑞士、瑞典、荷兰等国为例，对国内有关司法审判实践作一比较，并对有关国家在涉及解决投资争端国际中心仲裁的诉讼案件中的国家豁免问题作一探讨。

一、美国

美国法院在1976年以前一直以仲裁地为依据，主张对同意在美国仲裁的外国国家行使一定范围内的监督管辖。根据当时美国的司法实践，外国国家的仲裁协定构成了对仲裁地法院在强制仲裁或任命仲裁员方面行使管辖的同意。② 1976年制定《外国主权豁免法》以后，这一判例法规则继续被美国法院所遵循。例如，在1980年"伯奇航运公司诉坦桑尼亚大使馆案"③ 中，当事人双方在事先的一个运送谷物的合同中载有仲裁条款，据此双方同意将通过仲裁解决争端，并同意法院对有关裁决可作出判决。争端发生后，设在纽约的仲裁法庭作出了有利于航运公司的裁决。原告根据该裁决得到美国联邦

① 姚梅镇．国际投资法．武汉：武汉大学出版社，1987．451，472．

② American Law Institute. *Restatement of the Law*: *The Foreign Relations of the United States*, 3rd ed., Vol. 2, 1987, 421.

③ *International Law Reports*, Vol. 63, 524.

哥伦比亚地区法院对坦桑尼亚大使馆在美国银行存款的扣押令。对此，坦桑尼亚大使馆向法院提出请求撤销扣押令的动议。但是，美国联邦地区法院驳回了这个动议，认为坦桑尼亚通过仲裁协定已同意在美国对有关争端进行仲裁，因此美国法院对此有管辖权。

然而，对于仲裁地不在美国的有关案件，美国法院的判例却不大一致。其中，一些美国法院的判例主张对仲裁地在美国之外的案件仍然主张有管辖权。

例如，在1978年“伊皮特雷德国际公司诉尼日利亚联邦共和国案”① 中，伊皮特雷德国际公司和尼日利亚曾于1975年签订了买卖水泥的合同。按照合同中插入的仲裁条款，有关争端应由在法国巴黎的国际商会仲裁院根据瑞士法律进行裁决。争端发生后，国际商会仲裁院在尼日利亚缺席的情况下作出了有利于伊皮特雷德国际公司的裁决。此后，该公司又请求美国法院承认这一裁决。美国联邦哥伦比亚地区法院认为1968年《纽约公约》第五条所规定的拒绝承认执行仲裁裁决的理由在该案中不存在，尼日利亚通过仲裁协定同意依据瑞士法在国际商会仲裁院仲裁，也构成了按照美国《外国主权豁免法》第一六〇五条第（a）款第（一）项规定的对豁免的默示放弃。又如，在1980年的“利比亚诉利美石油公司案”② 中，利比亚政府石油部曾于1955年和利美石油公司签订了三个租让协定，同意后者在50年内在利比亚特定区域勘探、提炼以及销售石油。这些租让协定在各自第二十八条规定了通过仲裁决解决争端的条款。然而，1969年革命后成立的利比亚新政府分别于1973年和1974年对该石油公司的全部租让权益实行国有化，并且没有给予补偿。因此，利美石油公司要求通过仲裁解决争端，但遭到利比亚政府拒绝。在这种情况下，利美石油公司请求国际商事仲裁院院长根据上述租让协定中的仲裁条款任命单独仲裁员。1977年，被任命的单独仲裁员马哈马萨尼（S. Mahmassani）在利比亚缺席的情况下作出了裁决。仲裁员认为虽然利比亚的国有化行为本身不构成国际不法行为，但对未到期的租让权实行国有化应担负给予补偿的责任。③ 后来，该石油公司在美国法院请求确认和执行上述仲裁裁决。1980年，美国联邦哥伦比亚地区法院在判决中指出，由于租让协定中的仲裁条款，利比亚已经默示放弃了在美国的主权豁免，因此美国法院对此有管辖权。④

---

① *International Law Reports*, Vol. 63, 196.

② *International Law Reports*, Vol. 62, 220.

③ *International Law Reports*, Vol. 62, 141.

④ 但该法院最后又根据“国家行为理论”拒绝对该案行使管辖权。见 *International Law Reports*, Vol. 62, 223 - 224.

然而，另一些美国判例对于仲裁地不在美国的案件，则认为有关外国国家并没有在美国法院放弃管辖豁免。

例如，在1980年的“芝加哥桥梁和铁制品公司诉伊朗伊斯兰共和国案”① 中，原告是美国一家公司，声称伊朗违反了与该公司之间的合同，并以合同中载有的仲裁条款作为请求美国法院行使管辖权的理由之一。但是，美国联邦伊利诺伊北部地区法院认为，有关合同中的仲裁条款既无选择美国法的规定，也无以美国作为仲裁地的规定，相反却规定在非正式仲裁失败时应按伊朗法和伊朗法院解决争端。因此，法院认为，这种仲裁条款没有为美国法院对该案的对人管辖提供基础。

又如，在1980年“维林登诉尼日利亚中央银行案”② 第一审中，原告是荷兰一家公司，1975年曾与尼日利亚政府国防部签订了240 000吨水泥的购销合同。合同中有关解决争端的条款规定适用荷兰法并在巴黎仲裁。美国联邦纽约南部地区法院认为，外国国家在合同中选择荷兰法作为准据法并以巴黎作为仲裁地，并不意味着该外国不得在美国法院援引管辖豁免。

再如，在1981年“奥恩特鲁普诉火器中心公司案”③ 中，原告为美国公民，因从被告公司购买的手枪有缺陷而遭到伤害，提起诉讼。被告转而又对手枪的制造者——土耳其政府所属的马基那公司提起第三当事人诉讼。之后，原告在其求偿请求中也将马基那公司列为被告。后者请求主权豁免。在火器中心公司和马基那公司之间，曾有包括仲裁条款的合同。美国联邦宾夕法尼亚州东部地区法院在判决中指出，火器中心公司和“马基那”公司之间合同中的仲裁条款以法国巴黎为仲裁地，对这种仲裁协定不能作为被告不得在美国法院援引管辖豁免的依据。

二、法国

法国法院传统上承认外国国家签订仲裁协定不等于一般的放弃管辖豁免④。但如果外国国家成为某一仲裁协定的当事人，而且仲裁地在法国，法院便主张对有关仲裁员、仲裁裁决以及对该裁决的执行认可程序有管辖权。⑤ 近

---

① *International Law Reports*, Vol. 63, 511.

② *International Law Reports*, Vol. 63, 390, 407.

③ *International Law Reports*, Vol. 63, 632.

④ 例如，法国最高法院1965年“富尔等诉意大利等案”。见 *International Law Reports*, Vol. 45, 83. 又如，最高法院1969年“运输公司诉巴基斯坦联邦案”。见 *International Law Reports*, Vol. 47, 150.

⑤ 例如，巴黎大程序法院1971年“马尔加西共和国诉不伦策尔公司案”。见 *International Law Reports*, Vol. 65, 51.

年来，即使仲裁地不在法国，法国法院也倾向于解释有关外国国家就仲裁事项放弃了管辖豁免。①

不过，判断外国国家是否放弃管辖豁免还要看该国与仲裁协定有无直接关系。例如，在“南太平洋财产股份有限公司诉阿拉伯埃及共和国案”② 中，原告是一家总部设在香港的公司，1974 年曾与埃及一个有关旅游事业的公共机构签订了合同，合同规定在埃及建立两个旅游中心，其中一个建在某一金字塔附近。埃及政府旅游部部长在当事人双方签字之处也签了字，而且在前面加上了“赞成、同意和批准”字样。但后来，埃及政府有关部门将金字塔附近地区都划为古迹的公共领域，导致上述合同被单方面取消。根据合同中的仲裁条款，公司将此事提交位于巴黎的国际商会仲裁院仲裁，后者裁决埃及共和国应对该公司赔偿 1 250 万美元。在埃及的请求下，1984 年巴黎上诉法院认为埃及共和国本身没有同意仲裁，因此宣布仲裁无效。③ 对此，公司请求法国最高法院撤销上诉法院判决，但被驳回。1987 年，最高法院认为对仲裁同意只能来自合同中的仲裁条款，不能来自职权范围，并同意上诉法院的看法，即埃及旅游部长根据职权范围对合同的附加签字仅意味着监督职能的介入，不意味着同意仲裁。④

另外，在有关外国国家执行仲裁裁决方面，法国法院的判例比较特殊，一般明显区分对裁决的承认和执行这两种程序。在法国法院里，对于承认仲裁裁决的认可书（exequatur）似乎比较容易获得。但是对于实际执行仲裁裁决，法国法院则比较谨慎。

例如，1970 年在“南斯拉夫社会主义联邦共和国诉欧洲设计和承包公司案”⑤ 中，法国一家公司 1932 年曾与南斯拉夫政府签订的在南斯拉夫修建铁路和提供设备的合同。公司按时履行了合同义务，但南斯拉夫从 1941 年以后就一直拖欠付款。根据合同中的仲裁条款，1956 年在瑞士的洛桑并在南斯拉夫缺席情况下作出了有利于公司一方的仲裁裁决。该公司分别在法国、荷兰以及瑞士的法院要求承认和执行裁决，并于 1969 年在法国巴黎大程序法院得到承认裁决的认可书并被允许扣押南斯拉夫资金。南斯拉夫依据国家豁免原则请求该法院撤销上述认可和扣押。巴黎大程序法院同意了南斯拉夫的请求，同时在判决中指出，根据南斯拉夫成为仲裁条款的当事人这一事实，该国对

① *International Legal Materials*, Vol. 26, 1987, 377.

② *International Law Reports*, Vol. 86, 475.

③ *International Law Reports*, Vol. 64, 483 - 489.

④ *International Law Reports*, Vol. 65, 490 - 492.

⑤ *International Law Reports*, Vol. 65, 46.

有关仲裁员、裁决以至承认仲裁裁决认可书的程序已经放弃的管辖豁免，但不包括执行豁免的放弃。

又如，在1979年“（法国）检察官诉利美石油公司案”[①]中，利美石油公司除了分别在美国、瑞士和瑞典法院外，也在法国法院寻求执行1977年针对利比亚的仲裁裁决。该公司的要求得到认可并被允许扣押利比亚的资金。但是法国检察官根据利比亚政府的请求向法院提出了要求宣布扣押无效的动议。巴黎大程序法院接受了检察官的请求，并认为不可能立即就将利比亚的资金分解为公法用途和商业用途，仅仅援引来自国内和国际公共秩序的豁免特权就足以为撤销扣押提供法律根据。

随后，法国法院在有关执行仲裁裁决方面显示出越来越限制外国管辖豁免的倾向。例如，在“伊朗伊斯兰共和国和其他诉欧罗蒂夫公司和其他案”[②]中，伊朗和法国在1975年曾达成在伊朗建立浓缩铀燃料反应堆合作协定，但后来在1979年由于伊朗发生伊斯兰革命，这一合作项目被新政府终止。该案涉及伊朗及其国有公司和跨国公司之间与上述项目有关的合同争端。在合同中规定当事人双方同意将有关争端提交国际商会仲裁院解决。争端发生后，欧罗蒂夫公司和另一公司为保证将来执行有利于自己的仲裁而向巴黎商事法院请求并得到扣押伊朗国家在法国财产的命令。对此，伊朗根据管辖豁免和执行豁免的原则，上诉到巴黎上诉法院。而公司则主张伊朗已经通过仲裁协定放弃了豁免。1982年，巴黎上诉法院认为，采用国际商事仲裁院的规则不等于放弃了执行豁免，因此判决商事法院的扣押令无效。[③]然而，1984年法国最高法院一方面虽表示同意上述法院关于外国同意仲裁不等于放弃执行豁免的观点，但另一方面又认为外国执行豁免不是绝对的，并基于上诉法院没有对有关财产的用途进行分析而撤销了上诉法院的判决。

又如，法国鲁昂上诉法院1984年在“欧洲设计和承包公司诉世界银行、南斯拉夫和法国案”[④]中，撤销了前述巴黎大程序法院宣布对南斯拉夫财产扣押命令无效的判决，并判决有关仲裁裁决可以在法国执行。1986年，法国最高法院在该上诉审中，也认为国家同意在合同中插入裁决条款就等于放弃管辖豁免，并赞同该裁决是可以被宣布强制执行的。[⑤]

---

① *International Law Reports*, Vol. 65, 78.

② *International Law Reports*, Vol. 77, 513.

③ *International Law Reports*, Vol. 65, 9, 98.

④ *International Law Reports*, Vol. 82, 64 – 69.

⑤ *International Law Reports*, Vol. 82, 73 – 75; *International Legal Materials*, Vol. 26, 1987, 377.

三、瑞士

与其他国家不同，瑞士法院在关于仲裁和瑞士的联系通常不是以仲裁地或适用法为根据，而是以诉讼事由与瑞士之间的实质性联系为行使管辖权的主要根据。因此，在1980年“利比亚诉利美石油公司案”[①]中，尽管仲裁是在瑞士进行的，但是瑞士联邦最高法院仍然认为这一事实并没有提供诉讼事由与瑞士之间法律联系的充分证据，因此，判决下级法院为执行仲裁而发出的扣押令无效。

另外，在1988年的“关于韦斯特兰德直升机有限公司仲裁裁决案”[②]中，瑞士联邦法院判决由阿拉伯联合酋长国、沙特阿拉伯、科威特以及埃及四国共同组建的阿拉伯工业组织以自己名义与韦斯特兰德直升机公司所签订的包括仲裁协定的文件，并不意味着这些国家本身也受仲裁协定的拘束，因为该工业组织具有独立法人资格。

四、瑞典

瑞典关于仲裁协定的判例不大一致。例如，瑞典最高法院在1972年“特克诺——法尔马诉伊朗国案”[③]中，对于涉及外国使馆的仲裁协定似乎采取了绝对豁免主义的立场。在该案中，原告曾与伊朗签署了一个向伊朗驻瑞典大使馆提供办公设备的租赁合同，合同中载有仲裁条款。按该条款的规定，仲裁应在瑞典进行，并以瑞典法为准据法。然而争端发生后，伊朗方拒绝仲裁解决，并援引管辖豁免。对此，瑞典最高法院在判决中认为，尽管伊朗已经签署了仲裁协定，但仍然有权享有管辖豁免。这一判决或许与瑞典法院对涉及外国使馆一贯采取慎重立场的判例传统有联系。

但是，在瑞典上诉法院于1980年在“利比亚诉利美石油公司案”[④]中，瑞典上诉法院却采取了相反的态度。该法院认为，利比亚通过仲裁协定放弃了有关管辖豁免，因而判决准予执行仲裁裁决的请求。该法院认为，利比亚通过仲裁协定放弃了有关管辖豁免，因而判决准予执行仲裁裁决的请求。对一个仲裁地在瑞士、适用法不是瑞典法的涉及仲裁裁决的案件，不仅主张有

① *International Law Reports*, Vol. 63, 228.
② *International Law Reports*, Vol. 82, 687.
③ *International Law Reports*, Vol. 65, 383.
④ *International Law Reports*, Vol. 62, 225.

管辖权，甚至允许执行裁决。

五、荷兰

荷兰法院的一个特点是，主要强调诉讼事由的性质，而不重视有关仲裁与荷兰之间的领土联系。例如，1968 年的“卡伯伦特有限公司诉伊朗国家石油公司案”①，当事人双方曾订立过含有仲裁条款的石油开发协定。争端发生后，卡伯伦特有限公司在瑞士提起仲裁诉讼。仲裁是在伊朗国家石油公司缺席的情况下作出的，裁决伊朗国家石油公司方面应赔偿损失。对此，海牙上诉法院认为该案中伊朗石油公司所从事的行为是私法行为，其在荷兰的有关财产也不是用于公共目的，因而判决对该案有管辖权。

又如，1973 年的“欧洲设计和承包公司诉南斯拉夫案”②，涉及 1956 年在瑞士进行仲裁裁决后，原告公司在荷兰法院起诉请求承认仲裁裁决。鹿特丹地区法院在第一审中，以南斯拉夫享有豁免为理由拒绝了该公司要求准予承认裁决认可书的请求。在上诉审中，海牙上诉法院又以南斯拉夫不是《纽约公约》当事国为由驳回了该公司的上诉。最后，该公司上诉到荷兰最高法院。最高法院认为准予承认仲裁裁决的认可书并不违反国家根据国际法所享有的执行豁免，而且南斯拉夫虽不是《纽约公约》当事国但不妨碍适用该公约，因此决定将该案发回重审。最高法院还指出，国际法上并不要求国内法院只有在和法院地国有领土联系的情形下才能行使管辖。这虽然是指国内法院对外国私法行为行使管辖的一般性评论，但无疑也适用于涉及在外国进行的仲裁的法院管辖。后来，海牙上诉法院在对该案的重审中又以荷兰公共秩序为理由再次拒绝准予承认仲裁裁决的认可书。1975 年，荷兰最高法院在第二次审理该案时，一方面认为上诉法院超越了其权限，因为在重审中本应限于决定是否有准予认可书的法律理由，但另一方面又根据《纽约公约》第五条第一款第（5）项，即如果仲裁地国法院拒绝承认或执行裁决，其他国家法院也可以拒绝承认，拒绝准予承认裁决的认可书。③

六、涉及解决投资争端国际中心仲裁的诉讼案件

目前，在国家豁免方面，涉及解决投资争端国际中心仲裁的诉讼案件并不多。

---

① *International Law Reports*, Vol. 47, 138.

② *International Law Reports*, Vol. 53, 356, 360.

③ 关于该仲裁案件，仲裁地国瑞士法院承认上述裁决。见 *International Law Reports*, Vol. 63, 364.

美国法院对于有关解决投资争端国际中心仲裁的案件，一般都否认有强制履行仲裁协定的管辖权。1982 年在“海上国际被提名者公司诉几内亚共和国案”① 中，原告是列支敦士登的一家公司，1971 年它和几内亚签署了一项在几内亚组建从事装运铝土矿的协定。该协定中载有对有关争端由解决投资争端国际中心主席选任的仲裁员裁决的条款。按照该国际中心仲裁程序规则第十三条的规定，除非当事人双方另有协议，一般应在中心所在地华盛顿进行仲裁。争端发生以后，由于几内亚不同意通过仲裁解决，该公司请求美国联邦地区法院按照《美国仲裁法》作出强制仲裁的命令。根据法院的命令，美国仲裁协会在几内亚缺席的情况下作出了有利于该公司的裁决。后因美国联邦地区法院承认了上述裁决，几内亚在美国法院提起上诉。美国哥伦比亚地区联邦上诉法院判决美国法院对仲裁事项没有管辖权，其主要理由是：同意交付解决投资争端国际中心的仲裁协定不等于几内亚放弃了主权豁免。因为尽管仲裁应在美国进行，但该协定并不打算接受美国法院的介入②。

瑞士法院对有关解决投资争端国际中心仲裁的案件，一般也不允许采取扣押等临时措施。例如，在 1982 年的“海上国际被提名者公司诉几内亚案”③ 中，海上国际被提名者公司在美国仲裁协会和美国法院解决争端的努力没有成功，于是在 1984 年又向解决投资争端国际中心提交了与几内亚之间的争端。为此，该公司在瑞士法院作为临时措施请求扣押几内亚的国家财产。瑞士的一个准司法机关——日内瓦监督局根据《华盛顿公约》第二十六条的规定，认为解决投资争端国际中心的仲裁具有排他性，海上国际被提名者公司已通过仲裁协定放弃了在瑞士请求扣押几内亚财产的权利，因此这种扣押是无效的。

比利时法院和瑞士法院同样明确承认解决争端国际中心的仲裁的排他性质，并否认比利时法院对有关该中心仲裁的案件有管辖权。④

法国法院在这方面的判例似乎不大一致。例如，1981 年在“本维纽蒂和邦范特公司诉刚果人民共和国政府案”⑤ 中，原告寻求在法国执行根据解决投资争端国际中心任命的仲裁员的裁决。该公司得到了巴黎大程序法院承认仲

① *International Law Reports*, Vol. 72, 152.

② 然而，美国法院在解决投资争端国际中心裁决的执行方面，则依据《华盛顿公约》第五十四条的规定承认有管辖权。又如 1986 年“利比亚东部木材公司诉利比亚共和国政府案”，见 *International Legal Materials*, Vol. 26, 1986, 695.

③ *International Legal Materials*, Vol. 26, 1987, 382.

④ 1985 年的“几内亚诉海上国际被提名者公司案” 见 *International Legal Materials*, Vol. 24, 1985, 1639.

⑤ *International Law Reports*, Vol. 65, 88.

裁的认可书，但要服从一个条件，即任何执行措施或保全措施都必须得到事先授权。公司反对并要求修改这一条件，并于后来提起上诉。巴黎上诉法院驳回了该公司的上诉，认为准予承认仲裁执行的认可书不构成执行措施，而只是执行前的一个预备性措施，并认为大程序法院审查外国执行豁免问题已经超出其权限范围。

然而，1989 年在“塞内加尔诉西非工业混凝土公司清算人案”① 中，巴黎上诉法院认为，塞内加尔虽然通过仲裁协定承担了在其领土内执行裁决的金钱义务，但没有放弃在其他《华盛顿公约》当事国援引豁免的权利，因此巴黎大程序法院宣布该院 1988 年发出的承认仲裁执行的认可书无效。但法国最高法院 1991 年在“西非工业混凝土公司清算人诉塞内加尔案”② 中，也认为承认裁决执行的认可书并不构成强制执行措施，并根据《华盛顿公约》第五十三条和第五十四条，撤销了巴黎上诉法院的判决。

另外，在 1986 年的“几内亚和索吉佩什诉大西洋特里顿公司案”③ 中，法国最高法院甚至允许对有关解决投资争端国际中心的仲裁事项采取扣押形式的临时措施。在该案中，挪威的大西洋特里顿公司曾与几内亚签订有关经营传播的协定，并规定了将争端提交解决投资争端国际中心仲裁的条款。公司声称几内亚没有履行协定，请求法国地方商事法院扣押在法国港口修理的几内亚的三艘轮船，并得到允许。后来，该扣押令被雷恩上诉法院撤销。但法国最高法院认为，《华盛顿公约》第二十六条的排他性作用并不妨碍该中心诉讼的一方在法国法院寻求采取扣押形式的临时措施。

由此可见，在多数情况下，国内法院都承认解决投资争端国际中心仲裁的自治性和排他性，并且一般尽量避免行使管辖权。但是，在个别情况下，也有一些国内法院采取了不同的态度。

本章小结

由于仲裁协定的一个基本作用就是排除国内法院的干预，所以国家同意仲裁在原则上并不等于在外国法院一般的放弃管辖豁免。因此，值得注意的是，在国家所签订合同中的仲裁条款与放弃豁免条款是有本质区别的，绝不应混淆这两个概念。

然而，由于国内法院对一般商事仲裁具有某些监督和保障职能，所以，

---

① *International Legal Materials*, Vol. 29, 1990, 1341.

② *International Legal Materials*, Vol. 30, 1991, 1167.

③ *International Legal Materials*, Vol. 26, 1987, 373.

目前许多国家，尤其是西方国家的实践和理论一般都倾向于承认国家同意仲裁构成了对管辖豁免的默示放弃。① 即使如此，这种放弃也必须限于有关的仲裁事项范围内，而且应与仲裁协定的具体内容相符合。否则，仲裁协定便有可能被私人当事人利用作为通向国内法院的手段，这就违背了国家签订仲裁协定的本来目的。②《联合国国家豁免公约》第十七条也将外国法院的管辖范围严格限定于“仲裁协议的解释、仲裁程序、仲裁裁决的承认或撤销”等仲裁事项。

在实践中，由于仲裁情况比较复杂，所以对于仲裁是否导致不得援引国家豁免的问题也不能一概而论。例如，国内仲裁机构和国际性仲裁机构解决争端的法律后果是不完全相同的。即使同为国内仲裁机构，也因仲裁地国以及法院地国立场而各不相同。同样，即使同为国际性仲裁机构，如解决投资争端国际中心和其他国际仲裁机构的情形也完全不同。又如，国家与外国私人或法人之间签订的仲裁协定有不同的规定方式，有的仲裁协定明文载有国家放弃有关诉讼豁免的条款，有的仲裁协定默示地含有放弃豁免的内容，还有的仲裁协定完全未提及管辖豁免的放弃问题。③

综上所述，仲裁协定是否导致不得援引国家豁免的问题是一个非常复杂的问题，在各国实践中仍然有许多含混不清之处。在这种情形下，如何在仲裁协定的具体规定方式上下工夫便显得非常重要。当然，由于当事人双方的基本立场不同，所追求的目的以及手段自然也不相同。例如，作为仲裁协定的国家和政府一方当事人而言，一般都会争取首先以本国为仲裁地，或者以被告人所在国为仲裁地，如不能得到对方同意，便争取选择国际关系良好以及法院对仲裁不轻易干预的第三国为仲裁地，同时也要考虑到仲裁机构的信誉。相反，私人当事人则必然会努力选择有利于自己的本国或第三国，为此还要争取在仲裁协定中规定国家一方同意放弃包括仲裁诉讼和执行仲裁裁决两个方面豁免的条款。总之，在仲裁协定中就有关仲裁事项和管辖豁免问题规定得越明确、越具体，就越有利于当事人双方防止或解决有关的争端。

---

① Evan H. Caminker. State Immunity Waivers for Suits by the United States. *Michigan Law Review*, Vol. 98, No. 1, Oct. 1999, 92 – 137.

② Kaj Hober. *Some Comments on the Arbitration Agreement and on State Immunity*, 2004, 25.

③ 姜兆东. 外国国家豁免规则与有关国际商事仲裁的诉讼. 中国国际法年刊，1987. 116 ~ 118.

第四章　人身伤害和财产损害

第一节　人身伤害和财产损害问题概述

在国家豁免理论和实践由绝对豁免主义向限制豁免主义演进的过程中，最初限制豁免只适用于原告与作为被告的外国之间存在合同关系的诉讼之中。涉及外国侵权行为的诉讼在国内司法实践中很少见。因此，一国法院对涉及外国造成人身伤害或财产损害的案件进行管辖的例子直到 20 世纪 70 年代以后才比较常见[①]。在此之前，如果个人受到因外国国家的作为或不作为而引起的人身伤害或财产损害，一般是通过外交途径来解决的。

同样是以外国国家为被告的案件，为什么涉及合同纠纷的案件比涉及人身伤害和财产损害的案件更可能受到法院管辖呢？这主要是因为合同当事方签订合同是出于其自身自由的意思表示，他们在订立合同的时候就已经考虑到可能存在的合同权利与义务，国家同个人签订合同就意味着国家自愿接受合同的约束（包括合同关系出现争端时选择适用的法律及解决途径）。因此，当合同履行过程中发生纠纷时，法院地国的法院可以依照本国有关法律进行管辖[②]，但是涉及人身伤害和财产损害的侵权案件有所不同。侵权行为人对自己的行为可能导致什么样的后果通常没有预先的考虑，在侵权行为发生后对于自己要承担什么样的风险也难以估量，因此各国的法律体系在处理侵权行为问题上远没有像在处理商业合同问题上那样具有一致性。也就是说，从事侵权行为的国家的法律与法院地国的法律在处理侵权纠纷问题上的差异阻碍了法院地国的法院对侵权案件的管辖。[③]

20 世纪中期，开始在一些国家的实践中出现了国内法院对外国侵权行为

---

① UN Docs. A/CN. 4 /363 /Add. 1, 9.

② H. Fox. State Responsibility and Tort Proceeding Against a Foreign State in Municipal Courts. *Netherlands Yearbook of International Law*, Vol. 20, 1989, 3.

③ H. Fox. State Responsibility and Tort Proceeding Against a Foreign State in Municipal Courts. *Netherlands Yearbook of International Law*, Vol. 20, 1989, 16.

行使审判管辖权的倾向。例如，1961 年奥地利最高法院审理的“与外国政府用车碰撞案”①，就是国内法院直接对外国国家侵权行为进行管辖的一个重要先例。该案原告是奥地利人，其汽车因被美国大使馆运送邮件的汽车撞坏，在法院起诉要求损害赔偿。奥地利最高法院认为索赔请求不是针对邮件的运送行为，而是针对可以归结为私法性质的道路使用行为和汽车驾驶行为，因此判决有管辖权。20 世纪 70 年代以后，一些有关国家豁免的国际、国内立法也纷纷将外国国家侵权行为列为国家豁免的例外事项。如 1972 年《欧洲国家豁免公约》第十一条、美国 1976 年《外国主权豁免法》第一六〇五条、英国 1978 年《国家豁免法》第五条以及澳大利亚 1985 年《外国国家豁免法》第十三条都规定了外国国家在人身伤害或财产损害方面不得援引管辖豁免。2004 年《联合国国家豁免公约》充分肯定了以上国家的立法和司法实践，将人身伤害和财产损害列为不得援引国家豁免的情形。《联合国国家豁免公约》第十二条对此作了系统的规定。

一国法院对外国造成人身伤害和财产损害的行为行使管辖权的法律基础主要有两个：一是属人管辖原则，即当伤害人是法院地国的国民时，法院地国有权依照本国法律对其进行保护；二是属地管辖原则，“侵权行为地提供了坚实的领土关系”②。既然造成损害的行为或不行为是在法院地国领土内发生的，可适用的法律显然是侵权行为地法，而且最方便的法院应是发生侵权行为的国家的法院。侵权行为地以外的法院可以视为“不便审理的法院”。如果国家有权援引其管辖豁免，受害者就会无法诉诸法律。

虽然限制外国国家侵权行为管辖豁免的现象，可以说是国家豁免理论与实践由绝对豁免主义向限制豁免主义转变的一个必然结果，但各国在这个问题上也存在不同的立场。特别是一些英美法系的国家在立法上并不区分“统治权行为”和“管理权行为”，在司法审判实践中对外国国家的“统治权行为”造成人身伤害和财产损害也行使管辖权。这不仅对国际法上的国家责任制度是一种新的挑战，而且对限制豁免理论的原有框架也是一个突破。③

首先，依据国际法，外国国家的官员或代理人对另一国的自然人或法人造成侵权行为时，当然要负损害赔偿责任，但这属于国家责任的范畴，一般通过受害人所属国行使外交保护权，以协商或交付仲裁，或通过国际法院来

---

① J. Dunoff, S. Ratner, D. Wippman. *International Law: Understanding Process Through Problems*, 2002, 219.

② Sompong Sucharitkul. Fifth Report on Jurisdictional Immunities of Sate and Their Property. *Yearbook of International Law Commission*, Vol. Ⅱ, 1983, Part One (Document A/CN. 4 /363), 40.

③ H. Fox. State Responsibility and Tort Proceeding Against a Foreign State in Municipal Courts. *Netherlands Yearbook of International Law*, Vol. 20, 1989, 3 at 5.

解决。但目前国家豁免的理论与实践上的做法是将外国侵权行为列为国家豁免的例外事项，规定国家在人身伤害和财产损害中不得援引管辖豁免，这种发展对于国际法上的国家责任制度而言，无疑是一种新的局面①。其次，限制豁免论的基本主张是将国家的行为分为“主权行为”和“非主权行为”，国家如果从事主权行为则享有豁免，如果从事非主权行为则不得援引豁免。然而在有关人身伤害或财产损害问题上，国家豁免理论与实务的发展趋势是“不论行为或不行为的动机是有意甚至恶意，或是由于意外、疏忽、无意、鲁莽或粗心，甚至不论所涉活动的性质是统治权活动还是管理权活动”②，只要造成了人身伤害和财产损害，行为国就不得援引国家豁免③。这种趋势并不符合限制豁免论区分主权行为和管理权行为而决定是否给予豁免的立场。同时这一发展趋势对联合国国际法委员会起草《国家及其财产管辖豁免公约》产生了重要的影响。

第二节 《联合国国家豁免公约》中的“人身伤害和财产损害”条款

一、侵权行为及损害结果的分类问题

《联合国国家豁免公约》第十二条规定了被告国在有关“人身伤害和财产损害”的诉讼中不得援引国家豁免的情形：除有关国家间另有协议外，一国在对主张由可归因于该国的作为或不作为引起的死亡或人身伤害，或有形财产的损害或灭失要求金钱赔偿的诉讼中，如果该作为或不作为全部或部分发生在法院地国领土内，而且作为或不作为的行为人在作为或不作为发生时处于法院地国领土内，则不得向另一国原应管辖的法院援引管辖豁免。

该条所述对国家豁免规则的例外，涉及对自然人造成人身伤害或对有形

① 陈纯一. 国家豁免问题之研究——兼论美国的立场与实践. 台北：三民书局，1997. 220.

② *Report of the Forty-third Conference of International Law Commission*, 1991, 121.

③ 这里所涉及的是国家就自己的行为是否可以在外国法院援引国家豁免的问题，而不涉及国家是否承担国际法上的国家责任问题。根据国际法委员会二读通过的《国家对国际不法行为的责任条款》第二十条至第二十五条之规定，国家在另一国同意、自卫、对国际不法行为采取的反措施、不可抗力、危难以及危机情况下从事的违反国际义务的行为时，行为的不法性即告解除；该条款第二十七条规定：“解除行为不法性的情况不妨碍：对该行为所造成的任何物质损失的补偿问题。”（见联合国大会 2001 年 12 月 12 日通过的 56/83 号决议）

财产造成损害或灭失的行为所产生的侵权行为或民事赔偿责任方面的例外。该条只适用于有关国家按侵权行为地法应有赔偿责任的情况，旨在向个人因可归因于一外国的有意、无意或疏忽行为或不作为而蒙受的人身伤亡或财产的有形损害或灭失，提供补救或起诉的可能性。

公约第十二条所述国家的“行为或不行为”并无“统治权行为”和“管理权行为”之分。一些国家的司法审判实践显示[①]，法院在审理涉及国家侵权行为的案件时，并不是一律拒绝给予被告国豁免权，而是按照统治权行为和管理权行为区别对待，对统治权行为维持豁免，对管理权行为才拒绝豁免。尤其是在涉及执行公务或军事任务期间发生的交通事故的案件中，这种做法更为常见。国际法委员会在其评论中指出，《联合国国家豁免公约》“不作此区分”[②]，意即只要符合公约所规定的要件，无论行为或不行为是否出于“主权目的”，都不得援引国家豁免。

导致死亡或全部灭失或其他较轻伤害的人身伤害或有形财产的损害主要限于可保险的风险。国际法委员会在起草条款草案时认为，条款草案第十二条规定的损害范围主要是“关于交通事故——如移动车辆、摩托车、火车或快艇等——对个人造成的意外死亡或人身伤害或是对有形财产造成的损害，包括以铁路、公路、空中或水陆载人运货时所涉的大部分事故”，以及包括“例如，殴打、恶意损坏财产、纵火或甚至杀人并包括政治谋杀在内的故意的有形伤害”[③]。由此可见，第十二条所指的伤害或损害范围很广，无论是由于意外、疏忽、无意，还是出于有意甚至是恶意的行为造成的伤害都包括在内。但是伤害或损害必须是“有形的”，诸如破坏名誉、诽谤以及干预合同权利或任何权利包括经济或社会权利之类的无形损害并不包括在内。

二、适用公约必须具备的两个条件

适用公约第十二条必须同时具备两个条件：一是造成死亡、伤害或损害的行为或不行为必须全部或部分发生在法院地国领土内，才能确定侵权行为地是在法院地国领土内；二是此行为或不行为人在行为或不行为发生时也必须在该国境内，以便进一步加强在法院地国造成损害的行为人或个人与法院地国的领土关系。

---

① 如比利时、德国、埃及、奥地利、加拿大等。

② *Report of the Ad Hoc Committee on Jurisdictional Immunity of State and Their Property* (2004). General Assembly Official Records of Forty-ninth Session, Supplement No. 22 (A/59/22), 45, Para. 4 – 5.

③ UN Docs. A /46 / 10, 116.

第一个条件只是强调侵权行为全部或部分发生在法院地国，这就排除了另外两种情形：一是侵权行为发生在法院地国领土以外，但侵权结果发生在法院地国境内。而有些国家对于行为或结果发生在本国领土内的案件都主张有管辖权。① 二是法院地国的国民在其领土以外遭到外国国民或其官员、代理人的侵权而受到伤害或损害。强调第二个条件（即行为人在行为发生时必须在法院地国领土内）还有一个原因，那就是为了确保将跨界伤害和跨界侵权行为或损害的情况，排除在本条的适用范围以外。炸药、烟火或危险物质的输出都是例子，这些物质可以因疏忽、无意或意外而爆炸或引起损害。越界射击或开火，或因武装冲突而炮火越界外溢情况，按国际公约来说都是明显侵犯一邻国领土的行为，应排除在公约第十二条适用范围之外。② 公约第十二条主要是关于经常在法院地国领土内发生的事故，而发生这种情况时，即使索取补偿的对象是保险公司，而最后也是由保险公司作出补偿，许多国家可能仍然需要明确放弃国家豁免才能提出损害赔偿的诉讼。而对于有些国家的法律规定发生这种事故时不能直接向保险公司提起诉讼，公约第十二条所规定的豁免例外就显得更有必要。

三、对一些用语的理解以及“刑事诉讼程序”问题

公约第十二条也允许有关国家间另外订立双边协定、条约或区域安排，具体规定或限制在此类诉讼中的赔偿责任或补偿的程度，或规定一种不同的解决争端程序。例如，一些国家间关于军队地位的协定以及关于民航或关于海上运输货物的国际公约等都有这方面的规定。

下面阐述关于一些用语的理解。首先是“赔偿”的形式问题。国际法委员会在 1986 年一读通过的《国家及其财产管辖豁免的条款草案》中并没有特别强调赔偿的形式，在 1991 年二读时在“赔偿”前增加了“金钱”二字，意味着“赔偿”一词不包括任何非金钱的赔偿形式。其次是关于“行为人”一词，应该结合公约第二条关于“国家”的定义来理解，可以是指国家及其政府的各种机关、国家的组成单位或国家政治区分单位、国家机构、部门和其他实体以及以国家代表身份行事的国家代表③。另外，“归因于国家”这一表

---

① The New State Immunity Convention: Commercial Transactions and Human Rights. *Chatham House of UK*, 20 th, January 2005.

② B. He. International Law Commission's Draft Convention on the Jurisdictional Immunities of States and Their Property. *European Journal of International Law*, Vol. 4, 1993, 269 – 282, 275.

③ Lorna Mcgregor. State Immunity and Jus Cogens. *International and Comparative Law Quarterly*, Vol. 55, 2006, 438.

述也是旨在区分此种人员所为的，不归因于国家的行为或归因于国家的行为。但是，提到行为或不行为归因于国家并不影响国家责任规则。应该强调本条不涉及国家责任问题，它仅处理一国在关于其代理人或雇员的行为或不行为所造成的损害的诉讼中不受另一国法院管辖的问题，这种行为或不行为“据称”可归因于该国但归因或有关国家的责任的确定显然不在本条的规定范围之内。它既不影响公约第三条所规定的外交豁免问题，也不适用于涉及武装冲突的情况。

由于公约导言中已明确表示该公约“不涉及刑事诉讼程序”，因此公约第十二条不适用于对有关犯罪行为人刑事责任的追究。但是，目前在国家惯例和有关国家豁免问题的立法方面还有另一种新的发展，即在由于国家违反具有强制法规性质的人权和标准，特别是禁止酷刑的规定而造成人员死亡或人身伤害的情况下，应当取消豁免①。因此，如果因可归因于国家的犯罪行为（包括政府官员或代理人的犯罪行为）造成人身伤害和财产损害而提起的要求金钱赔偿的诉讼，应该适用公约第十二条。②

第三节　其他国际条约及各国立法中的有关条款

其他有关国家豁免的国际条约（草案）及一些国家的国内立法都有专门条款将“人身伤害和财产损害”规定为不得援引国家豁免的情形，③ 且这些条款在措辞上大同小异。这说明在理论和实践上，各国在这一领域的分歧不大。

一、《欧洲国家豁免公约》与国际法学会草案

1972 年《欧洲国家豁免公约》是较早规定国家在人身伤害和财产损害方面不得援引管辖豁免的国际条约。该公约第十一条规定：缔约国不得主张免于另一缔约国法院的管辖，如果诉讼涉及因人身伤害或毁损有形财物而请求损害赔偿，而造成伤害或毁损的事实又发生于法庭地国的领域内，其伤害和

---

① Lorna Mcgregor. State Immunity and Jus Cogens. *International and Comparative Law Quarterly*, Vol. 55, 2006, 442.

② Christopher Keith Hall. UN Convention on State Immunity: The Need for A Human Right Protocol. *International and Comparative Law Quarterly*, Vol. 55, 2006, 419.

③ 也有少数国家如巴基斯坦、新加坡、南非等的国家豁免法没有这方面的规定。

毁损的肇事者在发生此项事实时，亦在该领域内。同《联合国国家豁免公约》，《欧洲国家豁免公约》也强调“损害”的有形性，而且侵权行为和行为人必须发生在法院地国境内。所不同的是，《欧洲国家豁免公约》并没有将赔偿的形式限定为“金钱”赔偿。还有一点与《联合国国家豁免公约》不同，《欧洲国家豁免公约》和英国 1978 年《国家豁免法》对于引起人身伤害或财产损害的行为或原因规定了一些例外。《欧洲国家豁免公约》第二十九条第（2）款规定：公约不适用于“原子事件造成的财产损失或人身伤害”；同时公约第三十一条排除了外国驻法院地国武装部队的一切行为或不行为造成的损害。同样，英国《国家豁免法》第十六条第（2）款规定外国驻英国武装部队的行为引起的诉讼不适用豁免例外，第十五条第（3）款则将核设施造成的损害排除在不得援引国家豁免的情形之外。

国际法学会起草的《国家豁免公约草案》第三条第（6）款也规定，如果缔约国的行为或不行为引起人身伤害和财产损害，且该行为或不行为全部或部分发生在法院地国境内，则该缔约国不得援引管辖豁免。① 这条规定的内容与欧洲公约极为相似，只是没有强调损害必须为“有形”损害以及行为人在行为发生时必须位于法院地国境内。

二、一些国家的国内立法

美国 1976 年《外国主权豁免法》第一六〇五条第一款第（5）项规定，外国或者该外国的任何官员和其雇员在职务或雇用范围内的行动中发生侵权行为或过失，从而在美国境内造成人身伤害、死亡或者财产损害或丧失，受害方为此向该外国追索金钱损害赔偿金而提起诉讼的，该外国不得援引国家豁免。该条款的内容与国际立法的趋势大致相似，但是该条款同时提供了两个例外的情况：第一个例外是如果任何权利的主张是基于外国行使和履行或者不行使和不履行自由裁量权，即使是该外国滥用该自由裁量权职能；第二个例外是原告主张权利是基于诬告、滥用程序、文字诽谤、口头诽谤、歪曲、欺骗或者干涉合同权利。

根据美国众议院司法委员会的报告，该条的立法意图主要是针对车祸、交通事故，但采用一般性用语立法，故也适用于所有有关金钱赔偿的侵权行为之诉。所以，众议院司法委员会进一步强调：“第一六〇五条第一款第（5）项的目的是允许交通事故和其他非商业侵权行为的受害人对外国提起诉讼。”②

---

① *Report of Sixty-sixth Conference of International Law Commission*, 1994, 491.

② House Report No. 94 - 1487. *UN State Immunity Materials*, 112.

美国《外国主权豁免法》和国会立法报告都很明白地显示，在侵权行为领域并不需要区分外国政府或其官员所谓的行为是主权行为（公行为）或是非主权行为（私行为）。[①] 除非符合例外的条件，否则只要侵权行为在美国造成人身伤害或财产损失，美国法院就有管辖权。不过前提必须是外国政府官员或其雇员在执行职务或雇用范围内的行为或不行为导致侵权方可归责于外国。另外，与其他国家的立法不同的是，美国《外国主权豁免法》强调其第一六〇五条第一款第（5）项主要适用于"非商业性侵权行为"。但在实践中许多侵权行为的案件往往会与商业行为有关。因此，如何解决"商业活动"与"非商业性侵权行为"二者在适用时可能出现的冲突问题呢？首先，众议院立法报告指出："非商业性侵权行为条款适用于'商业活动'所未涵盖的部分。"[②] 一般而言，"商业活动"条款的意义要比"非商业性侵权行为"条款的意义更为广泛。其次，由于《外国主权豁免法》的"非商业性侵权行为"条款不适用于合同权利事项，而大部分的商业活动与合同有关，所以对于合同纠纷，或许可以优先适用"商业活动"条款。[③] 当然，在实践中适用这两个条款的先后顺序有时候并不是很明确。

美国于20世纪90年代对《外国主权豁免法》进行了修订，对豁免规则增加了一项新的例外，即第一六〇五条第一款增加了第（7）项，规定美国法院对于外国支持恐怖主义活动的案件享有管辖权，第一六〇六条则指出被害人有权请求"惩罚性的损害赔偿"（Punitive Damages）。美国1996年的《反恐怖主义和有效死刑法案》（*The Antiterrorism and Effective Death Penalty Act*）第二二一条实行了这一例外，其中规定："因酷刑、法外处决、破坏飞行器、扣留人质……造成的人身伤害或死亡而向外国提出索赔要求"的任何案件都不享有豁免权。但是，如果国务卿根据美国联邦立法没有认定有关外国是恐怖主义赞助国，或在犯罪行为发生时索赔者或受害者不是美国国民，法院将拒绝受理案件。

英国1978年《国家豁免法》第五条对有关人身伤害和财产损害问题的规定比较简单，只要侵权行为发生在英国境内，造成了人员伤亡或有形财产的损失，就符合豁免例外的要件。如前所述，英国《国家豁免法》第十六条第（2）、（3）、（4）款也列出了以上豁免例外规则不适用的情况，即外国武装部

---

① Jurgen Brohomer. *State Immunity and the Violation of Human Right*. Martinus Nijhoff Publishers, 1997, 58.

② House Report No. 94－1487, *UN State Immunity Materials*, 112.

③ Hazel Fox. In Defense of State Immunity: Why the UN Convention on State Immunity is Important. *International and Comparative Law Quarterly*, Vol. 55, 2006, 399－406.

队的行为造成的侵权、外国核设备造成的侵权以及涉及刑事诉讼的情况。

从以上有关国家豁免的国际条约（草案）及一些国家的国内立法，可以归纳出它们在规定人身伤害或财产损害作为国家豁免例外时主要有以下特点：第一，不区分侵权行为是源于统治权行为还是管辖权行为；第二，不区分侵权行为是出于过失还是故意；第三，有的强调侵权行为必须发生在法院地国，也有的强调损害结果必须发生在法院地国；第四，都要求财产的损害必须是“有形”的；第五，大部分要求赔偿形式为“金钱”赔偿。这些特点，最终都集中反映在《联合国国家豁免公约》第十二条上。

第四节　“人身伤害和财产损害”例外的几个要件

如上文所述，适用《联合国国家豁免公约》第十二条的不豁免规则必须具备两个要件：一是侵权行为全部或部分发生在法院地国领土内；二是侵权行为人在侵权行为发生时处于法院地国领土内。1972 年《欧洲国家豁免公约》第十一条也有类似规定：“造成伤害或毁损的事实发生于法庭地国的领土内，其伤害和毁损的肇事者在发生此项事实时亦在该领域内。”公约的这一规定源于各国的国内立法及国际私法中有关民事管辖权规则。然而，对于公约所规定的这几个条件，一直存在不同的看法：有的主张强调伤害或损害结果发生地而不是侵权行为地；有的对“部分发生在法院地国”提出质疑；有的认为强调侵权行为人在侵权行为发生时必须处于法院地国是多余的，等等。下面就这一问题作一些探讨。

一、国际私法规则与各国国内立法

也有一些国家的国内立法与《联合国国家豁免公约》的上述规定不一致。如加拿大 1982 年《国家豁免法》第六条就规定：只要人员伤亡、财产损害或灭失发生在加拿大境内，就排除豁免。美国 1976 年《外国主权豁免法》第一六〇五条第（5）款规定的条件是：“在美国境内造成人身伤害、死亡或者财产损害或丧失。”加拿大和美国的立法都没有强调“侵权行为发生地”。而英国 1978 年《国家豁免法》第五条只强调行为发生在英国，对于结果发生在何处则没有说明。因此，公约的规定并不能涵盖另外一种情形，即外国的侵权行为发生在法院地国以外，但行为所造成的损害却发生在法院地国领土内。

以上国内立法关于管辖法院与适用法律的选择的规定受到了冲突法规则

的重要影响。美国关于人身伤害和财产损害案件的准据法的基本规则是，选择伤害或损害发生地的法律作为准据法。[①] 作为这一基本规则的例外，美国的冲突法还规定："在一些特殊情况下，如果其他州与伤害或损害的发生，或与行为当事方有更重要的联系，也可以适用其他州的法律。"[②] 为了支持这一基本法则，美国《第二次重述冲突法》解释说："这一规则的原因之一是，造成伤害的行为人通常不能逃避依照伤害发生地法律所应承担的法律责任。再则，伤害发生地往往是很容易确认的。因此，这一规则极具实用性，且其结果具有确定性。"[③]

美国 1976 年《外国主权豁免法》适用于非商业侵权方面的优点在于其通过一般的法律选择规则来排除豁免（即美国境内造成人身伤害、死亡或者财产损害或丧失的事实），因此，即使案件与外国法律有着更重要的联系，美国法院仍然可拒绝给予外国豁免，从而对案件主张管辖权，适用美国法律来解决争端。加拿大的国家豁免法大体上与美国立法是一样的。如上所述，加拿大 1982 年《国家豁免法》第六条规定，外国在有关发生在加拿大的人身伤害和财产损害的诉讼中不得援引国家豁免。显然，其在法律选择问题上的立场与美国《第二次冲突法重述》是一致的。在确定管辖权时，伤害或损害发生地是"首要的因素"，但是，"没有必要在确定何地为损害发生地时依据任意性条款，而且这样做也不明智"[④]。

在英国—澳大利亚管辖规则中，有关的法院判决或相关立法首要强调的是侵权发生地[⑤]或者诉讼事由发生地[⑥]。然而，法院似乎把这两种规则在实质上看作效果是一样的。正如在"迪斯提乐（生化）有限公司诉汤普森案"[⑦]中，审判委员会所指出的："如果引起原告提起诉讼的被告行为是发生在法院管辖范围内，则诉讼事由必然发生在法院管辖之内。这一规则最早出现在一个很权威的案例——'杰克逊诉斯匹托案'中。从程序上说，被告必须在他所犯错误的地方就其错误行为接受当地法院的讯问。因此，上述规则还是有其内在合理性的。"

对于过失行为而言，其对原告权利的侵害往往发生在被告实施过失行为

---

① *The Second Restatement of the Conflict of Laws*, Article 146 – 147.

② *The Second Restatement of the Conflict of Laws*, Article 147.

③ *The Second Restatement of the Conflict of Laws*, Article 146.

④ Moran V. Pyle National (Canada) Ltd. *Dominion Law Reports* (3rd). Vol. 43, 239, 248, 250.

⑤ Buttingeig V. Universal Terminal & Steredoring Corp. *International Law Reports*, Vol. 103, 1996, 626.

⑥ Disitillers Co. (Biochemical) Ltd. V. Thompson. *Appeal Cases* (UK), 1971, 458.

⑦ Disitillers Co. (Biochemical) Ltd. V. Thompson. *Appeal Cases* (UK), 1971, 468.

的地方，而不是伤害或损害发生的地方。在上述“迪斯提乐（生化）有限公司诉汤普森案”中，由于英国企业存在过失，没有在其生产的某种药品中注明“孕妇禁用”的相关字样，从而导致孕妇服用后对其腹中胎儿造成了伤害。而法院所在地正是英国企业的过失行为实施地，因此，新南威尔士法院判决对该案有管辖权。

英国、澳大利亚等国家的立法之所以更强调过错行为发生地而不是损害结果发生地，澳大利亚法律改革委员会对此作了解释：“一国在别国领土内造成他人身体伤害或财产伤害时不享有特权，这就是当地法院对案件行使管辖权的主要理由。而比其确定损害事实或诉讼事由发生地来说，确定过错行为或不行为发生地通常更简便易行。”① 这一解释似乎难以令人信服。在上面提到的“迪斯提乐公司案”中，根据1899年普通法诉讼条例（新南威尔士）第十八条第（4）款第（a）项的规定，枢密院要解决的问题是确认案件的诉讼事由是否在法院管辖范围之内。没有证据表明上述条例的规定适用于澳大利亚《外国国家豁免法》。美国和加拿大的国家豁免法采取了与英国和澳大利亚立法不同的立场，即通过确定伤害或损害事实发生地来解决法院管辖权问题。如果按照澳大利亚法律改革委员会的解释，难道美国和加拿大的立法者情愿选择一种更为复杂的确定管辖权的方式吗？这显然是不合情理的。

二、关于《联合国国家豁免公约》第十二条的争议

在国际法委员会起草《国家及其财产管辖豁免的条款草案》过程中，有关“人身伤害或财产损害”这一条款的内容曾遭到许多专家、学者以及成员国的批评。不过，与1986国际法委员会一读通过的条款草案相比，《联合国国家豁免公约》除了在一读草案中的“赔偿”二字前面添加了“金钱”一词外，基本没有作什么改动。那么，公约第十二条主要存在哪些有争议的问题呢？

许多批评者认为，一读之前的条款草案中的第十三条（即《联合国国家豁免公约》第十三条）不区分国家的行为是“主权行为”还是“私法行为”，一律排除国家豁免，这样对国家主权的冲击太大，且与类似诉讼中的外交豁免规则极不相称。②

还有许多批评者对条款草案中要求“作为或不作为的行为人在作为或不

① *The Australian Law Reform Commission Reports*, No. 24, 67, Para. 114.

② *Yearbook of Internal Law Commission* (1983), Ushakov (Soviet Union), 80 - 81, Paras. 40 - 46; Flitan (Romania), 82, Paras. 6 - 7; Ni (China), 84, Paras. 24 - 25.

作为发生时处于法院地国领土内”的规定表示不理解或反对，认为这是一个“不方便、没必要且复杂化了的规定”。[①] 他们认为，条款草案一方面规定作为或不作为可以“全部或部分”发生在法院地国领土内，另一方面又强调行为人在行为发生时必须在法院地国领土内，这可能会引发出一些矛盾，即如果行为发生在多个国家，但却只有一个国家能主张管辖权（即行为人所在国），这显然不大合理。对于这些批评意见，特别报告员认为，如果取消这些主要的限制而扩大这一条款的范围，那将是很失策的做法。特别报告员也承认，“作为或不作为的行为人在作为或不作为发生时处于法院地国”不应当被看作是排除国家豁免的必要条件。[②]

公约第十二条规定，当侵权行为“部分”发生在法院地国时，法院对案件也具有管辖权。这一规定可能会给法院的实施带来一些困难。

首先，公约制定者的意图是让第十二条涵盖行为发生在多个国家的跨国侵权行为。然而，如果某一侵权行为发生在一国领土内（如向国外邮寄包裹炸弹），而在另一国领土内造成了人员伤亡或财产损害（包裹炸弹接收国），按照公约第十二条的规定，只有第一个国家（即包裹炸弹寄出国）对案件具有管辖权，而损害结果发生国（受害国）却不属于公约规定的有管辖权的国家。公约采取了与英国、澳大利亚等国家立法相同的做法，即以侵权行为发生地来确定管辖的法院。只不过公约在这些国家立法的基础上特别强调了侵权行为“部分”发生在法院地国的情况。但是，“行为部分发生在法院地国”并不包括“损害结果发生在法院地国”。

其次，“行为部分发生在法院地国”也可能被扩大解释，使一些仅仅与侵权行为沾边的情况也包括在内（例如，某个与侵权行为的发生关系不大的国家，由于侵权行为人在其领土内，该国法院为了主张对案件的管辖权，可能会任意扩大“行为部分发生在法院地国”的含义），从而造成对主权国家不合理的管辖。

因此，能否对“行为部分发生在法院地国领土内”这一用语作出合理的解释，是决定公约能否在这一领域有效实施的一个重要步骤。

三、《联合国国家豁免公约》第十二条与国际私法规则

在国际私法上，法院对侵权案件的管辖是以案件中的有关事实和当事人

---

① *Yearbook of Internal Law Commission* (1983), Malek (Indonesia), 76, Para. 13; Evensen (Norway), Para. 17; Sinclair (UK) 79, Para. 33.

② UN Docs. A/CN. 4/L. 428, 22 July 1988, 7-8, Para. 20.

双方与有关国家的地域联系作为确定法院国际管辖权的标准的。在有关人身伤害或财产损害案件的管辖权的确定方面，英国立法与美国立法是不相同的：英国法依据行为发生地，而美国法则需要考虑许多因素。值得一提的是，英国法律委员会曾建议英国也采用美国法的做法。例如，英国法律委员会在其报告中曾提出“在有关人身伤害和财产损害的案件中”应该适用“侵权或违法行为发生地的法律”。①

国际法委员会在讨论国家豁免的条款草案时，一些委员认为美国法的做法更为合理，案件管辖法院所在地应该与案件有着非常重要的关系。② 而人身伤害和财产损害发生地对整个案件来说往往是最重要的一个情节，且损害发生地通常情况下也是侵权行为发生地。然而，有时候损害发生地带有一定的偶然性和不可预测性（例如，某人无意中携带危险物品去旅行，其可能对他人造成伤害的地点就具有不可预知性），或者有时候与案件有着更紧密关系的地方并不是法院地国。当然，如果损害结果发生国确实与案件的发生没什么必然联系，涉嫌侵权行为的国家在损害结果发生国的法院援引管辖豁免似乎也在情理之中。因此，《联合国国家豁免公约》第十二条将侵权行为“部分发生在法院地国”作为法院对案件行使管辖权的基础之一，在实践中容易引起管辖权的冲突，应该对此作一些合理的限制。

前面已经提到，《联合国国家豁免公约》第十二条还有一个遭到批评的地方，那就是规定侵权行为人在侵权行为发生时必须“处于法院地国”。有人认为应该具体问题具体分析，有时候虽然行为人在行为发生时不在某国境内，但该国确实与案件有着紧密的联系，也许该国法院对案件行使管辖权更为合适。当然，也有学者主张公约第十二条作如此规定并无必要。例如，塞拉利昂学者 Koroma 指出：“目前，原告往往会质疑侵权行为发生地法院行使管辖权的基础。这是个很令人头疼的问题，特别是在一些存在法律冲突（如侵权行为发生地的法律与其他同当事人或损害结果发生地有最紧密关系的国家的法律之间存在冲突）的案例中，这个问题更为突出。因此，规定侵权行为人在侵权行为发生时必须处于法院地国领土内是没有必要的。”③

在实践中，还有一种比较复杂的情况即 B 国的侵权行为造成的人身伤害和财产损害的结果发生在 A 国，而 C 国又与该案有着非常密切的关系，因此 C 国按照本国的冲突规则对案件行使管辖权，并拒绝给予 B 国豁免权。从国家主权的角度来考虑，这种方案是行不通的，因为 C 国对案件行使管辖权没

---

① Choice of Law in Tort and Delict. *Working Paper of Law Commission*, No. 87, 1984.

② UN Docs. A/C. 6/54/L. 12.

③ UN Docs. A/C. 6/59/SR. 13, 2004.

有国际法依据。根据习惯国际法规则，就行为国不得援引国家豁免的问题来说，伤害或损害发生地国法院是最合适对案件行使管辖权的法院。但是，如果行为国能够证明它与案件的关系比法院地国更加密切（例如，人身伤害或财产损害只是偶然发生在法院地国），则行为国也可以援引国家豁免，主张法院地国的法院无管辖权。

在英国、澳大利亚的许多案例中，要确定侵权案件的管辖法院，首先要确定诉讼事由到底是在何处发生的。在上文提到的"迪斯提乐（生化）有限公司诉汤普森案"中，皮尔森大法官向审判委员会建议："因为损害结果没发生就意味着侵权行为还没有完成，所以有人主张凡是损害结果发生地就是诉讼事由发生之地，这种做法是错误的。正确的做法是，根据整个侵权行为的各个环节，包括损害结果的发生，综合起来确定诉讼事由发生地。"① 皮尔森法官提出这一做法后来在英、澳等国的一些案例中得到了运用。②

皮尔森法官提出综合考虑侵权案件的各个环节的做法既考虑了侵权行为的发生，又考虑到了侵权结果的发生，非常符合国际私法中确定侵权案件管辖权的有关规则。《联合国国家豁免公约》第十二条主张"侵权行为地"作为确定管辖权的领土联系依据，似乎忽略了"侵害结果"这一因素。但是，我们也许可以将公约第十二条中的"该作为或不作为全部或部分发生在法院地国领土内"一句理解为既包括"侵权行动"发生在法院地国领土内的情形，也包括"侵害结果"发生在法院地国领土内的情形，即把"作为或不作为"笼统地理解为"造成人身伤害或财产损害事实"。这样理解也许更能贯彻公约制定者的立法意图。

第五节　司法审判实践

《联合国国家豁免公约》第十二条涉及案件范围非常广，包括以铁路、公路、空中或水陆载人运货以及因殴打、恶意损坏财产、纵火或甚至杀人并包括政治谋杀在内的侵权行为造成的民事赔偿案件。按照公约的规定，无论其行为出于什么目的或行为性质如何，行为国都不得在有关此类诉讼中援引国家豁免。由于《联合国国家豁免公约》充分参考了各国立法与司法实践，因此公约的规定与大多数国家在这一领域的实践是保持一致的，也代表了国际法在这一领域的发展趋势。

---

① Disitillers Co. (Biochemical) Ltd. V. Thompson. *Appeal Cases* (UK), 1971, 458, 468.

② Castree V. E. R. Squibb & Sons Ltd. *International Law Reports*, Vol. 86, 1991, 508 - 511.

然而，在对涉及外国国家行为造成人身伤害和财产损害的案件管辖方面，一些国家并不像公约所规定的那样一律排除豁免。大陆法系国家和英美法系国家在这方面的立场有所不同。主要表现在英美法系国家一般对外国国家的侵权行为不区分“统治权行为”和“管理权行为”，即使外国侵权行为属于履行“主权职能”或非商业行为，国内法院在一定条件下也可以行使司法管辖权；其判断管辖权的标准是领土联系，即只要侵权行为或损害结果发生在法院地国，该国法院就对案件有管辖权。而大陆法系国家一般根据外国侵权行为的性质区别对待，对于“统治权行为”一般承认其管辖豁免，而对“管理权行为”则行使管辖权。在英美法系国家中，美国近年来以反恐为由，在对外国政府侵权案件的管辖方面又有了新的变化，即由于美国1996年《反恐怖活动和有效死刑法案》对《外国主权豁免法》作了修正，从而使美国法院在一定条件下有权对发生在美国领土以外的外国政府侵权案件实施管辖。

涉及外国侵权行为造成人身伤害和财产损害的案件在美国法院较为常见。美国法院在审理此类案件方面也积累了丰富的经验。下面着重探讨美国的审判实践，并对英国、加拿大和德国的实践作一介绍。

一、美国

美国国会在解释1976年《外国主权豁免法》第一六〇六条第（1）款第（5）项时指出，该项的立法意图主要是针对“交通事故”。[①] 然而，在美国司法实践中，侵权例外的范围远不止“交通事故”。作为侵权行为的“交通事故”其实在性质上与“商业交易”没什么区别，因为私人“同样可以驾驶汽车”。但是侵权例外与商业交易例外最大的区别在于，因“统治权行为”而侵权不能援引国家豁免，但是以“统治权行为”从事商业交易却享有豁免权。

始于1976年的“拉特利尔案”是美国法院审理的有关外国侵权行为的非常典型的一个案例。1976年，智利前外长拉特利尔及其美国助手莫菲特在美国华盛顿被汽车炸弹杀害。由美国联邦调查局、司法部和检察官办公室联合组成的案件调查组经调查后认为，这次暗杀行动是由智利秘密警察头子曼纽尔将军或者智利军政府首脑皮诺切特将军指使的。1978年，受害者亲属向美国哥伦比亚地区法院起诉智利政府。智利政府认为，以达到某种政治目的为动机的暗杀行为属于主权行为，按照国家豁免理论应享有豁免权，因此拒绝出庭。法庭驳斥了智利政府的意见，并作出缺席判决。法庭指出，《外国主权

① *House of Representative*, Report 94 - 1487 at 6619 - 6620.

豁免法》第一六〇五条第（1）款第（5）项关于侵权例外的规定适用于本案，因为适用该条款并不需要区分侵权行为是主权行为还是非主权行为；而且由于外国政府的暗杀行为是一种严重的犯罪行为，明显违反了国际和国内法所承认的人道理念，所以不属于第一六〇五条第（1）款第（5）项所指的“自由裁量职能”①。在随后的判决中，法院判被告赔偿原告五百万美元。该事件的赔偿问题最后通过1990年美国和智利之间关于解决拉特利尔和莫菲特死亡赔偿争端的协定得到了解决。②

“拉特利尔案”是美国有关国家豁免问题上的一个重要案例。该案是《外国主权豁免法》出台后，率先在确定外国豁免问题时不对外国侵权行为作“主权行为”与“私人行为”之分的重要范例之一，而且将《外国主权豁免法》所属“外国侵权行为”真正扩大到“交通事故”以外。③

美国《外国主权豁免法》放弃了传统的区分“统治权行为”和“管理权行为”的方法，但对外国侵权行为作了另一限定，即侵权行为造成的损害必须发生在美国领土内。在许多案例中，这项规定在确定外国豁免权方面都是一个决定性因素。

例如，“弗罗洛娃诉苏联案”。弗罗洛娃夫人（原名洛伊丝贝克尔）原是美国一名研究生，1981年在苏联从事研究期间认识了苏联人弗罗洛夫并与他结了婚。弗罗洛娃夫人于1981年6月签证到期后离开苏联回到了美国，但其丈夫要求出国的签证却遭到苏联多次拒绝。弗罗洛娃夫人于是以苏联的拒签行为给她造成了精神和肉体上的痛苦为由向美国法院提起诉讼，要求苏联政府赔偿损失。④ 在弗罗洛娃夫人提起诉讼后不久苏联当局就批准了她丈夫的签证，但弗罗洛娃夫人坚持要求被告赔偿损失。美国地区法院依据“国家行为理论”驳回了原告的诉讼请求。⑤ 原告提起上诉。美国上诉法院以与一审法院不同的理由维持了原判。上诉法院认为，苏联政府在本案中享有主权豁免，因为《外国主权豁免法》所规定的任何国家豁免例外都不适用于本案。⑥ 首先，第一六〇五条第（1）款第（5）项规定的侵权例外要求侵权行为和损害

① Letelier V. Republic of Chile, 488 F. Supp. 665 (D. D. C. 1980); *International Law Reports*, Vol. 63, 1982, 378.

② Letelier V. Republic of Chile, 502 F. Supp. 259 (D. D. C. 1980); *Materials of International Law*, 1991, 421.

③ J. Brohmer. *State Immunity and the Violation of Human Rights*. Martinus Nijhoff Publishors, 1997, 60.

④ Frolova V. Union of Soviet Socialist Republics. *International Law Reports*, Vol. 85, 1991, 236.

⑤ Frolova V. Union of Soviet Socialist Republics, 558 F. Supp. 358 (N. D. III. 1983).

⑥ *International Law Reports*, Vol. 85, 1991, 240 – 245.

都必须发生在美国领土内；其次，第一六〇五条第（1）款第（2）项关于商业交易例外的规定要求发生在美国领土以外的商业活动必须“要对美国产生直接影响”，这样美国法院才对案件具有管辖权。而本案案情显然不符合以上两项规定。①

另外，在有关美国驻伊朗大使馆发生的扣押人质的系列案件中，美国法院也是以侵权是否发生在美国为主要理由确定对案件的审判管辖权。这一系列案件源于伊朗伊斯兰激进分子逮捕美国驻德黑兰大使馆工作人员并将其扣作人质的事件。在这一事件中，美国和伊朗最后就解决人质危机问题达成协议，伊斯兰激进分子释放了人质。尽管美伊达成的协议中明确禁止受害人就人质事件向法院提起诉讼，但仍然有一些受害人及其亲属起诉伊朗政府。②

这些案件中的原告起诉的依据是《外国主权豁免法》第一六〇五条第（1）款第（5）项，然而他们无法解决领土联系问题，因为侵权行为及其后果都是发生在伊朗，在美国领土以外。但原告们援引了《外国主权豁免法》第一六〇三条第（3）款对“美国领土内”的解释，即“包括受美国管辖的全部领土、水域、大陆或岛屿”，原告认为美国驻外大使馆属于美国领土的延伸，因此美国法院对案件应该享有管辖权。但法院对此持不同看法，认为第一六〇三条第（3）款仅指领土管辖权，而驻外使馆位于接受国领土内，对其进行管辖也不符合属人管辖原则或保护管辖原则。

然而，在“佩辛格诉伊朗案”和“迈克基尔诉伊朗案”中，却出现了另外一个问题。这两个案子的原告都是伊朗人质事件中被当做人质的受害者在美国的父母或妻儿，他们以遭受了精神和肉体痛苦为由在美国法院起诉伊朗政府。这些原告认为，侵害人质的行为虽然发生在伊朗，但是这些行为给人质的亲人带来的痛苦却发生在美国。受理以上两个案件的法院引用“弗罗洛娃案”的判决说，美国法院对案件行使管辖权的前提是“侵权行为和结果都发生在美国”。法院还援引美国国会对第一六〇五条第（1）款第（5）项的解释：“有关侵权的作为或不作为必须发生在美国司法管辖的范围之内”；即便是第一六〇五条第（1）款第（2）项有关商业交易例外的规定中允许“行为”发生在美国领土以外，但也必须对美国造成了“直接影响”。而以上两个案件都不符合上述要求，因此法院认定对案件无管辖权。③ 在“佩辛格案”

① *International Law Reports*, Vol. 85, 1991, 236, 246 – 247.

② Lauterbach V. Iran, 692 F. 2d 150 (D. C. Cir. 1982); Williams V. Iran, 692 F. 2d 151 (D. C. Cir. 1982); Persinger V. Islamic Republic of Iran. *International Law Reports*, Vol. 90, 1992, 586; McKeel V. Islamic Republic of Iran. *International Law Reports*, Vol. 81, 1990, 543.

③ Persinger V. Islamic Republic of Iran. *International Law Reports*, Vol. 90, 1992, 586 ; McKeel V. Islamic Republic of Iran. *International Law Reports*, Vol. 81, 1990, 543.

中，法院评论道："如果国会的立法意图是这样一个结果，即遭受非法监禁和肉体折磨长达一年多的人质得不到救济，而他们的父母却可以因精神上的痛苦而对加害人伊朗政府提起诉讼，这是不合情理的。"[①] 法院的这一评论令人费解：怎么可能依照受害人遭受损害的大小来确定案件管辖权呢？如果案情不符合程序要求，即使受害人遭到多么严重的侵害，法院也是无法对案件实施管辖的。审理"迈克基尔案"的法院准予被告豁免的理由与"佩辛格案"不同，法院在评论中说："我们没有必要去探究《外国主权豁免法》第一六〇五条第（1）款第（5）项是否适用于侵权行为发生在美国领土以外的情况"，"根据《外国主权豁免法》第一三三〇条第（2）款，要对某外国行使司法管辖权，必须案件与美国领土存在起码的联系。而本案既不存在属人管辖权的问题，仅仅是发生在美国领土以外的行为对美国国民造成了一定损害后果，这也不足以构成美国法院对案件享有管辖权"[②]。

美国法院在一些侵权案件的审理中甚至将属地管辖权扩展到极限，哪怕侵权行为或者结果与美国只有"最微小的联系"，美国法院也会主张对案件有管辖权，有人称之为"长臂司法管辖权"[③]。例如，在"空难家属诉中国民航行总局案"[④] 中，美国法院对发生在中国领土上的人身伤害和财产损害案件主张管辖权，依据的就是所谓的"最微小联系"原则。该案主要案情如下：美国人巴克尼克和福克斯于 1985 年 1 月 9 日通过华盛顿哥伦比亚特区一家泛美航空公司的代理商购买了中国航空公司从南京飞北京的机票。后他们乘坐的航班在济南上空因气候恶劣迫降时坠毁，机上人员全部丧生。巴克尼克的母亲和福克斯的妻子在纽约东区美国联邦地区法院提起诉讼，要求中国民航总局支付赔偿金 300 万美元。纽约东区联邦地区法院认为，由于在美国购买的机票没有得到确认，在中国飞行的航班号和航行时间都作了改动，飞行完全是在中国境内，因而在中国的空难事件与中国民航在美国的商业活动无实质的联系。法院还认为，中国民航接总局受美国民航局的许可不等于放弃了主权豁免。因此，根据 1976 年《外国主权豁免法》，法院无管辖权。原告于是向美国第二巡回上诉法院提起上诉。

上诉法院修正了地区法院的认定，指出受害人受损虽然发生在中国，但

---

① *International Law Reports*, Vol. 90, 1992, 586 at 593.

② *International Law Reports*, Vol. 81, 1990, 543 at 549.

③ 长臂司法管辖权（Long Arm Jurisdiction）的理论基础是英国法学家戴赛的"有效控制论"。他认为："任何一国的法院，对任何案件，只要能作出一个有效的判决，英国法院应承认他有权管辖，即有权对此案作出裁判。如果不能作出有效判决，英国法院就不承认它有管辖权，即无权对该案进行裁判。"见 Mann. *Doctrine of Jurisdiction*, 36－38.

④ *International Law Reports*, Vol. 90, 1992, 228－259.

他们是在美国购买的机票，因此与美国有重要联系。上诉法院要求地区法院重审。中国民航总局就上诉法院关于中国民航不享受豁免的判决不服，向美国最高法院提起上诉，被美国最高法院驳回。

在该案件中，美国法院把发生在中国境内的人身伤亡与中国民航在美国的售票协议联系起来，从而确立其管辖权。由此可见，美国法院在确立案件管辖权方面，其限制条件是比较宽松的。

对于涉及恐怖主义的侵权案件，在1996年出台《反恐怖活动和有效死刑法案》之前，美国法院的一贯主张是，根据《外国主权豁免法》第一六〇五条第（1）款第（5）项，法院对发生在美国境内的恐怖活动有管辖权，而对发生在域外的案件无权管辖。1996年的《反恐怖活动和有效死刑法案》的主要目的之一是修正《外国主权豁免法》[①]，使美国法院对从事恐怖活动的外国政府可以享有管辖权，即使该恐怖活动发生在美国境外。新的修正案指出，外国如果从事酷刑折磨、非法律途径杀人、破坏航空器、劫持人质或提供物质和资源支持上述活动，则在相关诉讼中不得主张援引豁免。[②] 这一修正案扩大了美国法院对涉及外国侵权案件的管辖范围。"洛克比空难案"就是适用修正案的一个典型例子。1988年，泛美航空公司的一架客机在苏格兰洛克比上空爆炸，造成189名美国人遇难。遇难者家属向美国联邦纽约东区地方法院提出诉讼，控告利比亚政府在幕后支持该项恐怖活动，但当时法院基于侵权行为地不在美国境内而宣告其不具有管辖权。[③] 美国国会通过《外国主权豁免法》修正案后，原告又针对该案重新提起诉讼，寻求救济。法院受理了案件并对此作出判决。法院指出，国会通过对《外国主权豁免法》的修正案，赋予法院对外国国家从事恐怖活动享有管辖权并给予溯及既往的效力是完全合乎宪法的，并强调基于《外国主权豁免法》的要求而指定一个国家为支持恐怖主义的国家，这并不违反该国家的"正当程序权利"（Due Process）。基于利比亚的行为造成了美国公民的伤亡和上述法理，法院认为它对本案享有管辖权。[④]

---

① *Public Law*, No. 104 - 133, 110 State 1214, 1996.

② 28 *United State Code* 1330, 1605 (a) (7). 但是根据修正案的规定，适用上述条款要受到两项限制。首先，被告国必须名列美国所谓"支持恐怖活动国家"名单之上，目前名单上主要有古巴、伊朗、利比亚、朝鲜、苏丹和叙利亚；其次，如果美国司法部长能证明该请求可能会干扰行使调查或控诉，或是妨碍国家安全，则被授权可以暂缓原告审查证据的请求，暂缓期最长可达10年，如果10年后，司法部长觉得仍然有必要暂缓原告审查证据的请求，则可以请求法院批准，而法院可以自由决定是否有需要以及期限的长度。

③ Smith V. Socialist People's Libyan Arab Jamahiriya. United States Court of Appeals, Second Circuit. *International Law Reports*, Vol. 113, 1999, 536.

④ *International Law Reports*, Vol. 113, 1999, 541 - 542.

二、英国

英国《国家豁免法》规定英国法院对外国侵权案件实施管辖的前提是侵权行为发生在英国，且造成了有形财产损害。商业侵权或非肉体伤害都不在其规定的范围之内。由《国家豁免法》第五条可推知，只要是发生在英国的外国行为引发了侵权结果，即使发生在英国的这一行为并不是直接造成侵权结果的主要行为，英国法院也可以对案件进行管辖。[①]“洛克比空难案”就说明了这一点。在该案中，恐怖分子往飞机上放炸弹的行为（主要侵权行为）发生在英国领土以外，而飞机爆炸（侵害结果）发生在苏格兰上空，这似乎不符合《国家豁免法》第五条规定的管辖条件。但还有一种过失行为发生在英国境内，那就是机组人员没有及时排除炸弹的危险，或者没有尽到起码的警示义务，这种过失虽然不是造成空难的主要原因，但仍然可以构成英国法院管辖的基础。[②]

与美国《外国主权豁免法》一样，英国《国家豁免法》包含了两种“侵权”豁免例外：一种是明示的，即第五条规定的“人身伤害和财产损害”例外；另一种是隐含的，即“商业交易”条款从某种意义上说也可适用于侵权行为。[③] 英国法院在审理“科威特航空公司诉伊拉克案”时就涉及这一问题。1990 年 8 月，伊拉克入侵科威特期间，扣押了科威特航空公司（KAC）的 12 架民航客机，并将它们划归伊拉克航空公司（IAC）门下。1990 年 9 月 17 日，“伊拉克革命指挥委员会”颁布法令解散了 KAC，其所有财产由 IAC 接管。这些财产中后来有 4 架飞机在巴格达被炸毁，有 2 架飞机被 IAC 重新喷漆后成了伊拉克的国内班机，另外有 6 架飞机流失到了伊朗。由于 IAC 在英国有许多财产，于是 KAC 于 1993 年在英国起诉伊拉克政府及 IAC，要求赔偿损失，英国法院对此作了缺席判决。[④]

在这一审中，英国法官 Erans 认为，IAC 是《国家豁免法》第十四条第（2）款所指的“独立的实体”，它将飞机从科威特转移到伊拉克是为了扩充其经营规模，因此是一种商业行为，根据第十四条第（2）款的规定，伊拉克

---

① H. Fox. State Responsibility and Tort Proceedings Against a Foreign State in Municipal Court. *Netherlands Yearbook of International Law*, Vol. 20, 1989, 3 at 24 – 25.

② Hock. The State Immunity Act 1978 and its Interpretation by the English Court. *Austrian Journal of Public International Law*, Vol. 48, 1995, 121 at 141 – 142.

③ H. Fox. State Responsibility and Tort Proceedings Against a Foreign State in Municipal Court. *Netherlands Yearbook of International Law*, Vol. 20, 1989, 3 at 22.

④ *Lloyd's List Law Reports* 276, at 281, 1994.

不得援引国家豁免[①]。Erans 法官显然是从财产权的角度对案件下的结论。但上诉法院否定了这一说法，认定伊拉克侵占飞机的行为是一种主权行为，因而判决伊拉克享有豁免权。上诉法院法官 Nowrse 解释说："强制转移飞机的行为只有一个主权国家通过行使其主权权力才可能做到。至于说飞机被没收后用于商业目的，这一事实不能改变没收行为的性质。"[②] 这是从商业交易例外的角度来审理该案，因而对被认定为从事"主权行为"的被告给予豁免；如果从侵权例外的角度来看，伊拉克没收 KAC 的财产显然是一种侵权行为。根据《国家豁免法》，侵权行为并无"主权行为"与"管理权行为"之分，因此在该案中，如果从侵权行为的角度来分析，法院仅凭"伊拉克的没收行为是主权行为"就认定法院对案件无管辖权，这是不够的。这一案件也引发出一个问题，即在实践中如何处理好《国家豁免法》第三条（有关"商业交易"的例外）和第五条（有关"侵权"的例外）之间的管辖冲突问题。

《国家豁免法》第三条和第五条之间应该是一种互补关系。正如"内尔森诉沙特阿拉伯案"[③] 所解释的，相同的事实可以依据不同的法律规定从不同的角度提起诉讼。例如，对某外国提起诉讼，如果原告的诉讼请求是基于商业交易或被告国的合同义务而提起的，则可适用第三条来确定国家豁免问题；如果原告的诉讼请求是基于其所受伤害或有形财产的损失，则可适用第五条。

在"Al-Adsani 诉科威特政府案"[④] 中，也出现两级法院对同一案件分别适用不同法律的情况。该案的基本案情是这样的：1991 年 5 月，在科威特某王室成员的鼓动下，科威特政府三名官员拘留了原告，并对他进行了拷打。在他离开科威特移居英国后，又遭到了科威特政府的死亡威胁。原告于是以身心受到伤害为由在英国法院对科威特政府及三名迫害他的科政府官员提起人身损害赔偿诉讼。英国高等法院受理了以三名政府官员为被告的起诉，但以原告不能证明科威特政府不是在行使主权权力为由驳回了原告对科政府提起诉讼。原告于是上诉到英格兰上诉法院。上诉法院受理了以科政府为被告的案件并判决对案件有管辖权。法院在判决书中说："要使法院能够对某一外国政府行使管辖权，原告必须提供充分的证据证明被告的行为不是主权行为。在本案中，依照 1978 年《国家豁免法》的规定，原告提供证据已充分显示，被告国基于其侵权行为不得豁免于法院的管辖。被告国对原告实施的是酷刑，

---

① H. Fox. States in the Market Place. *The Law Quarterly Review*, Vol. 110, 1994, 199 at 200.

② *Lloyd's List Law Reports* 276 at 281, 1994.

③ Nelson V. Saudi Arabia, 923 F. 2d 1528 (11th Cir. 1991). *International Law Reports*, Vol. 100, 1995, 544 – 565.

④ Al-Adsani V. Government of Kuwait, England, Court of Appeal. *International Law Reports*, Vol. 101, 1995, 465 – 474.

这是国际法所明令禁止的。《国家豁免法》第五条关于‘侵权’例外的规定并没有区分外国的行为是主权行为还是私法行为。由于被告在英国对原告进行死亡威胁，使原告遭受到了精神创伤。因此被告的行为符合第五条关于豁免例外的规定。”

在上述案件中，初审法院以被告国是履行主权职能为由给予被告豁免权，适用的是有关“商业交易”例外的规则；而上诉法院从“侵权”例外的角度，认为即使被告国的主权行为造成了侵权，也不能免予法院的管辖。

三、加拿大

同现代其他国家立法一样，加拿大1982年《国家豁免法》在有关侵权例外方面也摒弃通过区分“统治权行为”和“管理权行为”来确定豁免权的方法。《国家豁免法》第六条明确规定，加拿大法院对于伤害或损害发生在加境内的跨国侵权案件具有管辖权，但如果侵权行为发生在加境内，而伤害或损害发生在境外，则加拿大法院无管辖权。

“Walker诉纽约银行案”① 涉及的就是伤害结果发生在加拿大境外的情形。该案基本案情是：美国海关官员假扮武器买家，假装向加拿大人Walker购买一批军火，并要求Walker用轮船将武器运到美国境内一目的地（美国法律禁止在该地从事军火交易）。在美国海关官员的请求下，纽约银行为这一宗虚假的武器交易作了真实性担保。随后，当Walker乘飞机到巴哈马区，在纽约中转时遭美国警察逮捕，并被指控违反了美国控制武器出口的有关法律。Walker在作出返回美国接受审判的承诺后被允许暂回加拿大。Walker没有再返回美国，而是在加拿大法院起诉美国政府、纽约银行及其雇员，要求被告对其非法拘禁、诬告和欺诈行为承担法律责任。被告依照加拿大《国家豁免法》请求援引国家豁免。初审法院以被告非美国政府机构为由拒绝给予豁免权。纽约银行于是向安大略上诉法院提起上诉。在上诉案的审理过程中，Walker坚持认为，《国家豁免法》第六条关于侵权例外的规定适用于本案，因为伤害发生在加拿大。而纽约银行方面则认为第六条不适用于本案，理由是该条仅限适用于国家从事私法行为的情形。银行方面还坚持认为，《国家豁免法》不应超越普通法规则，因此也应该保留对“统治权行为”和“管理权行为”的划分。

上诉法院准予了纽约银行援引国家豁免的申请。其陈述的理由如下：

---

① Walker V. Bank of New York Inc., Canada, Court of Appeal for Ontario. *International Law Reports*, Vol. 104, 1997, 277-284.

①根据《国家豁免法》，在本案中，对豁免主体之一的“政府机构”应该作广义解释，因此，纽约银行及其雇员属美国的机构和代表。案件涉及的美国政府的行为是为了协助某一刑事案件的调查，理应受到国家豁免规则的保护。②《国家豁免法》第六条不受普通法的限制，不作“统治权行为”和“管理权行为”之分。③本案涉及的对个人精神和肉体上的侵害以及对个人自由的限制确实属于第六条所述的“人身伤害”。然而，本案所涉人身伤害并不发生在加拿大。Walker 自愿从加拿大飞到纽约，而逮捕和拘禁行为都发生在纽约，因此其遭受的伤害发生在美国而不是加拿大，不符合第六条侵权例外的要求。

如果受害人在加拿大境外受到外国的侵害，当他进入加拿大领土后，其所受痛苦仍然在持续，这是否构成加拿大法院对案件管辖的基础？“Bouzari 诉伊朗案”[①] 表明，答案是否定的。在该案中，受害人 Bouzari 原是伊朗国民，后移居加拿大。他向安大略最高法院起诉伊朗政府，声称他在伊朗期间曾受到伊朗政府非法拘禁、劫持、暗杀及死亡威胁，要求伊朗赔偿损失。法院最后判决伊朗政府享有司法管辖豁免权。法院在判决中指出：“1982 年《国家豁免法》第六条允许加拿大法院对从事侵权行为的外国行使司法管辖权，该条也适用于侵权行为造成心理或精神伤害的情形，但前提是该心理或精神伤害必须是来源于肉体上的伤害，且肉体伤害必须发生在加拿大。本案中，肉体伤害和相应的心灵创伤都发生在伊朗。虽然 Bouzari 先生移居加拿大后其受到的伤害仍然在持续着，但这并不能改变伤害是发生在伊朗的事实。”

以上英国和加拿大的实践表明，外国侵权行为造成精神损害也属豁免例外的范畴。这一点与 2004 年《联合国国家豁免公约》不同，《联合国国家豁免公约》第十二条中“人身伤害”指的是“有形损害”，并不包括精神损害。[②] 不过加拿大对侵权例外适用于精神损害后果有个前提条件，即精神损害必须是由发生在加拿大境内的肉体伤害造成的，或者他们之间有着直接的联系。[③] 否则，外国侵权行为仅仅是造成精神损害，也不足以构成法院管辖权的基础。

四、德国

在德国，有关外国侵权的诉讼案件并不多见，且由于没有国家豁免方面

① Bouzari and Others V. Islamic Republic of Iran, Canada, Ontario Superior Court of Justice. *International Law Reports*, Vol. 124 , 2003 , 427 – 450.

② UN Doc. A/46/10, 115.

③ Bouzari Case. *International Law Reports*, Vol. 124, 2003, 436, Para. 32.

的国内立法①，法院一般采取判断侵权行为是"主权行为"还是"管理权行为"的办法来确定被告豁免权。例如，在"丹麦铁路案"② 中，属于丹麦公共铁路公司的一辆巴士在联邦德国发生了交通事故，受害人向基尔地区法院提起诉讼，要求丹麦铁路公司赔偿损失。法院认为运营巴士的行为是一种私法行为，被告不能享有豁免。该案表明，在侵权案中，特别是在由于交通事故的侵权案件中，要区分清楚某一行为是"统治权行为"还是"管理权行为"是比较困难的。从性质上来说，执行追捕任务的警车、往医院送病人的救护车等政府性质的交通工具造成交通事故引起人身伤害和财产损害，都可以享有豁免权，因为这些都是政府权力行为，而其他车辆造成交通事故，要区分是"统治权行为"还是"管理权行为"，只能看是出于"公共"目的还是"私有"目的而驾驶车辆，也可以说是目的决定性质。③

在"射击范围扩张案"④ 中，德国法院也对外国"主权行为"造成侵权给予了豁免。该案被告为美国驻联邦德国军事基地，根据 1951 年《关于北约驻军地位的协定》，该基地计划扩大军事训练区的射击范围。1983 年，一德国公民向当地行政法庭提出申请，请求法庭颁发一道禁令，阻止美军的射击范围扩张计划。这一申请遭到法庭的拒绝，该德国公民于是上诉至联邦德国最高行政法院。最高行政法院认为，美国驻德国军事基地是美国政府的一个机构，其扩张军事训练区射击范围的行为属政府公共行为，虽然这一行为给德国公民造成了财产损害，但根据国际习惯法，德国对外国的政府行为无管辖权。法院据此驳回了原告的上诉。

本章小结

《联合国国家豁免公约》第十二条为个人因外国的侵权行为而遭受人身伤亡和财产损失提供了补救或起诉的可能性，这对于有效保障个人权益有着重要的意义。虽然依据传统国际法，当一国的行为对他国国民造成伤害时，对受害者的补偿往往是通过外交保护权的行使，由受害人所属国代为提出赔偿要求，通过协商或交付仲裁和国际法院解决。目前，我国以及其他发展中国家一般通过外交保护的途径解决外国侵权问题。然而一些国家的立法及实践，特别是《联合国国家豁免公约》的通过，表明国内法院对外国的侵权行为行

---

① 联邦德国于 1990 年 1 月 22 日签署了 1972 年《欧洲国家豁免公约》，1990 年 8 月 16 日该公约生效。见 *Official Journal of the Federal Republic of Germany* (BGB1. 1990 Part II), 34.

② Provincial Court (Landgericht) Kiel, Juristenzeitung 1954, 117.

③ *The Decision of the German Federal Constitutional Court*, 30 April 1963, BVerf GE 16, 27.

④ Shooting Range Extension Case, Federal Republic of Germany, Supreme Administrative Court. *International Law Reports*, Vol. 86, 1991, 532 - 536.

使管辖权似乎已经成为一种趋势且为世人所接受。

《联合国国家豁免公约》一方面吸取了英美法系国家立法的经验，不对外国侵权行为作“统治权行为”和“管理权行为”之分，从而使“侵权例外”有别于“商业交易例外”；另一方面对适用该豁免例外规定了双重限制，即不但要求侵权行为发生在法院地国，而且要求行为人在行为发生时也必须处于法院地国，这就使得第十二条适用的范围大大缩小，将常见的一些跨界侵权案件排除在外。这是当今国际现状所决定的。因为跨界侵权行为往往牵涉到多个国家的领土管辖问题，笼统地规定某一国的国内法院可以对这种行为进行管辖显然是不现实的。

在行使管辖权的基础方面，《联合国国家豁免公约》采取“侵权行为地”主义，对“损害发生地”则不予考虑。这当然是属地性管辖原则的体现，也是法院能真正有效地对实施侵权行为的被告行使管辖权的客观需要。然而，当今世界，交通、通信日益发达，侵权行为发生在一国而损害结果发生在另一国的情况极为常见，且“损害发生地”也往往是受害人所在地，如果只坚持“侵权行为地”主义，那么处于侵权行为地以外的受害人将很难通过法律途径获得救济。这与保护人权的立法宗旨是不相符的。

国际法委员会在起草《国家及其财产管辖豁免公约》的过程中，一个最重要的问题就是如何在保护个人权益和维护国家主权之间寻找最佳平衡点。①公约第十二条也体现了这一精神：一方面尽量保护位于法院地国的私人或法人的利益，另一方面又要避免国内法院在缺乏国际法依据的情况下对外国行使管辖权。公约第十二条采取的双重限制的做法，表明公约在授权国内法院对外国进行司法管辖方面是比较慎重的。然而，美英等国的立法及司法实践呈现出另一种趋势，即国内法院对外国国家进行司法管辖的门槛越来越低，管辖范围越来越广。例如，本书前面提到的，美国《外国主权豁免法》修正案规定，美国法院可以对侵权行为和侵权结果都发生在美国领土以外的外国侵权案件进行管辖，而且这种管辖权具有一定的政策性和随意性。因为修正案规定该管辖权的前提是被告国属美国所列“支持恐怖活动国家”名单上的国家，而这份所谓的“名单”是经常变化的，如原来南联盟和伊拉克都在“名单”上，随着米洛舍维奇和萨达姆政权的垮台，这两个国家相继被排除在“名单”之外。这意味着这种管辖权是随着美国对外政策和反恐政策的变化而经常变动的。看来这种管辖权既不符合属地管辖原则和属人管辖原则，也不同于保护管辖权或者普遍管辖权，其发展趋势值得我们关注。

---

① Christopher Keith Hall. UN Convention on State Immunity: The Need for a Human Rights Protocol. *International and Comparative Law Quarterly*, Vol. 55, 2006, 421.

第五章　国有船舶

第一节　国有船舶豁免问题概述

国有船舶豁免是国家及其财产管辖豁免的一项重要内容，是关系到对外贸易、远洋运输以及海洋法的一个十分重要的领域。早在 18 世纪，国有船舶的司法管辖问题就引起了海洋国家的关注。19 世纪，在各国的审判实践中，特别是在英美法系国家的审判中，海事诉讼占有十分突出的地位，产生了大量有关国有船舶管辖方面的国内法院判例。通过这些判例，逐渐形成了国有船舶管辖豁免的规则。从 19 世纪到 20 世纪初，国有船舶豁免规则经历了从绝对豁免主义向限制豁免主义演进的历程。为了统一各国在审理涉及国有船舶方面的诉讼案件时的管辖规则，一些海洋国家于 1926 年在布鲁塞尔缔结了一项公约，该公约对国有船舶豁免的某些规则进行了编纂，坚持了国有船舶限制豁免主义。

在一些国际研究机构起草或通过的法律文件中，只有国际法协会于 1982 年通过的《国家豁免公约草案》涉及了国有船舶豁免问题①。首次在国际层面制定具有法律约束力的国家豁免公约的国际组织是欧洲理事会。1972 年 5 月 16 日，欧洲理事会各成员国在巴塞尔召开会议，通过了《欧洲国家豁免公约》。该公约第三十条明确表示不涉及国有船舶的豁免问题："本公约不适用于涉及关于缔约国所有或经营的航行远洋的船舶的活动，或关于此项船舶的货运及客运，或关于缔约国所有货物通过商船货运所发生的请求权的诉讼。"

另外，有一些国际公约的个别条款对国有船舶的管辖权问题作了规定，如 1958 年在日内瓦签订的《领海和毗连区公约》及《公海公约》都有关于将政府经营的商业船舶视同非政府的商业船舶的规定。《领海和毗连区公约》第二十、二十一、二十二条规定"领海无害通过权"时，将"为了商业目的而经营的政府船舶"区别于"非商业目的而经营的政府船舶"。《公海公约》第

① Report of the *Sixty-First Conference of ILA*, Montreal, 1982, at 372 - 391.

九条规定："由一国所有或经营并专门用于政府非商业性服务的船舶，在公海上应享有不受船旗国以外任何其他国家管辖的完全豁免权。"1982 年《联合国海洋法公约》第九十六条也有与以上内容完全相同的规定。这些公约的相关条款不但明确了"国家经营的商业性船舶"这一重要部门的法律地位，也进一步确定了国有船舶豁免的范围。

联合国国际法委员会在起草《关于国家及其财产管辖豁免法律的条款草案》时，对国有船舶豁免规则作了进一步编纂和发展。《联合国国家豁免公约》第十六条专门规定了国有船舶豁免范围。《联合国国家豁免公约》从酝酿到起草，经过一读、二读，到最后由联合国大会通过，前后经历了二十余年，联合国大部分成员国曾对该公约草案提出过各种意见和建议。因此，该公约比 1926 年布鲁塞尔《统一国有船舶豁免的某些规则的公约》（以下简称《布鲁塞尔公约》）具有更广泛的国际社会基础，其中所载的包括国有船舶豁免规则在内的各项原则、规则和制度，更容易被国际社会所接受，从而有利于实现国有船舶豁免规则在国际层面的真正"统一"。

第二节　《联合国国家豁免公约》中的"国有船舶"条款

《联合国国家豁免公约》第三节规定了七种不得援引国家豁免的诉讼，其中第十六条涉及的"国家拥有或经营的船舶的诉讼"便是其中之一。公约第十六条分为六款，而国际法委员会一读和二读通过的条款草案第十六条分为七款，与《联合国国家豁免公约》相比增加了第三款，旨在对第一款中的"有关该船舶的经营的诉讼"一语作出列举性解释。一读草案列举了三种"用于政府非商业性用途以外的目的"的诉讼：①碰撞或其他航行事故；②协助、救助和共同海损；③修理、供应或有关船舶的其他合同。随着国际社会越来越重视环境问题，船舶所涉及的海洋污染问题也日益受到各方关注。因此，根据联合国大会第 45 届会议期间部分国家向第六委员会提交的建议，国际法委员会在二读时在条款草案第三条增加了有关"海洋环境污染引起的后果"的内容。后来经过讨论，国家及其财产管辖豁免问题特设委员会在其 2002 年的报告中删除了条款草案中对"有关该船舶的经营的诉讼"进行列举的第三款内容。[①] 公约第十六条第一款主要涉及从事商业服务的船舶，第二款主要涉及军舰和辅助舰艇，第三款、第四款主要涉及货物的地位。第三款订立了一

① UN Docs. A/57/22, Supp. No. 22.

项规则，即在一国拥有或经营的船舶所载货物之运输的诉讼中，如果船舶是用于政府非商业性用途以外的目的，不得援引豁免。第四款规定，对于第二款所指船舶所载运的任何货物以及专门用于或意图专门用于政府非商业性用途的任何货物，依然维持国家豁免。

一、不得援引国家豁免的情形

第十六条第一款规定：除有关国家间另有协议外，拥有或经营一艘船舶的一国，在另一国原应管辖的法院有关船舶的经营的一项诉讼中，只要在诉讼事由产生时该船舶是用于政府非商业性用途以外的目的，就不得援引管辖豁免。

第一款中的"除有关国家间另有协议外"说明该第十六条只是一种余补规则，因为各国可以缔结协定或安排，① 从而可在对等或其他基础上对国家或其机构拥有或经营的从事商业服务的船舶适用管辖豁免。

关于"政府非商业性用途"这一用语，在公约起草过程中曾引起过争论。1926年《布鲁塞尔公约》对船舶种类的划分是依照经营性质或用途标准，而不是按所有权来划分。国际法委员会于1986年一读暂时通过的《国家及其财产管辖豁免条款草案》却维持了船舶服务的双重划分，即根据"商业性和非政府"用途或"政府的和非商业性"用途双重标准来划分。"政府的和非商业性"一语源于1926年《布鲁塞尔公约》，"政府非商业性"一语源于一些普遍性质的公约，如1958年《日内瓦公海公约》和1982年《联合国海洋法公约》。国际法委员会在一读通过该条时，一些委员对这种双重标准表示不满意，因为这意味着两个形容词可以有极不相同的搭配，如"政府商业性"服务或"商业性的和政府的"服务。② 反之，另一些委员则不认为含有这种理解，并且认为"商业性"和"非政府的"两个用语可以迭用。③ 由于意见分歧，国际法委员会一读时对该条款草案第一款和第四款"非政府"一语作了特别标注。在1991年二读时，国际法委员会经过进一步讨论，将条款草案第十六条第一款和第四款中的相关用语统一确定为"政府非商业性用途以外"，从而解决了双重标准的问题。

第一款中的"经营"一词须结合1926年《布鲁塞尔公约》和当前国家的

① 例如，苏联与法国于1967年签订的《海运条约》第十四条就作了这方面的规定。

② *Report of the Forty-third Conference of ILC*, Supplement No. 10, 130.

③ *Report of the Forty-third Conference of ILC*, Supplement No. 10, 131.

实践来理解。[①] 按照国际法委员会的解释，“经营”是指利用或经营船舶作海上客、货运输。[②] 海上货运是国际贸易法的一项重要议题，这个议题涵盖海运活动的一个范围很大的领域，包括组织商船部门、建造和建设商船队、培训船长和船员、确定发运和装卸代理人以及海运保险等，具体包括危险货物或动物承运人的赔偿责任、港口外近海油污排放、海上碰撞、救援和修理、共同海损、海员工资、海上优先请求权和抵押权。因此，国家“经营”的船舶应该包括国家“拥有”、“控制”、“管理”和“租用”的船舶。

如果国家拥有某一船舶而由另一实体经营时，该国家是否会因船舶的经营活动而遭到起诉？在英美法系国家，这种可能性是存在的，因为英美法系的国家可能会规定对物诉讼或海事诉讼或海上优先请求权诉讼的特殊性质，而且这些诉讼是针对在船舶或货物方面有利益的所有人。然而，在实践中，拥有但不经营船舶的国家不应以其他任何方式被要求对经营负赔偿责任，而由公司或经营实体来承担因船舶经营引起的一切赔偿责任。第一款的规定应理解为，在船舶为一国拥有但由一具有独立法人地位的国有企业经营的情况下，应受法院所在地国法院管辖的是经营船舶的国有企业而不是拥有船舶的国家。也可以说，可允许在不涉及国家或其管辖豁免要求的情况下对船舶的经营提起诉讼。在这种情况下，似乎没必要对拥有船舶的国家本身提起诉讼，尤其是如果诉讼事由涉及经营，诸如海上碰撞、共同海损或海上货运。但是，如果诉讼涉及为船舶提供的修理或救援服务，在有些法系中可能难以设想拥有者不会得益于提供的修理或服务并且要经营者独自承担责任。如果发生这种情况，拥有但不经营船舶的国家可以让经营者（往往是国有企业）出面处理投诉或索赔。

二、军舰和辅助舰艇等国有船舶保留国家豁免

第十六条第二款规定：第一款不适用于军舰或辅助舰艇，也不适用于一国拥有或经营的、专门用于政府非商业性活动的其他船舶。

该款规定了军舰和辅助舰艇方面的国家豁免，即使有时为应付紧急情况或其他自然灾害也会动用此类舰船。虽然第二款只列举了军舰和辅助舰，但保留豁免的应该不限于这两种舰艇，还包括其他政府船舶，如警察巡逻船、海关检查船、医护船、海洋调查船、训练船和挖泥船等。需要指出的是，这

① 《布鲁塞尔公约》的附加议定书（1934 年）规定，“国家经营”一语适用于“由各国期租或程租的船舶，只要它们专为政府使用，而不用于商业目的”。

② *Report of the Forty-third Conference of ILC*, Supplement No. 10, 131.

些船舶是指国家拥有或经营、用于或拟用于政府非商业性服务的船舶。1926年《布鲁塞尔公约》第三条也有类似的规定。①

第二款要求保留豁免权的船舶不但要属于“国家拥有或经营”，而且是“专门用于政府非商业性活动”。1986年一读暂时通过的条款草案第十六条第二款并没有“专门”一词。在实践中，国有船舶有时也会因为用于商业性活动而不享有豁免权。因此，1926年《布鲁塞尔公约》第三条和1982年《联合国海洋法公约》第九十六条对享有豁免权的国有船舶作了更严格的限定：1926年《布鲁塞尔公约》第三条第一款要求国有船舶“在诉因发生时完全为政府使用而非用于商业目的”时才享有豁免权；而《联合国海洋法公约》第九十六条则规定“国家所有或经营并专门用于政府非商业性服务的船舶”才享有豁免权。1991年国际法委员会在二读通过条款草案时，采取了《联合国海洋法公约》第九十六条的做法，在“用于政府非商业性活动”前增加了“专门”一词。

关于船舶“用途”的标准，从一读草案到二读草案的修改过程中，也发生了一些变化。一读暂时通过的条款草案第一、二款和原第四款采取了“实际用途标准”和“意向用途标准”双重标准并存的表述，即规定国有船舶“用于或意图用于政府非商业性活动”。但是，由于第十六条已预先设定了与船舶经营有关的诉讼事由的存在，如果船舶实际上并没有使用，就不大可能引起此种事由。再者，采取意向用途标准十分含混，而且可能在实践中引起困难。因此，国际法委员会在二读时删去了第一、二、四款中的意向用途标准，仅保留了实际用途标准。但是草案的第五款（公约的第四款）仍然保留了实际用途标准和意向用途标准两种标准。这一点在后面有专门的论述。

三、国有船舶载运货物的豁免例外

公约第十六条第三、四款适用于国有船舶载运货物的豁免问题。

第三款规定：除有关国家间另有协议外，一国在有关该国拥有或经营的船舶所载货物之运输的一项诉讼中，只要在诉讼事由产生时该船舶是用于政府非商业性用途以外的目的，就不得向另一国原应管辖的法院援引管辖豁免。第四款则规定：第三款不适用于第二款所指船舶所载运的任何货物，也不适用于国家拥有的、专门用于或意图专门用于政府非商业性用途的任何货物。

---

① 1926年《布鲁塞尔公约》第三条第一款规定：“军用船舶、政府快艇、巡逻船舶、医院船、辅助船、供应船以及国家所有或经营而在诉因发生时完全为政府使用而非用于商业目的的其他船舶仍然保留豁免。”

以上第三款规定了无豁免规则，适用于国有船舶所载的、属于国家拥有且用于政府非商业性用途以外的货物。第四款的目的在于维持第二款所述船舶即军舰、辅助舰艇等其他公共船舶装载的任何商业性或非商业性货物的豁免，并维持属于一国的、用于或意图用于政府非商业性活动的任何货物的豁免。这项规定除其他特殊情况外维持救济活动所涉货物的豁免，如粮食救济或医疗用品运输等。

如上文所述，第四款在船舶“用途”标准方面保留了“意图专门用于”一语，这与第一、二和三款不同，原因是货物装载在船舶上时一般还没有被使用，因此无法判断其实际用途，只有通过货物的预计用途来决定有关国家是否有权援引豁免。

第三款以及前面提到的第一款都包含“另一国原应管辖的法院有关该船舶的经营（或船舶所载货物之运输）的诉讼”之类的用语，按照国际法委员会的解释，这意味着此类诉讼适用法院地国的法律，“包括海事法律之下主管法院既有的管辖，其中可承认多种诉讼事由并允许选择诉讼方式，如针对拥有者或经营者本身的诉讼或针对船舶本身的对物诉讼，或海事诉讼，或执行海上优先请求权的诉讼或取消抵押赎回权的诉讼”[①]。可援引豁免或不可援引豁免的前提条件之一是该“另一国”的法院对案件有管辖权。因此，判断某一法院是否有管辖权就显得非常重要。这里可有多种依据，包括船舶停泊在法院地国港口，而且不一定是引起海上损失或负有其他赔偿责任的船舶。英美法系中的法院有一种不成文的做法，即一般承认可按管辖基础扣留或扣押姐妹船，但在向有关当局缴纳保证金后即可放船并让诉讼继续进行。然而，第一、三款的以上用语不应被理解为承认这种不成文法的实践为普遍适用的惯例。

四、国家在诉讼中的权利及证明船舶或货物性质的证据

公约第十六条第五款规定：国家可以提出私有船舶、货物及其所有人所能利用的一切抗辩措施、时效和责任限制。

第六款规定：如果在一项诉讼中产生有关一国拥有或经营的一艘船舶，或一国拥有的货物的政府非商业性质问题，由该国的一名外交代表或其他主管当局签署并送交法院的证明，应作为该船舶或货物性质的证据。

第五和第六款既适用于船舶，又适用于货物，这两款的目的是在第一和

① *Report of the Ad Hoc Committee on Jurisdictional Immunity of State and Their Property* (2004). General Assembly Official Records of Forty-ninth Session, Supplement No. 22 (A/59/22), 134.

第三款关于国家不得援引豁免的规定与应给予国家的某种保护之间保持适当平衡。其中，第五款规定了国家在诉讼中拥有的权利，即拥有或经营从事商业服务的船舶的国家可以提出私有船舶货物及其所有人所能利用的一切诉讼权利。

第五款所定的这种规则在适用中并不限于与船舶和货物有关的诉讼。在任何涉及国家财产的诉讼中，国家都可以要求采取一切可用的抗辩措施。值得注意的是，公约的其他有关豁免例外的条款都没有对此作出特别规定，唯独关于国有船舶豁免的第十六条专门规定了国家可采取的抗辩措施。这主要来源于1926年《布鲁塞尔公约》，该公约第四条作了类似的规定。

公约第十六条第六款所示为一种实际方法，即由船舶或货物所属国家委派的外交代表在通常情况下签署证书，分别作为船舶或货物为政府非商业性质的证据。如无委派的外交代表，则由另一主管当局如交通部长或有关领事官员签署的证书作为交送法院的证据。这一款的规定也是来源于1926年《布鲁塞尔公约》（第五条）。《布鲁塞尔公约》第五条只规定“有关船舶或货物所属国外交代表签署的证明书”可以作为船舶或货物性质的证据，《联合国国家豁免公约》则在《布鲁塞尔公约》的基础上增加了证据的范围，将外交代表以外的“其他主管当局”签署的证明也列为证据之一。这可谓一种更为务实的做法。

第三节　《布鲁塞尔公约》与各国立法中的有关条款

一、《布鲁塞尔公约》

国家绝对豁免规则最早形成于美国和英国地方法院有关以外国国有船舶为诉讼标的的案例之中。[①] 而限制豁免规则最初也是在有关用于贸易活动的国有船舶的诉讼中被广泛接受的。[②] 1922年，英国著名的海事法官提出取消商业活动的国有船舶管辖豁免权。同年，在伦敦召开的国际海事委员会会议采纳了这一建议。1923年，在哥登堡（Guttenberg）会议上，国际海事委员会为了统一国有船舶和私有船舶在国际法上的地位，制订了一个有关限制国有船舶豁免的条款草案；在1925年的热那亚会议上，国际海事委员会对该草案作

---

① G. M. Badr. *State Immunity: An Analytical and Prognostic View*. Martinus Nijhoff Publishers, 1984, 47.

② Sinclair. *The Law of Sovereign Immunity: Recent Developments*. 1980, 122.

了简单的修改。

20世纪初，国有海船的豁免权遭到了不少人的抨击，这引起了有关国际组织的关注。1926年1月，国联专家小组委员会召开会议对这个问题进行了讨论。专家小组委员会以哥登堡和热那亚国际海事委员会会议所制订的草案为基础，试图用这些草案来解决实践中存在的问题。但由于职权所限，专家委员会经过讨论仅仅得出一个结论：关于国有船舶的国际法地位问题是属于可以用国际协定来解决的问题之一。[①] 这一结论对《布鲁塞尔公约》的制定产生了一定的影响。

1926年8月10日，在布鲁塞尔召开了以制定统一国有船舶国际法地位的规范为目的的外交会议。参加会议的国家有比利时、巴西、智利、丹麦、法国、英国、匈牙利、日本、德国、拉脱维亚、意大利、墨西哥、挪威、荷兰、波兰、葡萄牙、西班牙、瑞典和南斯拉夫。会议通过了《统一国有船舶豁免的某些规则的公约》。

《布鲁塞尔公约》的主要目的在于不是根据所有权而是根据经营性质或用途重新划分海运船舶,[②] 从而在司法管辖豁免方面把国家拥有或经营的船舶与私人拥有或经营的船舶视为同等地位。该公约的核心部分是第一、二、三条。第一条规定国有船舶与私人船舶承担同样的实体义务："国家所有或国家经营的海船、国家所有的货物或政府船舶所载运的货物和旅客，以及拥有或经营这种船舶或拥有这种货物的国家，在经营这种船舶或载运这种货物所发生的索赔方面，应当受到与适用于私有船舶、货载和设备所有者或经营者相同的责任和义务规则的约束。"

然而，第一条仅仅是重申国有船舶及船舶上的货物在实体义务方面受某种法律约束的规则，并没有涉及国有船舶和船货的诉讼管辖权问题。这个问题由第二条作出规定："为了实施上述责任和义务，应适用与私有商船、船货及其所有人所适用者相同的法院管辖权、法律诉讼和程序方面的规则。"

这就引发出一个问题：国家完全或部分拥有或经营的船舶在用于公共或非商业目的时，能在多大程度上援引管辖豁免？第三条规定了第一、二条的适用例外领域："上述两条规定不适用于军用船舶、政府快艇、巡逻船舶、医院船、辅助船、供应船，以及国家所有或国家经营而在诉因发生时完全为政府使用而非用于商业目的的其他船舶，而且对上述船舶不得以任何法律程序进行拿捕、扣押或滞留，亦不得对其提起对物之诉。"

为了管辖豁免的目的，将国家拥有或经营的船舶划分为"专供政府使用

---

① Sucharitkul. *State Immunities and Trading Activities in International Law*. 1959, 92 – 103.

② UN Docs. A/46/10, Supplement No. 10, 131.

而非用于商业性服务的船舶”与“用于商业和非政府目的的船舶”，这与后来根据船舶所从事活动的性质来划分公共船舶的做法非常一致。国有船舶用于非商业性质的活动时在外国法院享有管辖豁免权，这一规则已体现在绝大多数案例之中。然而，对于私人所有但被国家租赁或征收而用于政府活动的船舶是否也享有豁免权呢？根据《布鲁塞尔公约》第三条，答案是肯定的。一些案例也表明，当私人船舶被政府租用或征用于非商业性活动时，也享有豁免权。如“安迪纳诉荷兰政府案”[①]，该案涉及的船舶“伊特萨姆”号是荷兰政府在第二次世界大战即将结束时向私人征用的，用于从加拿大运送政府用的小麦。受理该案的法国拉罗谢尔商业法院认为，该船“并非用于商业性活动，也不带有赢利性质”，因此给予其豁免。有学者对此不以为然，如泰国学者素差伊库就指出：“虽然《布鲁塞尔公约》的目的是限制国有船舶的某些豁免权，然而根据公约第三条，豁免权却不适当地被扩大适用于被国家租用或征用的私人船舶的对物诉讼中。”[②]

直到1931年6月1日，签署了《布鲁塞尔公约》的国家中仍然没有一个国家向布鲁塞尔交存批准书。而与此同时，一些国家围绕如何正确解释公约第三条所表述的“由国家经营”一词展开了争论。显然，《布鲁塞尔公约》的目的是限制国有船舶豁免的，然而“由国家经营”一词却使私人拥有但为国家“经营”用于政府非商业目的船舶也享有豁免权，而且不仅仅限于强制措施的豁免，在对物诉讼程序中也享有管辖豁免。英国等一些国家反对在对物诉讼中给予国家租用或征用的私人船舶豁免权，认为“将豁免扩大适用于国家租用或经营但并不具有所有权的船舶，这显然是多余的”，因为“外国政府占有私人船舶这一事实并不妨碍对私有船舶提起对物诉讼”[③]。

为了阐明“由国家经营”这一用语的确切含义，解决对这一问题的争议，《布鲁塞尔公约》的签字国于1934年5月24日在布鲁塞尔签署了该公约的一项附加议定书。该议定书第一条指出，“由于对公约第三条所述‘由国家经营’一语是否适用、在何种范围内适用，或者可否被解释为适用于由国家期租或程租的船舶这一问题发生怀疑，特提出下列声明，用以消除此项怀疑：各国期租或程租的船舶，只要它们专为政府使用，而不用于商业目的，则这种船舶及其所载货物，都不得成为扣留、扣押或滞留的对象。但是这种豁免权毫不妨碍属于利害关系人的一切其他权利或要求”。这一规定在以后的许多

① *Annual Digest and Reports of International Law Cases*, 1947, Case No. 30 at 83 – 84.

② Sucharitkul. *State Immunities and Trading Activities in International Law*. London, 1959, 15.

③ Jurgen Brohmer. *State Immunity and the Violation of Human Rights*. Martinus Nijhoff Publishers, 1997, 84.

案例中得到了应用。如1938年，汉堡上诉法院审理“赛纳号案”[①] 时，判决德国法院对一艘被外国政府包租但未经营的私人船舶具有对物诉讼管辖权。Peichsgericht 民事法庭维持了汉堡上诉法院的判决。关于附加议定书第一条第二款，法院指出，根据德国法律，船舶拥有方在德国法院的出庭并不是在德国提起对物诉讼或损害赔偿诉讼的前提条件。法院比较了上述条款与《布鲁塞尔公约》第三条第一款第（一）项在措辞方面的不同之处后指出，正如附加议定书所设想的，国际法并不禁止对租用船舶行使诉讼管辖权。法院进一步指出：“……法庭上的问题不是船舶的治外法权的问题。相反，只有在为了保证公共职能继续履行的必要情况下才可援引管辖豁免。……这种公共职能可能会因船舶被扣押，特别是被逮捕而遭到损害；但这种公共职能不会因对私有船舶提起对物诉讼或损害赔偿诉讼而受到妨害。……这就印证了1934年5月24日的附加议定书中的限制规则，即外国政府租拥的私人船舶享有免于逮捕、扣押和扣留的豁免权，但在对物诉讼中不享有管辖豁免权。”

1926年的《布鲁塞尔公约》影响比较广泛。公约为各国间缔结有关国有海船管辖方面的双边条约提供了法律依据，它所包含的许多原则、规则和制度甚至被一些非缔约国广为应用。美国没有参加制定公约的布鲁塞尔会议，也没有加入公约，但美国在一个声明中解释说，其未加入公约是因为该国已于1925年通过了《公共船舶法》，对国有船舶的法律地位作了统一规定。苏联曾表示对参加布鲁塞尔会议不感兴趣，一方面，苏联认为其国内不可能产生外国商船的管辖豁免问题，因为苏联法律不允许外国船舶在苏联水域内同苏联国民进行贸易活动；另一方面，苏联不愿意让外国法院对其商船进行司法管辖。但是，苏联在以后与其他国家签订有关双边条约时，却不时援引《布鲁塞尔公约》的规定，也主张让“外国法院对其国有船舶进行管辖是有必要的”[②]。

然而，1926年的《布鲁塞尔公约》作为对国有船舶豁免规则的一次编纂，只有23个缔约国，因此其适用的范围非常有限。一些海洋大国如苏联、美国等没有加入公约，日本等国虽然参加了制定公约的布鲁尔会议，但没有签署公约。《布鲁塞尔公约》并没有真正“统一”各国的审判实践。在该公约通过后的很长一段时期里，部分国家包括一些公约缔约国在实际审判中有时候仍然坚持绝对豁免主义。例如：在《布鲁塞尔公约》缔约国荷兰，1942年阿姆斯特丹上诉法院审理“韦伯诉苏联案”时，就仍然坚持绝对豁免主义

① *Annual Digest and Reports of International Law Cases*, 1938 – 1940, Case No. 94.

② G. M. Badr. *State Immunity: An Analytical and Prognostic View*. Martinus Nijhoff Publishers, 1984, 45.

立场，而且表示此案对外国国家豁免问题将产生一般的效果。[①] 同样是《布鲁塞尔公约》缔约国，英国的最高司法机关——上议院 1938 年在"克里斯蒂娜号案"的判决中也仍然坚持绝对豁免主义立场。该案的案情是这样的：1937 年 6 月，西班牙共和国政府为平息叛乱，发布了征用在毕尔巴鄂港登记的所有西班牙私人船舶的法令。本案所涉及的"克里斯蒂娜号"也是在毕尔巴鄂登记的商船。当该船到达英国的加夫港时，西班牙领事根据其政府的命令接管了这艘船。为此，该船原船主在英国法院提起了对物诉讼。第一审和第二审法院根据西班牙政府的要求都撤销了对物诉讼。最后，本案被上诉到英国上议院。上议院判决维持下级法院的裁判。法院的判决书写道："请求撤销对船舶的令状和扣押的基础应该已纳入我国国内法的两个国际法的前提之中，这已完全确立并且没有争论的余地。第一个前提是一国法院不得对外国主权者进行诉讼，即无论该诉讼是针对外国主权者个人提起的，还是为请求偿还其特定财产或损害赔偿而提起的，法院都不得违反外国主权者的意志而通过令状使其成为诉讼程序的当事人。第二个是无论外国主权者是否为该诉讼的当事人，法院不得通过令状没收、扣押归其所有或者由其占有或控制的财产。关于第二项原则的可能的限制，以及关于该原则能否扩展到仅用于商业目的的外国主权者的财产，在各国实践中还存在争议。在我国已充分确定第二项原则适用于两者。"[②] 以上判决说明，英国虽然是《布鲁塞尔公约》的缔约国，但在审判实践中有时候仍然主张国有船舶绝对豁免。美国法院在审理海事案件时，有时候给予从事商业行为的外国国有船舶豁免权，表现出绝对豁免主义立场；而有时候又持限制豁免的态度。例如，美国最高法院在 1938 年的"纳维玛尔号案"的上诉审判中指出，外国政府占有或使用的船舶属于公共船舶，即使它们从事的是商业运输业务，在美国法院也享有管辖豁免。[③] 在 1943 年的"乌卡亚里号案"中，美国最高法院在判决中承认秘鲁国有商船"乌卡亚里号"享有管辖豁免权。[④] 而在 1945 年关于船舶碰撞事件的"墨西哥诉霍夫曼案"中，美国最高法院却否认了墨西哥关于国有船舶豁免的请求[⑤]。

---

① *Annual Digest of Public International Law*, Vol. 11, 1919 – 1942, 141.

② *Annual Digest of Public International law*, Vol. 9, 1938 – 1940, 179.

③ *Annual Digest of Public International law*, Vol. 12, 1943 – 1945, 143.

④ *Annual Digest of Public International law*, Vol. 11, 1938 – 1940, 127.

⑤ *Annual Digest of Public International law*, Vol. 12, 1943 – 1945, 235.

二、一些国家的国内立法

自20世纪70年代起，一些国家（主要是普通法系的国家）开始了国家豁免方面的国内立法，其中最具代表性的是美国1976年《外国主权豁免法》、英国1978年《国家豁免法》，以及英联邦国家如澳大利亚1985年《外国国家豁免法》、新加坡1979年《国家豁免法》等。

在有关国家豁免的国内立法方面，对国有船舶豁免问题规定得最详细的要数英国1978年的《国家豁免法》。该法第十条第（二）款规定，对某一外国国有船舶提起对物之诉，或旨在实行与该船舶有关的请求权之对人之诉，若该国有船舶正用于或准备用于商业目的，则该外国国家不享受豁免。该法的这一规定是承袭了1926年《布鲁塞尔公约》对船舶的划分标准，即按船舶的经营性质或用途而不是按所有权来划分船舶类别。对于“商业目的”一词，该法第三条第（三）款作了解释：是指一切提供货物或服务之契约，或一切借贷或其他与提供资金有关的行为以及其他一切有关这种行为或其他金融债务的保证或赔偿，或外国国家从事或参加非行使主权权力之其他一切商业、工业、金融、职业或类似性质之行为。

该法第十条第（三）款规定了“姐妹船”管辖的问题，即如对一艘属于外国国家的船舶提起对物诉讼，其目的在于实行对该国另一艘船舶的对物诉讼请求权，该外国国家享有豁免权，除非在对后一船舶的诉讼原因发生时，这两艘船舶都用于或准备用于商业目的。也就是说，在“姐妹船”管辖中，只要两艘船都是用于商业目的，该两艘船的所属国就不得享受管辖豁免。

该法第十条第（四）款涉及有关外国国有船舶上所载货物的诉讼中的豁免问题，无论是对物之诉还是对人之诉，只要货物或者载货物的船舶在诉讼原因发生时是用于商业目的，该外国国家就不享受豁免。该法第十条第（六）款规定了一项例外，即如果外国国家为《布鲁塞尔公约》缔约国，且诉讼涉及对该外国所有或经营之船舶，则该法有关姐妹船管辖以及国有船舶所载货物之诉讼的规定，不适用于英国海事法庭司法管辖之诉讼，也不适用于与《布鲁塞尔公约》缔约国的国有船舶上所载货物或旅客之运输，或其他任何船上属于该国所有的载货之运输有关的诉讼。该款旨在遵守《布鲁塞尔公约》之义务，因为英国是《布鲁塞尔公约》的缔约国，在缔约国之间的有关此类诉讼应该适用公约的规定。

英国《国家豁免法》从广义上对国有船舶进行了解释，根据该法第十条第（五）款，“外国国家之船舶或载货”不仅包括外国所“占有、控制”的船舶或载货，还包括外国对之享有利益之船舶或载货。按照这一解释，即使涉案的某一船舶或船载货物的所有权并不一定完全属于外国国家，但该外国对之享有某种程度的利益，如拥有一定比例的股份，也适用《国家豁免法》。

澳大利亚1985年《外国国家豁免法》对国有船舶豁免的规定与英国《国家豁免法》相似。该法第十八条第（一）款规定：在一项涉及与船舶有关的求偿并对该船提起的对物诉讼中，如果诉讼事由产生时，该船正用于商业目的，则外国国家不享受豁免。对于“姐妹船”的管辖，该法与英国《国家豁免法》一样，也规定外国国家不享受豁免的前提条件是“诉讼提起时，作为对物诉讼标的物的船正用于商业目的，并且诉讼事由产生时，另一艘船也正用于商业目的”。

按照国家豁免理论，一国法院对有关外国及其财产的诉讼享有诉讼管辖权，并不意味着当然享有对涉案财产采取强制措施的权力。但澳大利亚《外国国家豁免法》的规定却有所不同。该法第三十二条规定：如果在对船舶或船货提起的诉讼中，或者在与船舶或船货有关的诉讼中，外国国家享受豁免，并不妨碍对该船舶或船货的扣留、扣押或拍卖，但其条件是在扣留或扣押时该船舶或船货属于商业财产，[①] 并且就船货而言，其正由属于相同的或某其他外国国家的船舶运输——该船舶属商业财产。也就是说，如果外国国家在与船舶或船货有关的诉讼中不享有诉讼管辖豁免权，只要船舶或船货是用于商业目的，该外国就不享有强制措施豁免权。

美国1976年《外国主权豁免法》对国有船舶的豁免问题规定得比较简单。该法第四条对美国法典第二十八编第九十五章中的第一六〇五条进行了修正，其中第二款涉及海上留置权：为了对某外国的船只或货物行使海上留置权提起海事诉讼，而此项权利要求是基于该外国的商业活动，[②] 则该外国不得在联邦法院享受管辖豁免。

美国于1988年对《外国主权豁免法》中有关海事管辖方面的内容（具体为第一六〇五条和第一六一〇条）进行了修订。

---

① 根据澳大利亚1985年《外国国家豁免法》的解释，此处的“商业财产”指与外交财产或军事财产不同的、由有关外国国家实际上用于商业目的的财产。

② 根据美国1976年《外国主权豁免法》第一六〇三条第四款，“商业活动”是指“某种正常做法的商业行为，或是指某种特殊的商业交易或行动”。对于如何判断是否属于商业活动，该条指出“应当根据行为的性质，或特殊交易和行动的性质来决定，而不是根据其目的”。

第四节　司法审判实践

一、绝对豁免主义时期各国的审判实践

19 世纪和 20 世纪初的海事判例大都主张国有海船享有司法上绝对的不可侵犯权（豁免权），认为任何对国有海船的诉讼也就是对国家的诉讼，因此国有海船同国家一样不能在外国审判机关中作为诉讼标的，并且外国审判机关无权依照诉讼保全的程序或者为了强制执行法院的判决而扣留或扣押这种船只。无论是英美法系的美国和英国，还是大陆法系的德国和意大利等国，在 19 世纪和 20 世纪初的审判实践都充分证明了这一点。

1．美国

美国比较有代表性的案例是“交易号案”①。1810 年，在拿破仑战争时期，属于美国公民的商船“交易号”（Exchange），在由巴尔的摩（Baltimone，美国港口）驶向圣塞巴斯提昂（St. Sebastians，西班牙港口）的途中被法国军队指挥部掠去。法国当局在掠夺了这艘船之后，把它命名为“巴劳号”（Balaou）并编入自己的舰队之中。以后“交易号”在新的命名之下，作为法国的一艘军舰驶入费城。原船主辨认出船是属于自己的，因而提起了请求返还财产的诉讼。该船由于提起诉讼而被扣留。这个案件曾由美国地方法院审理，并逐级上诉，一直到达美国最高法院。1812 年，最高法院作出了终审判决，驳回诉讼，并且认为法国的军舰享有管辖豁免权，美国法院不能否认法国的权利。

20 世纪初，美国法院在有关外籍船舶的诉讼案的审理中一般持绝对豁免的立场。例如，1915 年，美国纽约州南区法院在审理“阿参纳西阿斯号”（Athanasios）案时，承认希腊轮船“阿参纳西阿斯号”为希腊政府的船舶，根据这个理由驳回了对该船的起诉②。1917 年，美国纽约州东区法院审理了有关编入阿根廷舰队中的“帕姆号”（Pampa）军舰案。法院在判决中指出，“如果没有外国国家的同意，美国法院无权要求外国国家来接受审判”③。1918 年，在审理有关运输船“罗萨里克号”的诉讼案件时，美国新泽西洲西区法院研究了 1812 年美国审判机关所审理过的“交易号”案件后认为，在法

① *U. S. Supreme Court Reports*, Vol. VII, 287 - 297.

② G. Hackworth (ed.). *Digest of International Law*, 1940, 156 - 160.

③ G. Hackworth (ed.). *Digest of International Law*, 1941, 67 - 69.

院对该案的审判当中并未把豁免权的适用仅仅限于外国军舰。法院得出了下列结论：豁免权所依据的原则是，服务于国家目的的主权者的财产，在涉及私人提起的请求时，应当免除任何司法程序；并且，这个原则应当同样地适用于被主权者用于公共职务而非军事用途的船舶。法院认为，公共职务这一概念和国家职务这一概念是相同的。因此法院承认，因为英国轮船“罗萨里克号”是英国海运部的运输舰，所以它享有司法豁免权。①

1918 年，美国纽约州南区法院在审理关于编入智利海军舰队的运输舰“麦蒲号”（Maipo）案时，法院指出，该船是国有的运输舰，处于不可侵犯的地位，因而拒绝对它进行裁判。法院指出，最近几年来，从事于各种用途的国有船舶数量有相当的增长。但是，依照法院的意见，这并不意味着改变国际法关于国有船舶不可侵犯的原则。因而，这种权利还是保留着的，审判机关不应当要求一个国家的政府如同私有船主一样服从另一个国家的裁判。假如政府参与货物运输，并把它当作政府的职能，那么，这就仅仅与政府本身有关；假如其他国家的政府不愿意承认这种为国有船舶所固有的豁免权，那么，它们必须通过外交机关宣布这一点。简要地说，这是外交问题，而不是司法问题。② 该案表明，除非船舶所属国明示放弃主权豁免，否则，外国国有船舶在美国法院一律享有豁免权。

美国的这一立场，与当时美国最高检察机构对这一问题的鲜明态度是分不开的。美国国务卿在 1918 年 11 月 8 日给美国总检察长的信中曾建议取消国有商船的豁免权，但遭到总检察长的拒绝。国务卿在信中指出，“……由审判机关来解决这个复杂的问题，比起政府的政治部门来更为恰当一些”。他曾建议从美国最高法院所审理的各项案件中选择一个案例，借以说明法院会以自己的判决取消国有商船的豁免权而使它们和私有商船处于同等的地位。美国总检察长的答复是十分明确的：“司法部坚信，依据现行法，这些船舶（国有商船）是不可侵犯的……司法部为了保持公正，不能够说明最高法院采用一种它认为是不正确的原则……”以后，在相当一段时期内，美国国务卿根本不参与这类问题的解决，而对于外国大使的质询，则用下面千篇一律的措辞予以答复：“国务院谨遵循成例，拒绝采取任何出自政府方面对私人诉讼可能进行的干涉行为，即使在这种诉讼中可能包括属于外国政府的商船，也是如此。”③

美国纽约州南区法院在对另一案件的审判中也坚持了国有船舶绝对豁免

---

① G. Hackworth (ed.). *Digest of International Law*, 1941, 132 - 139.

② G. Hackworth (ed.). *Digest of International Law*, 1941, 151 - 160.

③ *Papers Relating to the Foreign Relations of the United States*, 1918, 212 - 213.

原则。被英国政府征用的商船“阿德内阿梯克号”在驶达美国港口时，原船主以该船作为诉讼标的，提起了诉讼。他说，因为在颁布征用命令时，该船正在公海上，因而，对该船的征用不具有法律效力。1919 年，美国巡回上诉法院（第三巡回区）审理了这个案件，认为扣押该船是不对的，因为它是被外国政府征用的。同时，巡回法院表示，美国审判机关无权对外国主权国家所颁布的政府法令是否合法的问题进行评价。[①]

美国纽约州南区法院和美国巡回上诉法院（第二巡回区）在审理诉意大利政府船只“卡尔·帕姆号”的案件时，承认该船是不可侵犯的。美国法院的这个判决的意义在于，在这个判决中涉及英国法院对这类案件的审判实践问题。它对英国法院审理实践评述如下：“……在任何情况下，英国法院都应当完全拒绝受理对外国主权国家的财产所提起的诉讼。”[②]

1921 年，美国当局扣押了意大利政府的武装商务运输舰“庇萨罗号”(Peasaro)。意大利大使坚决要求美国国务院采取措施阻止这一行为。美国国务院答复说，按照美国的意见，为政府所有但从事商务的海船不享有军舰所享有的特权。得到这个回答以后，意大利大使辩解道，他并不要求一切国有海船在各方面和军舰处于同等地位。但是，他认为“友好政府所占有的和为它所经营的，并配备有指挥部和军官而直接为上述政府服务的海船有遭到外国主管当局扣押的危险或在实际上被扣等情况，必须予以避免”。1926 年，根据意大利驻华盛顿大使的要求，关于上述“庇萨罗号”运输舰的案件在美国纽约州南区法院进行再审。美国法官坚持把司法不可侵犯权无限制地适用于国有海船，并且对案件作出了相应的判决。同年，美国最高法院审理了这个案件，确认了第一审法院的判决，发表如下结论：“我们认为，（司法管辖豁免）原则应同样地适用于一切为政府占有的和为政府用来进行公共目的的船舶；我们认为，当政府为了改善自己的国民贸易和为了增加国家的收入，因而进行购买、装备和经营海船以用它从事商业运输的时候，这些船舶也如军舰一样同是公务船。”[③]

以上判例也表明，早期的“交易号”案确立了军用船舶享有司法管辖豁免的原则之后，美国法院在给予外国有关政府船舶豁免权时，政府公务船与军用船舶性质的同一性往往是法院判决的重要依据。

---

① *Annual Digest of International Law Cases*, 1919, Case No. 26, at 83.

② Keir and Lawson. *Case in International Law*, 195.

③ *Annual Digest of International Law Cases*, 1928, 259.

2．英国

英国比较有名的是“宪法号案”[①]。该案涉及美国的“宪法号”巡洋舰，它在1878年巴黎展览会以后，装载了机器设备和货物驶回美国。在航行途中，该舰在巴尔涅姆特附近搁浅，遭受海损，后经英国蒸汽拖船的努力离开了浅滩。事后，英国拖船的船主对于给他的救助报酬金额表示不满，希望得到更多的报酬，但其要求未得到答复，于是船主在英国法院起诉，并坚持要在他的要求未获得满足以前扣留美国巡洋舰“宪法号”。英国海事法庭（High Court of Admiralty）审理了这个案件。最后法庭认定英国法院对美国巡洋舰没有管辖权，驳回了起诉。

英国法院关于“比利时国会号”（Parlement Belge）的判决（1880年）也是非常有名的[②]。属于比利时政府的邮船“比利时国会号”在多维尔港与一艘英国拖船“塔琳号”（Daring）相撞。拖船的船主为了补偿拖船遭受的损失，请求英国法院扣留比利时邮船以保全诉讼。英国上诉法院作出了该案不属地方审判机关管辖的判决。上诉法院在自己的判决中指出：“……由于主权国家的绝对独立和国际联系的结果，每个国家应放弃对另一个国家的公有财产适用管辖权，纵然这项公有财产是在法院地国的领土之内也是一样的。”

以上两个案例可以说是英国法院确立国有船舶绝对豁免原则的先驱。在20世纪初的一系列判例中，英国法院一直坚持这一原则。例如，1906年，英国海军法庭对于装载着邮件和罗马尼亚国有铁路货物的罗马尼亚国有轮船“加茜号”（Jassy）的审判再一次确认了上述原则[③]。1919年，英国上诉法院承认葡萄牙政府船舶“亚历山大港号”（Porto Alexanlre）是不可侵犯的。法院认为，该诉讼涉及属于外国政府的或被外国政府所征用的海船，所以英国审判机关无权受理[④]。1921年，苏格兰高等法院审理了一件关于“库依尔威克号”轮船的案件，法院认为无权受理这个诉讼，因为“库依尔威克”号轮船是美国国有船只，它享有司法不可侵犯权[⑤]。1921年3月，英国上诉法院在审理“阿根廷贸易公司诉美国航务管理局案”时，对有关运货的国有海船的司法豁免权问题，也采取了坚定的绝对豁免立场。在这个案件中，美国一艘国有海船曾被租用去装载粮食，纠纷是由于租船合同所引起的。原告肯定地说，在结算运费时，他们支付了过多的金额。在提起上诉时，原告指出，豁

① J. Moore. *A Digest of International Law*（2rd ed.），1906，127.
② J. Moore. *A Digest of International Law*（2rd ed.），1906，310.
③ G. Hackworth（ed.）. *Digest of International Law*，1940，271.
④ G. Hackworth（ed.）. *Digest of International Law*，1942，138.
⑤ G. Hackworth（ed.）. *Digest of International Law*，1941，89.

免原则不能适用于从事运货的国有船舶。上诉法院不同意原告的意见，认为"和外国人订立贸易合同这一事实并没有使主权国家丧失豁免权"。法院解释道，诉讼所指控的船主——"美国航务管理局"——是美国政府的一个部门，它是由总统所任命的人员来掌管的，它和美国大使一样，是美国国家的代表。[①]

3. 德国

在德国，国有海船的司法不可侵犯的原则曾经反映在普鲁士法庭对于"安霍尔特号案"（1910 年）的判决中[②]，而汉堡第二审法院在对美国轮船"艾依斯王号案"（1921 年）的判决中也曾明确地确认了这一原则。[③] 这个案件发生在"艾依斯王号"（Ice King）轮船和一艘悬挂德国旗帜的船舶碰撞以后。为了保全诉讼，"艾依斯王号"被扣押；后来，汉堡法院认定该轮船是属于美国国家所有，因此判决予以释放。法院解释道，关于属于国家的公务船舶和国有商船之间的区别只是不久以前才发生的，因而，在涉及国有船舶不可侵犯权方面，这种区别并未得到国际法原则的承认。至于评判这种划分是否合理的问题，那是外交方面的或者是立法方面的职能，而不是司法上的职能。高等法院的判决也确认了这一点。

4. 意大利

意大利在 20 世纪初虽然已经开始倾向于限制豁免立场，但是在涉及国有船舶的案件时，仍然坚持绝对豁免立场。虽然意大利本国法院关于这方面的判例并不多见，但这可以从意大利政府对美国法院审理的有关意大利政府商船的案件的表态中得到印证，如"路易治号案"。1915 年 12 月，意大利政府征用了意大利商船"路易治号"（Luigi）。在征用期间，船舶停泊在法国的马赛港，并按照政府的命令开往美国装载货物，货物的拥有方是意大利农工商业部。1916 年 1 月，一家美国公司向美国宾夕法尼亚州西区法院起诉，提出该船主违反了契约。在审理这个案件时，法院认为："非常重要的是要承认国际礼让规则，根据这一规则，独立主权者不能在诉讼中作为被告，不能适用私人诉讼时所适用的那种管辖权，因为这样会破坏国际礼让规则。"[④] 1918 年，当"路易治号"轮船被扣留在美国的一个港口时，受意大利政府委托的律师要求受理该案的美国宾夕法尼亚州东区法院对这艘船舶适用豁免原则。随后，意大利大使转请美国国务卿，要求美国国务院向美国法院正式说明

① G. Hackworth (ed.). *Digest of International Law*, 1943, 182 - 191.

② http://europe. eu. int/comm/justice - home/ejn/index - en. htm

③ http://europe. eu. int/comm/justice - home/ejn/index - en. htm

④ *International Legal Materials*, at 325 - 326.

“路易治号”轮船的不可侵犯地位的事实，因为轮船是意大利政府所征用的。按照意大利政府的意见，轮船装运粮食以及这一任务的商业性质并不排除适用豁免原则的可能性。①

关于“阿西丽塔号”轮船（是被意大利政府征用并且从事于货运的一艘轮船）被扣押事件②，意大利大使也向美国国务卿提出了类似的要求。意大利大使向美国国务卿提出抗议，反对美国审判机关对“阿西丽塔号”轮船进行审判。意大利大使声明，美国审判机关的这种行为是“同涉及外国国家主权时普遍遵守的国际礼让规则”相抵触的，而美国审判机关所采取的程序是“和主权国家的尊严不相容的”。

1918 年夏天，意大利大使把本国政府的一项建议交给美国国务卿，这个建议要求美国政府正式宣布，在依照互惠原则给了美国政府的船舶以豁免权的条件下，为美国联邦政府服务的海船也是不可侵犯的。③

1918 年 10 月，意大利大使坚决要求美国国务院将为了释放“阿尔曼德号”轮船（由于对其船主所提起的诉讼而被扣押）而负担的债务予以取消；因为该船在扣押时是正在被征用的，因而享有豁免权。④

上述美、欧审判机关的判决表明，在 20 世纪初，大部分司法实践坚持的是国有船舶绝对豁免主义。

二、限制豁免主义时期各国的审判实践

在第一次世界大战期间，由于政府大量征用、购买和新建海船，许多国家用这些运输船舶补充了本国的海上舰队。这些船舶装载政府所购买的或出售的货物，并且为了避免压船航行，这些船舶还招揽了各种运输，借以收入运费。由于从事运货的国有海船越来越多，同时，国有船舶所完成的任务在形式上又与私有船舶的通常用途没有什么两样，因此“国有船舶享有豁免”的特权引起了同样从事海运的私有船主的不满，他们强烈要求对国有海船的司法不可侵犯的原则加以限制，主张国有船舶应该与私有船舶处于平等地位。围绕这一问题，当时的法学界开展了“关于国有海船豁免权”的争论，于是在理论上，国有船舶限制豁免原则应运而生。这一原则主张将国有船舶分为“从事商业货运的国有船舶”和“完成公共职能的船舶”，前者不应享有豁免权。

① *International Legal Materials*, at 329 – 330.

② *International Legal Materials*, at 333 – 336.

③ *International Legal Materials*, at 338 – 339.

④ *International Legal Materials*, at 340 – 341.

1. 美国

上文提到，在20世纪初，美国司法部门一直坚持国有船舶绝对豁免立场，即使美国政府曾提出过不同的意见，司法部门的立场也没有改变。然而，在第二次世界大战期间，法院和政府的关系开始发生了一些微妙的变化。这主要体现在美国法院对一些涉及外国国有船舶豁免的案例的审理上。

例如，1938年的“纳维玛尔号案”①。西班牙一家公司的商船在纽约卸货时，被西班牙驻纽约领事根据其政府命令征收了。为此，原船主在美国法院提起对物诉讼。在该案上诉审理中，美国最高法院首先确认了该法院对“佩萨罗号案”的判决原则，提出外国政府占有或使用的船舶属于公共船舶，即使从事商业运输业务也在美国法院享有管辖豁免。与此同时，最高法院又提出了有关外国豁免问题的法院与政府相互关系的一些新规则。据此，如果外国政府的豁免请求“为美国政府的行政机关所承认和许可，那么根据美国司法部长或按其指示行事的其他官员作出的适当建议，释放该船则是法院的义务”②。

另一个例子是1945年发生的关于船舶碰撞事件的“墨西哥诉霍夫曼案”③，该案所涉船舶“巴嘉·加利福尼亚号”虽为墨西哥政府所有，但实际上为一家公司所占有和使用。墨西哥驻美大使向美国国务院提出了管辖豁免的请求。对此，美国国务院虽然承认墨西哥政府对该船的所有权，但对墨西哥大使的豁免请求没有作出承认或许可的表示。美国最高法院在该案的判决中，以墨西哥政府没有实际占有或控制该船为理由，否认了墨西哥方面的豁免请求。美国最高法院指出，在涉及外国豁免问题的诉讼中，决定是否行使管辖豁免，就会使保护美国利益的政府窘迫。④ 美国最高法院的上述判决，从不使政府为难的角度进一步强调了法院应遵从政府意见的义务。而且，美国最高法院在该案中还以一种比较极端的形式表现出遵从政府意见的做法。这就是说，美国政府没有承认或许可给予外国被告管辖豁免的这一事实也可成为法院对外国国家及其财产行使审判管辖的一个根据。

2. 英国

1975年英国枢密院司法委员会对“菲律宾海军上将号案”的判决⑤标志着英国法院在对物（in rem）诉讼方面判例法的一个重要转变。菲律宾政府所

---

① *Annual Digest of Public International Law Cases*, Grotius Pub., Vol. 3, 1925－1926, 187.

② *Annual Digest of Public International Law Cases*, Grotius Pub., Vol. 9, 1938－1940, 179.

③ *Annual Digest of Public International Law Cases*, Grotius Pub., Vol. 12, 1943－1945, 143.

④ *Annual Digest of Public International Law Cases*, Grotius Pub., Vol. 12, 1943－1945, 145.

⑤ *International Law Reports*, Vol. 23, 160.

属的商船因物品和劳务费支付等问题在香港法院被诉，后上诉到英国枢密院司法委员会。该委员会根据限制豁免原则否定了菲律宾政府商船享有豁免。在这个判决中，枢密院司法委员会基于以下四点理由，否定了判决外国政府商船也享有管辖豁免的“亚历山大港号案”（1919 年）：第一，1880 年英国上诉法院对“比利时国会号案”的判决，只承认外国非商业用途政府公船的豁免，而不包括外国政府商船的豁免；第二，英国上议院 1938 年在审理“克里斯蒂娜号案”过程中，至少有三名法官对外国政府商船的豁免持怀疑态度；第三，第二次世界大战后，除英联邦国家以外，限制豁免主义已成为世界性倾向；第四，多数西方国家的政府，在商业交易合同方面可以在本国法院被诉，外国政府不能被诉是没有理由的。[①] 这样，英国枢密院司法委员会便确立了在对物诉讼方面的限制豁免主义立场。但在对人（in personam）诉讼方面，英国枢密院司法委员会仍然认为应维持绝对豁免主义。

作为英国最高司法机构的上议院，1981 年通过审理“党代会一号案”终于获得机会表明对国家豁免的立场。[②] 该案案情比较复杂：1973 年 9 月 11 日，正当一艘租给智利公司的古巴国有企业所属货船“普拉亚·拉尔加号”（Playa Larga）在智利海港卸货时，智利发生了军事政变，与古巴持友好关系的阿连德政府被推翻。该船根据古巴政府的命令，在未卸完货的情况下提前离港返回古巴。另一艘正在公海上驶向智利的古巴货船“马尔伯岛号”（Marble Insland）也接到政府命令，掉转船头，驶向越南。后来该船所载蔗糖作为古巴援越计划的一部分，全部赠给越南人民。1975 年，当上述两艘船的所有者古巴国有企业在英国提取新船时，遭到来自智利公司提起的对物诉讼。英国高等法院认为古巴政府命令两船不向智利公司交货是基于外交政策的主权行为，因而判决无管辖权。但在上诉法院审理时，由于法官之间意见不一致，最后该案于 1981 年被允许上诉到上议院审理。英国上议院认为限制豁免主义已成为现代国际法的一部分，并通过近年的几个英国法院判例并入英国法。在适用限制豁免主义时，应根据外国行为的性质而不是目的来区分主权行为和商业行为。根据这一立场，上议院判决英国法院对该案有管辖权。上议院的这一判决，表明了英国判例法从绝对豁免主义立场向限制豁免主义立场转变过程的最终完成。

3. 德国

1938 年德国最高法院审理的“维瑟吉斯号和西恩纳号案”，反映出德国

① *International Law Reports*, Vol. 64, 92 - 110.

② *International Law Reports*, Vol. 64, 307.

法院在国有船舶方面的限制豁免立场。[①] 这也是一个由船舶碰撞事故引起的诉讼案件，诉讼标的是外国政府通过租船合同所雇的私人船舶。发生碰撞事故时该船正被用于为海军运送煤炭。因此，这不是普通的政府商船，而是一艘供给船。德国最高法院认为，虽然《布鲁塞尔公约》第三条规定了外国政府供给船应享有管辖豁免，但这是指外国政府所拥有并经营的船舶。本案中的供给船尽管为外国政府通过租船合同所使用，但没有直接经营管理，因而不属于公约所规定的供给船。此外，根据公约附加议定书第一条的规定，外国政府为非商业目的而租用的船舶豁免于没收、扣押和留置，但这种豁免不影响有关当事者之间的其他权利和救济。对此，德国最高法院解释道，管辖豁免的目的在于确保外国政府持续不断地行使公共职能，这种职能虽然会因船舶的留置和扣押而受到损害，但却不会因诉讼而受到损害。因此，该法院判决对本案有对物诉讼管辖权。

4. 比利时、意大利和埃及

1903 年，比利时上诉法院发表意见，只有当外国国家作为公共的权力行使自己的职权而涉及诉讼时，才享有豁免权。如果外国国家从事商务，那么，它不享有司法豁免权。法院宣布："如果外国国家可以利用我们的审判机关对自己的债务人提起诉讼，那么，它也应当向这些审判机关对自己债权人的请求有所反应。"[②]

意大利上诉法院在 1887 年的一个判决，确立了意大利的审判实践。法院宣布："当涉及意大利法院对外国国家的管辖权问题时，必须区别引起诉讼的行为是主权国家的行为，还是政府作为民法上的法人所表现的行为。在前一种情况下，意大利法院没有管辖权；而在后一种情况下，则具有这种管辖权。"[③]

1926 年，意大利上诉法院正式宣布了外国国家豁免权的国际法原则，即外国国家免受意大利审判机关裁判。但是，法院同时宣称，外国国家也可以默认地放弃这种豁免。当外国国家宣布自己在意大利法院中起诉，或外国国家在意大利境内实现有关提起诉讼的工商业行为时，就产生了这种默认的放弃行为。

埃及上诉法院在 1920 年对"苏曼特拉号案"的判决中就适用了国有海船在运输货物时不适用司法豁免权这一原则[④]。英国政府船舶"苏曼特拉号"

---

① *Annual Digest of Public International Law Cases*, Grotius Pub., Vol. 9, 1938 - 1940, 284.

② http://europe.eu.int/comm/justice-home/ejn/index-en.htm.

③ *International Legal Materials*, at 345 - 347.

④ Sucharitkul. *State Immunities and Trading Activities in International Law*, 1959, 87.

装备了英国海军舰队军官所领导的船员。法院表示意见，豁免原则只是适用于当国家实现公务而非商务时的国有船舶。依照法院的意思，在诉讼中请求赔偿的损害“是由在完全国家私利（完全是在外国国家政治活动之外）的外国职工们造成的”。法院宣布：“在这种情况下给予豁免权就等于放弃正义；因为这样当私人的利益和国家的私利相冲突的时候，就失去了对私人的帮助。”

1926年布鲁塞尔会议的召开以及会上通过的《统一国有船舶豁免的某些规则的公约》，表明国有船舶限制豁免理论逐渐被越来越多的国家所接受。

本章小结

国有船舶豁免是国家及其财产豁免最早涉及的内容之一，也是最常见的形式之一。用于政府非商业性用途以外的目的国有船舶不得援引管辖豁免。这一规则当然也适用于国有船舶所载的、属于国家且用于政府非商业性用途以外的货物。与《布鲁塞尔公约》有些不同，《联合国国家豁免公约》对船舶种类的划分不是单纯依照经营性质或用途标准，而是根据“商业性和非政府”用途或“政府的和非商业性”用途来划分。这样在实践中容易被司法部门把握，即只要国有船舶是用于政府非商业性用途以外的目的，就不得享有豁免权。当船舶为一国拥有但由一具有独立法人地位的国有企业经营的情况下，应受法院管辖的是经营船舶的国有企业而不是其所属国家。这一点跟前面提到的有关商业交易的规则是一致的，即在因一国家实体所从事商业交易而发生的纠纷中，该实体可以在另一国法院被起诉，并对另一方索赔的任何后果负责，在这种情况下，所属国本身的豁免不受影响，因为它并非该交易的一方。军舰和其他政府专用的特殊船舶享有豁免权，这一点似乎无论是在绝对豁免主义时期还是在限制豁免主义时期，各国在理论与实践上都比较一致。

第六章　雇用合同

第一节　雇用合同问题概述

近年来，随着国家聘用外国雇员的现象越来越普遍，涉及国家与外国雇员之间纠纷的案件也逐渐增多。特别是在发展中国家，为了提高科学技术和管理水平，从发达国家聘用各种人才是非常普遍的现象。

有关雇用合同的诉讼往往源于雇员向外国雇主寻求救济而产生的纷争，因而牵涉到多方面的利益。尤其是法院地国将会面临保护其自身劳动力（当雇员为法院地国国民或常驻居民时）、行使属地管辖权以及尊重外国主权、处理好外交关系等各种利益和矛盾的平衡问题。20世纪60年代以前，在有关雇用合同的诉讼中，作为雇主的外国国家一般享受绝对豁免待遇。[①] 20世纪70年代以后，大多数国家的立法和司法实践开始转向限制豁免立场。这一转变可以归结为两方面的原因，一是跨国人员流动越来越盛行，受雇于外国的自然人不断增多；二是各国对其国民和惯常居民的人身安全和经济利益提供了更切实的保护。

在有关雇用合同的诉讼中，各国普遍的做法是：通过区别“统治权行为”和“管理权行为”，来确定外国国家签订雇用合同是一种私法行为还是主权行为。各国法院处理有关雇用合同的诉讼可以归结为以下四种方法。

第一种方法可称之为“主权行为”区别法，即要确定雇用国是否有权援引管辖豁免，首先要考虑的是雇佣关系的背景和工作地点。[②] 涉及国家豁免问题的雇用合同纠纷常见于以下场所：大使馆或领事馆、军事基地以及其他国家拥有的实体，包括商业或文化代办处、学校、大学或训练机构等，若雇员（无论其级别高低）所从事的工作带有浓厚的主权背景，如军事基地或大使馆

---

① J. Seyersted. Jurisdiction Over Organs and Officials of States. The Holy See and Governmental Organizations. *International and Comparative Law Quarterly*, Vol. 14, 1965, 31 – 40.

② E. Lauterpacht, C. J. Greenwood (ed.). *International Law Reports*, Vol. 116, 2000, 530 – 537; Vol. 115, 1999, 418 – 424.

的工作，那么雇用国的行为一般会被解释为主权行为，从而享有豁免权。相反，如果雇员受聘于不带有主权性质的单位，如外国拥有或经营的学校或训练机构，那么这些单位很难说与私营实体有什么差别，法院允许雇员对雇主提起诉讼对外国的主权也不存在什么影响。这种处理方法在爱尔兰、新西兰等一些普通法系国家或地区和德国、意大利等民法法系国家比较盛行。其他一些国家，像英国、南非、新加坡、巴基斯坦和澳大利亚等，都出台了国家豁免法，所以在实践中不需要采取“私权行为与主权行为区别”的做法，但这些国家也承认雇员的工作背景和工作地点是解决雇用争端需要考虑的关键因素。这种方法的关键之处在于确定雇主的性质。

第二种方法是“雇员地位”判断法，即一些国家的法院基于雇员职务的高低来决定是否给予雇主豁免权。① 一般只有在涉及高级雇员的案件中，才给予雇主国司法管辖豁免。因为法院认为高级雇员往往担负重大责任，也只有在这样的职位上，才可能接触到雇主国的主权事务。相反，从事日常工作或者职位低下的雇员，其工作性质似乎与私营机构的工作人员没什么不同，因此保留他们的诉权。这种方法的关键在于雇员本身。瑞典法院就曾经用这种方法处理过相关案件。②

第三种方法是“领土联系”判断法③。在一些国家实践中，特别是有关国家豁免的国内立法和多边公约，往往强调法院地国与雇员或者雇用合同之间的领土联系。这一方法源于国家管辖理论，即在国际法上，国内法院对民事案件或刑事案件进行管辖的前提条件是法院地国与诉讼事由或者诉讼当事方有足够的联系。领土联系判断法为许多学者所推崇④，是因为这一方法具有确定性，且能够有效平衡在解决有关国家豁免的争端时相互交织着的各种不同的利益。领土联系是法院对案件进行管辖的最坚实的基础。如果雇员是法院地国的国民或常驻居民，法院地国当然要保护他们的利益从而行使管辖权；如果雇用合同是在法院地国签订或履行的，这也属于存在领土联系的情形。对于雇用国与其本国国民之间的雇用合同纠纷，法院地国行使管辖权的情况比较少见。因为在这种情况下，雇员与法院地国之间不存在利益纽带⑤，而法

① E. Lauterpacht, C. J. Greenwood (ed.). *International Law Reports*, Vol. 114, 1999, 558 - 567; Vol. 120, 2002, 612 - 616.

② Landano V. United States of American. *International Law Reports*, Vol. 116, 2000, 636 - 642.

③ E. Lauterpacht, C. J. Greenwood (ed.). *International Law Reports*, Vol. 120, 2002, 612 - 616.

④ C. K. Hall. UN Convention on State Immunity: The Need for a Human Rights Protocol. *International and Comparative Law Quarterly*, Vol. 55, 2006, 427 et seq.

⑤ 除非作为雇员的该外国国民与法院地国之间存在其他重要的纽带关系。参见澳大利亚 1985 年《外国国家豁免法》第十二条第（三）款。

院地国却要顾及其与雇用国之间的外交关系。如果雇员既非法院地国的国民，亦非雇用国本国之国民，而是第三国国民或无国籍人士，在20世纪90年代中期以前，国际法理论以及绝大部分的立法和司法实践都主张法院地国的法院无管辖权。[①] 联合国国际法委员会于1991年二读通过的《国家及其财产管辖豁免的条款草案》就是一个很好的例子。[②] 20世纪90年代中期以后，越来越多的意见倾向于在国家与自然人的争端中保护自然人权利，进一步限制国家豁免的范围，所以2004年《联合国国家豁免公约》没有保留条款草案中有关“雇员为第三国国民时雇用国可以援引管辖豁免”的内容。

领土联系判断法可见于1972年《欧洲国家豁免公约》以及一些国内立法（如英国1978年《国家豁免法》、新加坡1979年《国家豁免法》和澳大利亚1985年《外国国家豁免法》等）。美国1976年《外国主权豁免法》也要求雇用合同与“商业活动”一样与法院地国有“实质联系”。

第四种方法称为“求偿性质”判断法，即在有关雇用合同的诉讼中通过确认雇员请求救济的性质来解决国家豁免问题[③]。这种方法需要区分可能带有主权权力性质的诉讼请求和只是有关雇用管理中的经济因素的诉讼请求。这方面的例子包括有关贸易工会为了保护雇工权益的诉讼[④]以及有关对国家安全事物进行调查的案件[⑤]。这类案件如果涉及法院对雇用事实和外国国内有关政策的调查，往往与国家主权有冲突；如果只涉及欠薪之类的经济问题，则与主权权利关系不大。

以上四种方法并不是相互孤立的，法院对于同一个案件可能会多种方法并用，因为法院和立法机构在实践中往往会综合考虑多种因素。例如，在决定是否给予雇主国豁免权时，可能要确认雇员的国籍（以断定是否与法院地国有足够的领土联系）、职位的高低以及是否在带有国家主权性质的场所工作等。即使在同一立法中，也会包含以上四种方法所牵涉的多种因素，如英国《国家豁免法》就规定了雇佣关系的背景和领土联系问题。

国家豁免中的雇用合同问题的核心在于如何在保护雇员利益与建立友好

---

① W. Gloor. Employer States and Sovereign Immunity: The Geneva Labor Court Practice. In W. P. Heere (ed.). *International Law and The Hague's 750th Anniversary*, 1999, 127 - 133 .

② 参见该条款草案第十一条第二款（三）、（四）项。

③ E. Lauterpacht, C. J. Greenwood (ed.). *International Law Reports*, Vol. 120, 2002, 606 - 611; Vol. 102, 1996, 132 - 148.

④ United States V. The Public Service Alliance of Canada. *International Law Reports*, Vol. 94, 1992, 264 - 288.

⑤ Van Hulst V. United States of America (1990). *Netherlands Yearbook of International Law*, 379 (Supreme Court of Netherlands); Saudi Arabia V. Nelson. *International Law Reports*, Vol. 100, 1995, 544 - 565.

国际关系之间找到最佳平衡点。上述不同的方法表明，要找到这么一个平衡点，以及如何根据雇佣关系的具体情况来调整这一平衡点，并不是一件容易的事。雇员提起诉讼不外乎两方面的原因，或是因为雇主违反了雇用合同本身，或是因为雇主没有遵守法院地国有关劳动关系的法律法规。任何一种因素引起的诉讼，都将涉及保护法院地国自身劳动力的权益、行使属地管辖权以及外国主权权益等复杂情况。

第二节 《联合国国家豁免公约》中的“雇用合同”条款

《联合国国家豁免公约》第十一条规定了外国在涉及雇用合同的诉讼中的豁免问题。该条共分两款，第一款是不豁免规则，规定“除有关国家间另有协议外，一国在该国和个人间关于已全部或部分在另一国领土进行，或将进行的工作之雇用合同的诉讼中，不得向该另一国原应管辖的法院援引管辖豁免”。第二款规定了应当保持国家豁免规则的情况。根据该款，在下列六种情况下雇用国在诉讼中可以援引管辖豁免：一是招聘该雇员是为了履行行使政府权力方面的特定职能；二是该雇员属于《维也纳外交关系公约》所述的外交代表或《维也纳领事关系公约》所述的领事官员、常驻国际组织代表团外交工作人员、特别使团成员或获招聘代表一国出席国际会议的人员以及享有外交豁免的任何其他人员；三是诉讼的事由是个人的招聘、雇用期的延长或复职；四是诉讼的事由是解雇个人或终止对其雇用，且雇用国的国家元首、政府首脑或外交部长认定该诉讼有碍该国安全利益；五是该雇员在诉讼提起时是雇用国的国民，除非此人长期居住在法院地国；六是该雇员和雇用国另有书面协议，但出于公共政策的任何考虑，因该诉讼的事由内容而赋予法院地国法院专属管辖权者不在此限。

一、二读条款草案与公约约文之比较

与国际法委员会 1991 年二读通过的《国家及其财产管辖豁免的条款草案》(以下简称二读草案）相比，《联合国国家豁免公约》第十一条在内容和措辞方面都有了较大的变化。自二读通过该条款草案以后，国际法委员会就在其工作组报告中确定了五项“悬而未决的实质性议题”，作为国际法委员

会、联大第六委员会以及后来的国家及其财产管辖豁免问题特设委员会①讨论的重点内容。其中，雇用合同问题便是五项“悬而未决的实质性议题”之一②。由此可以看出，国际法委员会对“雇佣合同”问题是非常重视的。国际法委员会和联大第六委员会在充分征求各国意见的基础上，经过十余年的讨论研究，最终于2003年形成了现在公约所载的条文。案文内容的删改主要出现在第十一条第二款。

首先是第二款第（一）项。早在1986年国际法委员会一读通过的条款草案中就包括了这一项内容，当时的案文是：“征聘该雇员是为了提供与行使政府权力有关的服务。”1988年，特别报告员Motoo Ogiso先生在初步报告中说，他对与若干政府在书面评论中表达的忧虑具有同感，即这一项的措辞可能引起过分宽松的解释，从而导致日后实施公约上的混乱③。国际法委员会二读时认为，一读通过的案文中“与行使政府权力有关的服务”的提法可能导致过于广泛的解释，因为一个国家缔结的雇用合同总有可能“与行使政府权力有关”，即使这种关系非常间接。因此，第（一）项规定的例外只有在所从事的工作与行使政府权力有密切联系时才合理。④ 此后，国际法委员会在二读时把“有关”一词改为“密切相关”。同时为了避免与履行服务工作的合同造成混淆（这种合同属于“商业交易”的定义范围，因而适用第十条），于是将“服务”改为“职务”。因此，有了如下二读草案的案文：“征聘该雇员是为了履行与行使政府权力密切相关的职务。”该案文的措辞比一读草案有所进步，至少范围更为确定。但仍然引起了不少争议，特别对“密切相关”一词，许多国家或代表团都认为措辞还是太过于模糊，应该进一步明确；⑤ 有些代表团建议删除“密切相关”字样，以便把这一项范围限于“在行使政府权力中履行职务的人士”，这样就使规定更为明晰和确切；⑥ 有的建议改为“与行使政府权力密切相关”，以区别直接履行职能和与履行职能密切相关的职能这两者之间的不同⑦；另外一些代表团却认为应该保留现有措辞，因为这样将更符合他们本国立法中规定的标准，“这样就能保持必要的灵活性，以便使另一国

---

① 该特设委员会是在2000年第55届联大上成立的，以进一步开展国家及其财产管辖豁免公约的编纂工作。（见联合国文件 A/RES/55/150）

② 另外四项实质性议题分别是：为豁免目的的国家概念、确定一项合同或交易的商业性质的标准、关于国家企业或其他国家实体商业交易的概念以及对一国财产的强制措施问题。

③ *Yearbook of International Law Commission*, Vol. 2, Part 1, 1988, 110.

④ UN Docs. A/53/274 and A/53/274/Add. 1.

⑤ *Yearbook of International Law Commission*, Vol. 2, Part 2, 1989, 108 – 112.

⑥ UN Docs. A/C. 6/54/SR. 30.

⑦ UN Docs. A/C. 6/55/L. 2.

的活动被排除在法院所在地国的管辖之外，这些活动虽不是行使政府权力的职能，却与这些职能保持着密切的关系。这样可以更充分地保护代表团的内部职能不受干涉。”①

国家及其财产管辖豁免问题工作组②综合上述建议，经过多次讨论，在1999年6月1举行的第10次会议上决定把二读草案中“履行与行使政府权力密切相关的职务”这一提法中的“密切相关”字样删除，以便把该项范围限于“在行使政府权力中履行职务的人士”。2002年，国家及其财产管辖豁免问题特设委员会采纳了一些国家的建议，在“职能”前加上“特定”一词，从而把第二款第（一）项最终确定为“招聘该雇员是为了履行与行使政府权力方面的特定职能”。

与二读草案相比，《联合国国家豁免公约》第十一条的第二个改动是该条第二款增加了一项内容，从而使条款草案的第二款的五项增加为六项。增添的这一项主要列举了四类享有外交豁免的人员，即外交代表、领事官员、常驻国际组织代表团外交人员和特别使团成员或代表国家出席国际会议的人员以及其他享有外交豁免的人员。

在二读草案中，上述四类人员似乎已经包含在第一款中“履行与行使政府权力密切相关的职务”的人员之中了。由于受雇于外交或领事职位的人员，其工作涉及政府权力的行使，一般享有豁免权，因此，国际法委员会在讨论过程中，有代表团建议“增加一个不适用第十一条第一款一般规则的非全面的涉及外交领域的雇员类别清单，这样可以为缔约国法院提供指导”③。豁免问题工作组在1999年6月的会议中也同意增加这么一个雇员清单，不过不是另外增加一项，而是将清单添加在第二款第一项的后面，作为对该项的进一步澄清。④ 公约所采纳的方案是特设委员会于2002年最终确定的，即将外交、领事人员清单单独列为第二款的第（二）项。由此看来，第（一）项所指的“行使政府权力方面的特定职能”，并不包括外交、领事人员所从事的职务。至于第（二）项所指的雇员是否包括诸如私人秘书、口译、笔译以及大多数行政和技术人员，尚存在争议。⑤

第三个删改之处是二读草案第二款第（三）项：“该雇员在签订合同时既非法院地国的国民，也非其长期居民。”《联合国国家豁免公约》删除了这项内容。

---

① UN Docs. A/C. 6/54/L. 2.

② 该工作组是国际法委员会于1999年5月7日第2569次会议上决定设立的，主要负责编写《国家及其财产管辖豁免条款草案》的初步评论。

③ UN Docs. A/C. 6/54/L. 2.

④ *Yearbook of International Law Commission*, 1999, 283.

⑤ UN Docs. A/48/313.

二读草案第二款第（三）项当时遭到许多批评，批评人士认为该项内容以国籍或长期居民身份为标准不太恰当，与基于国籍的非歧视性原则相抵触，建议删除该项。[①] 国际法委员会对此的解释是，如果雇员和法院地国之间没有国籍或长期居住民这种联系，法院地国在面对外国雇用国时就没有必要的理由主张优先实行其适用的劳工法并行使其管辖权。[②] 之所以要强调是“签订合同时”的国籍，是因为如果采用另外一种时间，可能产生改变国籍或者在法院地国安排长期或永久居所的动机，从而不当地限制了雇用国的豁免。此外，法院地国所保护的主要是限于当地劳动力，包括法院地国国民和长期居住在该国的非本国国民。[③]

其实，雇员工作的地点同法院地国发生的领土联系似乎足以拒绝豁免，因为仅凭这种联系，雇员就可以根据法院地国的社会保障制度要求该国给予救济，并且该项条文现有措辞可能使在审议时既非法院地国国民又非其长期居住民的人得不到任何法院保护。联大第六委员会和豁免问题工作组考虑到了这一问题，[④] 而且这项内容的确违背了基于国籍的非歧视性原则，要求删除该项的呼声很高。于是，特设委员会在其 2002 年的报告中删除了该项内容。

二、不豁免规则

《联合国国家豁免公约》第十一条第一款规定的是有关雇用合同的不豁免规则，即除有关国家间另有协议外，一国在该国和个人间关于已全部或部分在另一国领土进行，或将进行的工作之雇用合同的诉讼中，不得向该另一国原应管辖的法院援引管辖豁免。

关于雇用合同作为国家豁免例外的理论依据，归纳起来主要有以下两种学说：一是当事人平等说，即国家一旦与外国私人或法人发生私法或民事法律关系，在有关诉讼方面就应当和私人当事方处于平等地位，而不应再主张豁免特权。例如，在“Piha 诉比利时案”中，法院指出，在外国国家与个人之间的雇用合同产生纠纷时，适用外国国家财产豁免的原则将导致对私人不公平的结果。[⑤] 二是商业性质说，即认为雇用合同只不过是特殊形态的商业或私法合同，履行国家与个人之间的雇用合同是具有“商业性质”的行为，从

① UN Docs. A/C. 6/54/SR. 30, 6.

② UN Docs. A/46/10, 112.

③ *Yearbook of International Law Commission*, Vol. 2, Part 2, 1991, 44.

④ UN Docs. A/C. 6/55/L. 12, 12.

⑤ Piha V. Belgium. *International Law Reports*, Vol. 124, 2003, 550 - 570.

而不适用豁免规则。例如，在“Bouzeri 诉伊朗案”中，法院认为如果外国与个人之间存在雇用合同关系，那么根据行为性质标准，该国家的行为应该具有商业性质。①

从公约第十一条第一款的规定来看，有关雇用合同的诉讼，法院地国主管法院行使管辖的基础显然是工作地点，而根据雇用合同，就是在法院地国领土内。公约规定的行使管辖的条件比较宽泛，无论雇用合同全部还是部分在法院地国领土内履行，也无论是已经履行完毕还是即将履行，法院都有管辖权。

第一款中的“个人”的国籍范围要结合第二款的规定来理解。二读草案曾把“合同签订时既非法院地国的国民也非其长期居住民”的人排除在第一款所指“个人”之外，后因有国籍歧视之嫌，这一项内容被删去了。因此，从公约第二款的规定看，只有一种国籍的人被排除在“个人”之外，那就是“非长期居住在法院地国”的“雇用国的国民”。也就是说，雇员的国籍并不妨碍法院地国法院的管辖，只有当雇员为非长期居住在法院地国的雇用国的国民时，雇用国才可以在诉讼中援引管辖豁免。

对缔约国来说，尊重条约制度和尊重有关国家的同意同样是至关重要的，因为在解决放弃豁免问题或由法院地国行使管辖问题或维持雇用国的管辖豁免问题时，这两项因素具有决定性作用。所以，第一款规定当事国可以另订协议，从而采取别的解决纠纷的办法，放弃当地劳工法而实行豁免。

三、应当保留国家豁免规则的情况

公约第二款的目的是确立和维持适当的平衡，对适用不豁免规则的情况作重要的限制，列举出仍然适用豁免规则的情况。

第二款第（一）项说明雇用职责是为了履行与行使政府权力方面的特定职能的高级政府雇员②的豁免规则。这里所指的“特定职能”不包括外交和领事方面的职能，一般指与国家安全或国家基本利益有关的职能。有关履行这些职能的雇用合同的诉讼将不能在法院地国的法院内提起或受理。

第二款第（二）项涉及受雇于外交或领事职位的人员，其工作涉及政府权力的行使，一般可获得豁免。1961 年《维也纳外交关系公约》第三十八条

① Bouzri V. Islamic Republic of Iran. *International Law Reports*, Vol. 124, 2003, 429.

② 一些国家的案例表明，此类雇员包括私人秘书、电码员、口译、笔译人员等。见 Consulate of U. K. V. Ferraino. *Italy Yearbook of International Law*, Vol. 7, 1995, 298 - 299; Panattoni V. Federal Republic of Germany. *International Law Review*, Vol. 71, 1986, 902.

和1963年《维也纳领事关系公约》第七十一条对上述人员的豁免作了特别规定：接受国对此等人员所实施之管辖应妥为行使，以免对使领馆职务之执行有不当之妨碍。该项是对享有外交豁免的人员的非完全列举，除了包括1961年在《维也纳外交关系公约》所述外交代表和1963年《维也纳领事关系公约》所述领事官员外，还包括常驻国际组织代表团外交工作人员、特别使团成员或获招聘代表一国出席国际会议的人员等。

第二款第（三）项规定，如果诉讼的事由是个人的招聘、雇用期的延长或复职，则雇用国可以援引国家豁免。这一规定旨在保护国家在行使任命或不任命某人担任某一官方职位或工作职位的酌处权。这包括雇用法律视为单方面的政府权力行为的实际任命，也包括雇员被提前终止雇用后寻求继续雇用或复职的情况。豁免规则只适用于个人的征聘、继续雇用和复职的诉讼。它不妨碍仍然可能在法院地国采取可能补救的办法，以便就违反征聘或继续雇用义务的行为索赔或提出损害赔偿要求。[①] 换言之，第（三）项不阻止雇员在法院地国向雇用国提起诉讼，以便就个人的征聘、继续雇用或复职问题所引起的损失寻求补偿。国际法委员会在一读通过条款草案中，用的是“该诉讼涉及”这一措辞，而《联合国国家豁免公约》将其改为“诉讼的事由是”，这样其范围更为准确，严格限于该项所提到的、合法地属于雇用国可自由采取行为的权力范围内具体行动。[②]

第（三）项涉及的只是个人的招聘雇用期的延长或复职，而并不包括雇员的解雇、终止雇用。因此，如果诉讼事由涉及雇员的解雇或终止对其雇用，应该适用第一款的规定。但也有例外，第二款第（四）项就规定，如果诉讼事由是解雇个人或终止对其雇用，且雇用国的国家元首、政府首脑或外交部长认定该诉讼有碍该国安全利益，则雇用国可援引豁免。适用该项有严格的条件限制：一是诉讼有碍雇主国的“安全利益”。《联合国国家豁免公约》后面的附件对“安全利益”作了解释，即针对国家安全事项和外交使团的领事馆的安全而言。虽然1961年《维也纳外交关系公约》第四十一条和1963年《维也纳领事关系公约》第五十五条规定，条款提及的所有个人都有义务遵守东道国的法律规章，包括遵守东道国的劳工法，但以上两公约同时也规定，东道国在行使管辖时，有义务不对使团或使领馆开展工作造成不当妨碍。如果诉讼危及被告国的国家安全或使领馆安全，当然是对使领馆开展工作造成了“不当妨碍”，这是公约所不允许的。二是认定诉讼是否有碍雇用国的安全

① UN Docs. A/C. 6/48/L, 4, Para. 64.

② Gerhard Hafner and Ulrike Kohler. UN Convention on Jurisdictional Immunity of States and Their Property. *Netherlands Yearbook of International Law*, 2004, Vol. XXXV, 3 - 49.

利益的主体必须是雇用国本国的国家元首、政府首脑或外交部长。只有同时满足以上两个条件，才可以适用第二款第（五）项。

第二款第（五）项提供了保护雇用国利益的另一项重要保障。在诉讼提起时，雇员的国籍属于雇用国，这是诉讼不受法院地国法院管辖的决定性因素。由于这是国家与其国民之间的事情，任何其他国家都不应就雇用合同所产生的问题主张优先行使管辖。雇用国内应该有补救方法和向法院提起申诉的机会。不论适用的法律是雇用国或任何其他国家的行政法还是劳工法，在这里似乎都无关紧要。

不过，第（五）项也规定了例外的情况，即虽然雇员在诉讼提起时是雇用国的国民，但如果此人长期居住在法院地国，则法院地国的法院仍具有管辖权。

第二款第（六）项规定了契约自由，即雇员和雇用国可以订立书面协议，选择适用的法律以及受理案件的法院。然而，这项自由并不是没有限制的。它须受制于公共政策或公共秩序方面的考虑，或在一些制度下，受制于“善良风俗和公众良心”。因此，法院地国法院似乎只有凭借“诉讼标的物之所在地”才能保留专属管辖权。

第三节　其他国际条约与各国立法中的有关条款

上文提到，在处理涉及以外国国家为雇主的雇用合同的案件时，各国的做法通常可以划分为两类：一类国家是依照本国关于主权豁免的法律中对雇用合同作出的具体规定来处理案件；而另一类国家没有这种法律，或者虽然有这方面的法律但没有单独对雇用合同作出特别规定，只能把雇用合同当作商业或私人法律合同予以分析。

在国家豁免立法中设置专门条款规定雇用合同问题，似乎已成为国际条约和各国立法的一种趋势。由于不同的国家其劳工法的规定各有不同，且各国法院对于劳务纠纷案件的管辖基础也有差别，所以不同国家豁免立法中有关雇用合同的规定也是有差别的。《联合国国家豁免公约》在起草制定过程中充分吸收了各国立法的成熟经验，同时也注意避免了以往立法中的一些不足。本节试图将《欧洲国家豁免公约》、英国《国家豁免法》、澳大利亚《外国国家豁免法》、美国《外国主权豁免法》中的相关规定与《联合国国家豁免公约》作一比较。

一、《欧洲国家豁免公约》的规定

1972年《欧洲国家豁免公约》（本节以下简称《欧洲公约》）第五条规定了雇用合同作为国家豁免的特殊例外，这种例外区别于该公约第四条和第七条分别规定的与合同义务和在法院地国境内的办事处所从事的事业、商务或金融活动有关的一般例外。根据第五条第一款的规定，一缔约国在该国和个人间关于在法院地国领土内履行的雇用合同的诉讼中不得援引管辖豁免。这一款的规定与《联合国国家豁免公约》第一款并无太大差别。

《欧洲公约》第五条第二款也列举了雇用国可以保留豁免权的一些情形，但比《联合国国家豁免公约》简单得多，只有三项：一是在诉讼提起时，雇员是雇用国的国民；二是合同订立时，雇员既非法院地国的国民，亦非其惯常居住民；三是合同的双方当事人另有相反的书面协定。对于第一种情形，已经得到了普遍承认，《联合国国家豁免公约》也有相同的规定。因为这类雇员与雇用国的联系通常比他们与法院地国的联系要紧密得多，在雇用国本国法院，作为雇用国国民的雇员可以随时提起诉讼。[①] 按照第二种情形，如果在签订雇用合同时，雇员是法院地国的国民或常住居民，则雇用国不能援引豁免，法院地国有权对案件实施管辖。如果雇员不是法院地国的国民或常住居民，则雇用国可以享有豁免权。这一点被认为带有国籍歧视，不利于保护非法院地国的国民或常住居民的利益，所以国际法委员会在1991年二读通过的条款草案中虽然也有类似规定，但最终还是被删除了。其实，对于法院地国而言，外国在自己的领土内招聘并使用雇员，根据属地管辖原则，应该依照自己的劳工法对其行使管辖权，即使该雇员非本国国民或常住居民；而对于雇用国而言，其任命本国国民作为雇员属于主权行为，或者按照属人管辖权原则，固然应当享有豁免权，但是雇用国不能在他国境内依照自己的法律招聘和使用非本国国民，如果这种招聘和使用行为发生在其他国家境内，雇用国则不能豁免于当地法院的管辖。

《欧洲公约》没有像《联合国国家豁免公约》一样，列出一个适用国家豁免的外交和领事人员清单，但是其第五条第三款规定了另外一项条件，对适用第二款第（一）、（二）项进行限制，即如果雇员是受雇于雇用国在法院地国的领土上设立的办事处、代理机构或其他任何形式的组织，且该雇员是雇用国的国民，或者既非法庭地国的国民，又非常住居民，则只有在订立合

① H. Fox. Employment Contracts as an Exception to State Immunity: Is All Public Service Immune. *British Yearbook of International Law*, Vol. 66, 1995, 97-176.

同时，该雇员在雇用国有惯常住所时，雇用国才享有豁免权。根据《欧洲公约》第七条，上述雇用国在法院地国设立的机构或组织，主要是用于从事商业、工业或金融业活动的，因此公约对于有关这些机构或组织招聘雇员的诉讼的豁免问题处理得比较慎重，即使招聘的是其本国国民，但如果被招聘雇员在其本国没有惯常住所的话，法院地国的法院仍然有权对案件进行管辖。

二、一些国家的国内立法

英国《国家豁免法》完全采纳了《欧洲公约》有关雇用合同的规定。所不同的是，该法第四条第四款对合同双方当事人用书面协议方式选择管辖法院或适用法律进行了限制，即如果英国的法律规定某些诉讼必须由英国法院管辖的话，合同双方当事者的协议不得与英国法律相冲突。另外，该条第六款对“有关雇用合同的诉讼”进行了界定，只包括合同当事人之间关于法律规定的雇主或雇员身份之权利和义务的诉讼。澳大利亚《外国国家豁免法》也有类似的规定。其实，合同的主要内容就是当事人的权利和义务，因此，有关雇用合同的诉讼当然要涉及合同当事人之间的权利和义务，该法作如此规定似乎是多余的。

英国《国家豁免法》第十六条第（1）款 a 项特别强调：上述第四条不适用于有关雇用依 1964 年《外交特权法》所指之外交使团成员或 1968 年《领事关系法》所指之领事使团成员提起的诉讼。这里所说的“外交使团成员”和“领事使团成员”是指具有外交或领事特权与豁免的人员，而不包括使领馆一般的雇员。根据该条第（2）款，第四条也不适用于有关一外国国家武装部队在英国留驻期间招聘的雇员（或与留驻部队有关的雇员）提起的诉讼。至于外国驻英国武装部队聘请的雇员是特指军事人员还是亦包括平民雇员，在实践中法院的做法并不一致，这一点在后面还会作进一步阐述。

与《欧洲公约》和英国《国家豁免法》相比，澳大利亚《外国国家豁免法》在雇用合同的不豁免规定方面并无差异。在保留国家豁免的情形方面，该法第十二条第（3）款的措辞非常直接，规定如果雇员是外国国民且非澳大利亚永久居民，或者是外国的常住居民，则雇用国享有豁免权。同英国《国家豁免法》一样，该法第十二条第（4）款也强调合同双方当事人可以在雇用合同中协议保留豁免权，但协议的内容必须不得与澳大利亚法律相冲突。

澳大利亚《外国国家豁免法》与上述两个立法最大的不同在于其第十二条第（5）款和第（6）款对外交和领事使团的雇员作了分类。第十二条第（5）款明确地列出了两种人员，即《维也纳外交关系公约》所规定的外交人员和《维也纳领事关系公约》所规定的领事官员。接着，第（6）款将上述两种人员扩大到“外交使团的行政和技术工作人员”以及“领事馆雇员”。第（5）款所包含的使领馆外交人员和第（6）款所述的雇员在是否允许起诉雇主国方面是有区别的。第（5）款所指人员，无论其职务、国籍如何，都不允许在法院地国的法院起诉雇主国；而第（6）款所述雇员，只有当他（她）是澳大利亚永久居民时，澳大利亚法院才对其提起的诉讼有管辖权。这一规定是澳大利亚立法中的一个特色。澳大利亚《外国国家豁免法》是1985年通过的，当时国际法委员会起草的《国家及其财产豁免条款草案》尚未载有关于外交和领事人员清单，《联合国国家豁免公约》第十一条第二款所列的外交和领事人员清单是2002年特设委员会经过多次讨论后加上去的。在这一过程中，澳大利亚《外国国家豁免法》为《联合国国家豁免公约》的制定提供了有益的经验。

美国1976年《外国主权豁免法》没有专门条款规定雇用合同的豁免问题。该法第一六〇三条第四款给“商业活动”下定义时，并没有像《联合国国家豁免公约》那样特别强调商业交易“不包括雇用人员的合同”，因此，一些学者认为《外国主权豁免法》的规定意味着一些雇用合同可以归入“商业活动”的范畴。[①]

然而，从该法第一六〇五条第一款第（5）项所包含的内容来看，似乎雇用合同并不属于商业活动的范畴。该条第（5）项是《外国主权豁免法》中唯一涉及雇佣关系的条款。根据该项规定，“在美国进行的商业活动”并未包括“外国和外国任何官员和雇员在职务或雇用范围内的行动”。显然，它是将雇用列为与“商业活动”并列的豁免例外事由之一。

在实践中，美国法院在审理涉及雇佣关系的案件时，往往是根据雇用合同的履行是否涉及双方当事人履行外国的公共职能来决定是否将雇用合同视为具有商业和私法性质的交易，如果履行的是政府公共职能，当然不能视为商业或私法性质的交易。这一点与商业活动的判断是一致的。

《联合国国家豁免公约》与《欧洲公约》和英、澳等国的国内立法相比较，在关于雇用合同的规定方面，至少有以下几个方面的不同：第一，《欧洲公约》和一些国家的国内立法没有区分雇员是否从事履行政府权力的行为；而《联合国国家豁免公约》明确规定，如果“雇员是为了履行行使政府权力方面的特定职能”，则雇用国保留豁免。第二，除了澳大利亚《外国国家豁免法》外，其他立法都没有明确列出雇员作为外交与领事人员时的情形；而

① W. Gloor. Employer States and Sovereign Immunity: The Geneva Labor Court Practice. In W. P. Heere (ed.). *International Law and The Hague's 750 th Anniversary*, 1999, 127 – 133.

《联合国国家豁免公约》非常详细地列举了外交代表、领事官员以及其他享有外交豁免的人员。第三，《欧洲公约》和一些国家的国内立法没有将作为非法院地国的国民或常住居民的雇员列为司法管辖的保护对象。这些立法无一例外地规定当雇员既非法院地国的国民，又非其惯常住居民时，雇主国可保留豁免权；而《联合国国家豁免公约》没有这方面的规定，主张雇员不分国籍，都应该得到法律的保护。[①] 第四，《欧洲公约》和一些国家的国内立法没有特别强调维护雇用国在行使任命或不任命某人担任某一官方职位或工作职位的自主权；而《联合国国家豁免公约》明确规定当“诉讼事由涉及个人的招聘、雇用期的延长或复职”时，雇用国可以保留豁免权。

第四节　司法审判实践

从各国的实践来看，涉及国家豁免问题的雇用合同纠纷主要有三类：与使领馆和外交使团有关的雇用合同纠纷、与军事机构有关的雇用合同纠纷以及与其他国有实体有关的雇用合同纠纷。

一、使领馆雇员提起的诉讼

上文已提到，一些普通法法系国家如英国、南非、巴基斯坦、爱尔兰和新西兰，以及一些民法法系国家如德国等在解决雇用合同诉讼中的国家豁免问题时，其决定性的因素是雇用合同的背景和雇员的工作地点，这些国家对雇员的国籍、居民身份以及职位的高低等因素考虑得比较少。对这些国家而言，在保持友好的国际关系与保护雇员的权益之间，优先考虑的似乎是前者。而澳大利亚、美国以及大多数欧洲民法法系国家却提倡扩大当地法院对雇用合同案件的管辖范围，这些国家认为只有当雇员是使领馆的高级职员时才给予雇用国豁免权。

英国的立法[②]和司法实践表明，在有关外国大使馆或领事馆雇用合同的诉讼中，无论雇员的国籍、职位如何，英国法院通常都准予雇用国援引管辖豁免，如“Sengupta 诉印度案”[③]。该案原告 Sengupta 是印度国民，被印度驻伦

① R. Garnet. State Immunity in Employment Matters. *International and Comparative Law Quarterly*, Vol. 46, 1999, 81 - 126.

② 参见英国 1978 年《国家豁免法》第十六条第（1）款（a）项。

③ [1983] I. C. R. 221 (English Employment Appeal Tribunal).

敦大使馆聘为低级职员，后以遭到不公正解雇为由对印度政府提起诉讼。法院认为，虽然雇用合同本身是一种私法行为，但是合同内容是关于在大使馆的工作，即使雇员职务低微，也属“参与涉及国家主权的公共事务”。法院考虑到外交代表是“外国从事主权行为的典型形式之一”，对大使馆雇员遭到不公平解雇的调查必然涉及大使馆的内部管理问题，这就会侵犯到一国主权，最终法院判决被告国享有豁免权。该案发生在英国1978年《国家豁免法》出台之前，当时没有关于“雇员为雇用国国民时，雇用国享有豁免权”的法律规定，所以虽然该案的原告是印度国民，法院也只能依照国际习惯法的有关理论断案。

英国1978年《国家豁免法》第十六条第（1）款（a）项专门就外交使团和领事使团的雇用合同问题作了规定：当雇员是1961年《维也纳外交关系公约》所述的外交使团成员或1963年《维也纳领事关系公约》所述的领事使团成员时，雇用国保留豁免权，按照上述两公约第一条的解释，“使团成员”包括“行政与技术人员”，不仅仅只指外交代表或领事官员。因此，《国家豁免法》的这一规定表明，凡是外交或领事使团的雇员提起的诉讼，无论雇员从事何种职位，雇用国都享有豁免权。例如，在下列案件中，雇员都不是外交代表或领事官员，只是普通行政和技术职员，但法院都判决雇用国享有豁免权：“伽马—埃尔丁诉埃及案”[①]，雇员为埃及籍英国居民，是埃及大使馆医务室聘用的一名司机；“阿巴斯诉阿联酋案”[②]，雇员有两名，一名是英国国民，受雇于阿联酋大使馆担任会计，一名是阿联酋本国国民，担任大使馆医疗翻译；“艾哈迈德诉沙特阿拉伯案”[③]，雇员是英国人，被沙特大使馆聘为秘书；“Jayetilleke 诉巴哈马案”[④]，雇员也是英国人，在巴哈马高等委员会任会计，等等。

英国的一些案例也表明，法院对于雇员是否为英国人并不在意，在法院的判决中，即使雇员是英国国民，法院也会首先考虑国际礼让问题，而把本国国民获得救济的利益放在次要地位。例如，在上述“艾哈迈德诉沙特阿拉伯案”中，法院驳斥了这样一个观点，即外国国家只有在具有外交豁免权且非英国国民的雇员提起的诉讼中才享有豁免权。法院认为，“即使雇员是英国人，只要他不具备官方身份，他就没有权利因遭外国不公正解雇而起诉该国”[⑤]。

---

① E. Lauterpacht, C. J. Greenwood (ed.). *International Law Reports*, Vol. 120, 2002, 417 – 461.

② E. Lauterpacht, C. J. Greenwood (ed.). *International Law Reports*, Vol. 113, 1999, 450 – 452.

③ E. Lauterpacht, C. J. Greenwood (ed.). *International Law Reports*, Vol. 124, 2003, 550 – 570.

④ E. Lauterpacht, C. J. Greenwood (ed.). *International Law Reports*, Vol. 102, 1996, 132 – 148.

⑤ E. Lauterpacht, C. J. Greenwood (ed.). *International Law Reports*, Vol. 124, 2003, 559.

爱尔兰是普通法法系国家，还没有关于国家豁免的国内立法，法院依据爱尔兰普通法有关原则和国际习惯法处理国家豁免方面的案件，也就是区分统治权行为和管理权行为，对于与政府或主权有关的行为保留国家豁免。具体到有关雇用合同的诉讼，爱尔兰法院对于凡是与外交、领事使团有关的雇用合同案件，都判决准予雇用国豁免。如"Burke 与加拿大政府的雇用合同纠纷案"①，Burke 是爱尔兰人，受雇于加拿大驻都柏林大使馆任汽车司机，遭到解雇后对加拿大政府向爱尔兰雇用上诉法庭提起诉讼，后该案上诉到爱尔兰最高法院。最高法院认为，雇员虽然只是一名汽车司机，但由于其供职于大使馆，工作特殊，具有高度信任性和保密性，因此与雇用国的主权行为联系非常紧密，至于雇员是否任高级职位或官方职务，以及是不是法院地国的国民，这与确定雇主国的豁免权无关，法院因此判定加拿大享有管辖豁免权。

新西兰与爱尔兰一样，也没有国家豁免方面的国内立法，法院断案的依据是新西兰普通法和习惯国际法。在有关雇用合同的诉讼方面比较有代表性的案例是"Sutton 与英属皮特克恩岛总督之间的雇用合同纠纷案"②。Sutton 是新西兰人，被聘为英属皮特克恩岛总督办公室秘书兼打字员。总督办公室类似于外国领事馆。法院想要弄清楚的是该雇员是否从事带有外国国家主权性质的事务。法院认为，雇用合同履行的场所是关键因素。如果雇员是在大使馆或领事馆履行职务，则法院对雇员提起的诉讼无管辖权，因为在使领馆这样的场所，几乎所有的活动都带有外国国家主权的性质，且存在雇用双方的相互信任问题和保密问题。至于雇员在工作中是否拥有决策权并不重要③。法院认为唯一例外的情况是雇员"从事建筑或设备的维护与修理工作"④。因此，使领馆雇员要起诉其雇主是很难的。由于本案的雇员从事的职务相当于领事馆的秘书，因此法院判决给予雇主豁免权。

德国作为民法法系国家，在处理涉及使领馆的雇用合同案件时，一般也是无论雇员的国籍和职位高低，都无一例外地准予雇用国管辖豁免。这可以从 20 世纪 80 年代初的"Conrades 诉英国案"⑤ 得到证明。提起诉讼的雇员在英国驻汉诺威领事馆担任接待员、电话接线员等低级职位。汉诺威劳动法院

---

① E. Lauterpacht, C. J. Greenwood (ed.). *International Law Reports*, Vol. 104, 1997, 628–635.

② Governor of Pitcairn V. Sutton (1995) 1 N. Z. L. R. 426, New Zealand Court of Appeal.

③ Governor of Pitcairn V. Sutton (1995) 1 N. Z. L. R. 426, New Zealand Court of Appeal, 431 (Per President Cooke).

④ Governor of Pitcairn V. Sutton (1995) 1 N. Z. L. R. 426, New Zealand Court of Appeal, 431 (Per Justice Richardson).

⑤ Conrades V. United Kingdom, Hanover Labor Court. *International Law Reports*, Vol. 65, 1981, 205.

认为，原告是履行外国领事馆的职责，无论其从事什么样的工作，也无论其职务的高低，他的工作都与行使外国主权权力有一定的关系，因此，法院不适合对此案行使管辖权。

澳大利亚1985年《外国国家豁免法》对使领馆的雇用合同问题作了特别规定。与上述国家的立法或实践不同，澳大利亚国家豁免法将大使馆或领事馆雇员分为两类：一类是与执行外国国家政策有关的雇员，即外交人员和领事官员；另一类是从事日常行政管理、技术或维修等工作的普通职员。对于第一类雇员提起的雇用合同诉讼，无论该雇员职务级别、国籍如何，该法规定一律保留雇主国豁免权。而对后一类雇员提起的诉讼，则要区分雇员是否为澳大利亚永久居民，如果是，则法院对案件有管辖权，否则，保留雇主国的豁免权。对后一类雇员作如此规定是基于这样的考虑，即这类雇员所从事的工作只是与履行主权职能沾了点边，在这种情况下，如果雇员是澳大利亚永久居民，则依据本国的劳动法律保护雇员的利益要优先于国际礼让的需要。[①] 也有学者对这一规定提出批评，认为雇员的地位并非总能准确地反映出他是否从事与国家主权有关的工作，有时候对涉及普通雇员的诉讼给予豁免权也许更为恰当些。[②]

澳大利亚外国国家豁免法律改革委员会在其报告中提出应该划分第三类外国使领馆中的雇员，即具有澳大利亚国籍的服务员。该委员会认为，对这类雇员应该坚持无豁免原则，因为他们比使领馆的行政、技术人员更应该得到国家司法的保护。[③]

美国1976年《外国主权豁免法》没有专门规定雇用合同的条款。美国国会在报告中曾指出：“外交或军事方面的雇员从事的是公共或政府性质的工作，但雇员是美国国民或第三国国民时除外（即雇用国不享有豁免权）”，“劳工、普通职员、公关或市场代理人员”应该被认为是从事“商业活动”[④]。从国会报告可以看出，美国将外交或领事馆雇员分为两个层次：一个层次是从事外交领事工作的人员以及高级职员，这类雇员不能就雇用合同问题向美国法院起诉（雇员通常是雇用国的国民）。另一层次是劳工和普通职员，这类雇员如果是美国国民或第三国国民，则美国法院有管辖权；如果是雇用国本

① D. Greig. Specific Exceptions to Immunity Under the International Law Commission's Draft Articles. *International and Comparative Law Quarterly*, Vol. 38 , 1989, 560.

② D. Greig. Specific Exceptions to Immunity Under the International Law Commission's Draft Articles. *International and Comparative Law Quarterly*, Vol. 38 , 1989, 563.

③ *The Report of the Australian Law Reform Commission on Foreign State Immunity*, 1984, Para. 100.

④ House Report No. 94 – 1487 as extracted in UN Legislative Series. *Materials on Jurisdictional Immunity of State and Their Property*, 1982, 107 – 108.

国国民，则美国法院无管辖权。

荷兰在1988年批准《欧洲国家豁免公约》以前，在审理涉及外国使领馆雇用合同的诉讼案件时，对雇员的职位以及职务的高低并没有什么特别的关注。如在"Gootjes诉比利时案"① 中，鹿特丹地方法院认为，雇员虽然是荷兰国民，在比利时领事馆从事行政服务工作，但领事馆是"比利时政府从事公共职能的一个政府实体"，因此法院判决对此案无管辖权。但是，在"MK诉土耳其案"② 中，法院却判决对由一个外国大使馆低级雇员提起的诉讼案件有管辖权，该雇员在土耳其大使馆担任秘书。法院认为，要确定被告是否享有豁免权，就要弄清大使馆的行为是主权行为还是商业行为。对大使馆作为工作场所的特殊性，法院没有过多地考虑。法院指出，雇员虽然受雇于大使馆，但没有外交人员或公务员的身份，且其职位并没有使他承担任何政府责任。法院最后得出结论：大使馆与该雇员之间签订的雇用合同和一般民事主体之间订立的合同没有本质上的区别。

1988年以后，荷兰的立场有所转变，法院在审理有关使领馆雇用合同案时不再考虑工作场所、雇员地位等因素，对此类案件一般倾向于准予雇用国豁免。如1990年荷兰最高法院审理的"Van Hulst诉美国案"③，法院在分析案情时没有从雇员的职位、身份、地位入手，而是强调使领馆作为外国政府机构的敏感性，从而认定法院对此案无管辖权。法院指出："在涉及雇用合同的诉讼中，国际习惯法主张被告国不得援引国家豁免。但是涉及大使馆和领事馆的雇用合同是个例外，因为雇主往往处于安全的原因终止合同……对此类案件的管辖意味着要对涉及外国主权的敏感资料进行调查，这显然是有违国际法的……"

二、军事机构的雇员提起的诉讼

在涉及军事机构雇用合同的诉讼领域，各国的实践不尽相同，但普遍赞成这样一个观点，即在外国设在法院地国的军事基地上工作的雇员提起的诉讼，无论该雇员是军事人员还是普通平民，雇用国都保留管辖豁免权。与外交和领事使团一样，之所以对有关军事机构的雇用合同案保留豁免，也是基

① Gootjes V. Kingdom of Belgium, Local Court of Rotterdam. *International Law Reports*, Vol. 101, 1995, 505 - 553.

② MK V. Turkey, Sub-District Court of The Hague. *International Law Reports*, Vol. 91, 1993, 259 - 263.

③ Van Hulst V. United States of America (1990), Supreme Court of the Netherlands. *Netherlands Yearbook of International Law*, 379.

于其主权特性。一个国家的军事机构内的事物，其他国家是不能干预的。从这个意义上说，外国的主权利益要优先于法院地国在实施其劳动法或保护其国民权益方面的利益。

意大利法院的许多判决表明，该国对受雇于外国军事基地的平民雇员提起的诉讼，无论该雇员是否为意大利公民或居民，都准予雇用国管辖豁免。例如，在“Savellini 与美国陆军部之间的雇用合同纠纷案”① 及“Francischiello 诉美国政府案”② 中，雇员都是意大利国民，所从事的工作也只不过是电梯服务员或通讯员之类的低级职务，但意大利法院在两个案件中都给予被告豁免权。法院认为，美国建立和管理军事基地是一种主权行为，外国都无权管辖。

美国法院也有类似判例，如“Friedar 诉以色列政府案”③，美国公民 Friedar 受雇于以色列陆军，因受到伤害而起诉以色列政府，美国法院驳回了原告的起诉。法院认为，原告在军队中的服役并不构成美国 1976 年《外国主权豁免法》所提到的“商业活动”，因为政府招聘和训练军队的行为是一种主权行为，只有政府才能从事这种行为。美国国会在其立法报告中也指出，国家雇用军事人员的行为“带有公共或政府性质”④。

英国 1978 年《国家豁免法》专门规定雇用合同问题的第四条没有涉及军队机构的雇用问题。但是该法第十六条第（2）款明确规定：“本法第一编（即豁免之例外）不适用于有关一外国国家武装部队在英国留驻中之行为（或与留驻部队有关之行为）之诉讼，特别是本法的效力，受 1953 年《来访武装部队法》的限制。”⑤ 这表明涉及外国驻英军事机构的雇用合同的诉讼，英国法院没有管辖权，即使雇员为英国公民。

然而，如果是法院地国的外国来访武装部队中的雇员提起的诉讼，是否允许援引管辖豁免，还要受到法院地国与来访武装部队所属国之间缔结的有关条约的影响。北约组织成员国之间签订的《关于北约军队地位的协定》（*The Agreement Regarding the Status of Forces to the North Atlantic Treaty*）就有这方面的规定。该协定将外国来访武装部队的雇员分为三类：军人、具有雇用

---

① Department of the Army of the United States V. Savellini, Court of Cassation. *International Law Reports*, Vol. 107, 1997, 201.

② Fracischiello V. Government of the United States, Tribunal of Naples. *International Law Reports*, Vol. 113, 1999, 158.

③ 614 F. Supp 395 (SDNY 1985).

④ House Report No. 94 – 1487, *UN State Immunity Materials*, 211.

⑤ 新加坡 1979 年《国家豁免法》第十九条（2）款（a）项和加拿大 1982 年《国家豁免法》第十五条都有类似的规定。

国国籍的平民雇员以及具有被访国国籍的平民雇员。该协定规定，被访国的法院对当地雇员（即第三类雇员）提起的诉讼具有管辖权。一般而言，第三类雇员从事的是一般性的日常事务或职级比较低下。上述协定对北约成员国处理相关案件具有重要影响。如意大利法院审理的“Bruno 诉美国案”[①] 和“Gereschi 诉美国案”[②] 等，雇员都是意大利国民，分别为美国军事基地消防员和工资出纳员，意大利最高法院根据协定对案件进行了管辖。同样是涉及美国军事基地雇用合同的案件，在一些非北约成员国却出现了相反的判决结果。如日本东京地方法院审理的“X 诉 Y1 和 Y2 案”[③]，受雇于美国驻日本军事基地的一日本国民因被基地解雇而将美军告上法庭，法院判决对此案无管辖权。

对于军人雇员提起的诉讼，特别是当雇员为外国国民时，当地法院一般不愿意对案件进行管辖。“Littrell 诉美国案” 就涉及军人提起的诉讼问题。[④] Littrell 是美国驻英国空军基地的一名军人，因基地医院的疏忽而使他受到伤害，于是在英国法院起诉美国政府，要求赔偿损失。由于英国没有加入《关于北约军队地位的协定》，英国法院不能依照该协定的有关规定来处理案件。法院根据国际习惯法有关原则指出，雇员受到的伤害是美国空军基地造成的，“军事基地的行为是任何其他国家所不能干涉的”，且“本案中一个重要事实是，雇员是外国来访武装部队中的一员，且非法院地国之国民”，因此美国政府享有豁免权。

总之，综观各国的实践，在有关外国军事基地的雇用合同纠纷案中，如果提起诉讼的雇员是军事人员，则无论其国籍如何，法院通常都没有管辖权；如果提起诉讼的是军事机构中的非军人雇员，各国在是否准予被告国豁免的问题上做法并不一致，尤其当雇员是法院地国的国民或居民时，意见分歧更大。

三、其他国有实体的雇员提起的诉讼

与外交、领事使团和军事机构不同，其他国有实体以多种形式存在着，

---

① Bruno V. United States, Court of Cassation. *International Law Reports*, Vol. 88, 1992, 711 - 714.

② Gereschi V. United States, Court of Cassation. *International Law Reports*, Vol. 103, 1996, 490 - 502.

③ X. V. Y1 and Y2 (1992), 35 Japanese Ann. Int. L. 151.

④ Littrell V. United States, English Court of Appeal. *International Law Reports*, Vol. 115, 1999, 435 - 441.

这些实体的共同特征是都属国家所有①。其他国有实体主要包括国家为实现某政治目的而设立和经营的机构，如信息与商业办事处、文化代理机构、教育机构（如学院、大学等）以及贸易公司等。

由于信息或文化办事处之类的实体通常是为了实现政府目的而设立的，因此这类实体的主权特征和商业特征很容易辨别，而贸易公司与私营实体却难以区分，它们与外国国家唯一的纽带就是国家拥有的股份。但是，从各国的司法实践来看，国家在海外设立的绝大多数办事处在法院地国的诉讼中都很难获得豁免权。而被拒绝豁免或同意豁免的原因又是多方面的，法院有时候可能更多地强调工作场所的性质，而有时候雇员的地位也起决定性作用。

如荷兰阿姆斯特丹地区法院审理的“BV 诉意大利政府案”②，原告受雇于意大利政府在阿姆斯特丹设立的文化研究所，因复职问题与该研究所发生纠纷，于是向法院起诉意大利政府。法院认为，像研究所之类的实体签订的雇用合同是一种私法性质的交易行为，而不是“典型的主权行为”，因此法院有管辖权。在该案中，法院看重的似乎是工作场所的性质而不是雇员的身份地位。

在比利时也有类似的判决。如“Castanheira 诉葡萄牙案”③ 中，雇员是葡萄牙国民，受雇于葡萄牙驻布鲁塞尔商务办事处，因遭办事处错误解雇而将葡萄牙政府告上法庭。布鲁塞尔劳动法庭认定办事处与个人签订雇用合同的行为是司法和商业行为，而不是在行使公共权利。法院因此判决葡萄牙政府不能援引管辖豁免。

意大利法院对于此类案件的判决前后有着不同的立场。在早期的案例中，法院更注重雇员的身份地位。如在 1956 年的“Onori 与匈牙利政府雇用合同纠纷案”④ 中，匈牙利罗马文艺协会的一名意大利籍雇员因雇用合同的履行问题向法院起诉匈牙利政府，意大利最高法院判决对该案有管辖权。法院指出，虽然文艺协会的目的是为了促进匈牙利绘画与雕刻艺术在意大利的发展，带有政府行为的性质，但该雇员并不具有官方职位，其工作职责仅仅是搞好房

---

① 大部分国家的国家豁免立法（如英国、美国、加拿大等）都把外国国家本身与外国国家的“独立实体”和“代理机构”区别开来。虽然这些实体具有独立的法人资格，并有能力起诉或被诉，但它们基于国有的地位在诉讼中也会援引管辖豁免。然而，由于这些实体与私人实体之间有很多极其相似之处，所以法院在给予它们豁免权方面非常谨慎。

② BV V . The Republic of Italy, District Court of Amsterdam. *Netherlands Yearbook of International Law*, 1998, 447.

③ Castanheira V. Portugal, Labor Court of Brussels. *International Law Reports*, Vol. 101, 1995, 193 - 201.

④ Onori V. Hungarian People's Republic, Count of Cassation. *International Law Reports*, Vol. 23, 1956, 203.

屋设施的维护以及负责支付内部员工报酬。因此，在该案中，雇员的职位成了否定豁免的关键因素。而在20世纪70年代末的“汉森诉丹麦文化研究所案”① 中，意大利法院改变了侧重点。该案涉及的雇员具有丹麦和意大利双重国籍，在丹麦文化研究所担任秘书工作，因遭解雇而将雇主告上法庭。法院认为，丹麦文化研究所履行的是丹麦国家主权职能，其使命是在世界各地传播丹麦的生活与文化知识。因此，法院判决准予丹麦援引管辖豁免。在该案中，法院考虑的是雇用方单位的性质，将国家主办的文化研究所视为与使领馆和军事基地同等性质的机构。

在涉及国家设立的教育机构的雇用合同诉讼中，普遍的观点是，被告国不得援引管辖豁免。例如，在奥地利最高法院审理的“Neustein诉印度尼西亚案”② 中，奥地利公民Neustein受雇于印度尼西亚某国立大学，后印尼政府一纸命令终止了该雇用合同，Neustein于是在奥地利法院起诉印尼政府。法院受理了该案，并拒绝了印尼政府援引管辖豁免的请求。法院在判决书中指出雇用合同双方当事人的权利义务的性质是定案的关键，而本案中雇用合同的被雇用方的义务是在大学从事教学工作，这是一种私法行为，因此，被告不能援引管辖豁免。同样，荷兰法院在“De Sousa诉葡萄牙案”③ 中拒绝给予被告豁免权。该案的原告是葡萄牙人，受聘在葡萄牙设于阿姆斯特丹的某学校担任教师，因要求加薪被拒而在荷兰法院起诉葡萄牙教育部。法院拒绝豁免的理由是，国立学校招聘教师与私立学校招聘教师在性质上是一样的，至于雇员具有雇用国国籍这一事实并不影响荷兰法院对案件的管辖。

美国法院在审理涉及外国办事处的案件时，通常注重的是雇员的地位和职务，而不是雇用方单位的性质。如“Segni诉西班牙商务办事处案”④，美国法院允许阿根廷籍雇员对其雇主西班牙商务办事处提起诉讼。法院解释说，商务办事处作为西班牙政府的代理机构，其职责是促进西班牙对美国的出口，因此雇员是基于商业目的而非主权目的被雇用。法院认为，虽然办事处承担了很多主权性质的任务，但雇员的工作内容只是为产品市场提供服务，没有参与政府决策或管理。因此，法院认为该案如果准予被告豁免是不适当的。

美国法院审理的有关雇用合同的案件中，有很大一部分是贸易公司的雇员提起的诉讼。美国法院1983年审理的“Gazder诉印度航空公司案”⑤，对后

---

① Hansen V. Danish Cultural Institute, Court of Cassation. *International Law Reports*, Vol. 65, 1979, 325.

② Neustein V. Republic of Indonesia. *International Law Reports*, Vol. 12, 2002, 603.

③ De Sousa V. Portugal, District Court of Amsterdam. *International Law Reports*, Vol. 99, 1994, 128.

④ *International Law Reports*, Vol. 106, 1997, 289.

⑤ Gazder V. Air India, 574 F. Supp. 134 (SDNY 1983).

来类似案件具有指导意义。该案涉及的是一美国居民被印度在美国经营的航空公司雇用，因认为该公司有关规章制度对他构成年龄歧视而向法院起诉雇主。美国法院认为，国有航空公司也是商业企业，与私营航空公司没什么不同，因此其雇用员工的行为是一种“商业行为”。法院据此拒绝了印度援引豁免的请求。在该案中，工作场所的性质是判案的关键因素。在后来许多涉及外国国有航空公司的雇用合同案中，美国法院都作出了类似的判决，如“Starrett 诉西班牙伊比利亚航空公司案”①、“Grappo 诉意大利埃里塔利亚航空公司案”②。

在另一些涉及国有企业的案例中，美国法院也把雇员工作性质及职位高低作为考虑因素之一。如 1993 年的“Zveiter 诉巴西国有商船公司案”③，雇员具有美国和巴西双重国籍，因性骚扰问题对雇主提起诉讼。美国法院在该案中没有考虑雇主本身的国有或者商业性质，而是从雇员的工作性质入手，认为原告只是公司的普通秘书，即使工作场所带有主权特性，其从事的也只是一些日常事务，与主权权利无关，因此法院对案件有管辖权。

雇主违反雇用合同的行为性质往往也会影响到案件的判决结果，在这方面比较有名的是“内尔森诉沙特阿拉伯案”④。在该案中，雇员内尔森被沙特阿拉伯一家国有医院征聘，后来因故遭到拘留和拷打。因此，内尔森在美国联邦法院提起诉讼。在第一审中，美国联邦佛罗里达南部地区法院判决没有管辖权，但这一判决被美国联邦上诉法院撤销。上诉法院认为，原告请求的内容基于沙特阿拉伯在美国的征聘和雇用，属于商业性质的行为。上诉法院的判决后被最高法院所推翻。最高法院认为，虽然国立医院与个人之间订立雇用合同属于“商业活动”，但是雇员提起诉讼是基于雇主违反合同而造成侵权，而侵权结果是因沙特政府官员渎职所造成的。造成雇员伤害的侵权行为已超出商业交易豁免例外范围，因此法院判决被告沙特政府享有豁免权。

对于上述涉及政府办事处、教育或医疗机构以及贸易公司的雇用合同诉讼，2004 年《联合国国家豁免公约》没有作出特别的规定。但该公约第十一条第二款第（一）项规定，“招聘该雇员是为了履行行使政府权力方面的特定职能”时，雇主国保留豁免权。从这一规定可以看出，公约注重的是雇员工作的内容和性质，对于雇用单位本身的特性，只能作为认定雇员工作性质的辅助因素。

---

① Starrett V. Iberia Airlines of Spain. *International Law Reports*, Vol. 114, 1999, 528 - 531.

② Grappo V. Alitalia Linee Aereee Italiane. *International Law Reports*, Vol. 116, 2000, 639.

③ Zveiter V. Brazilian National Superintendency of Merchant Marine, 833 F. Supp. 1089 (SDNY 1993).

④ Nelson V. Saudi Arabia. *International Law Reports*, Vol. 100, 1995, 544 - 565.

四、案例分析——“Fogarty 诉英国案”①

（一）案例介绍

1. 争端事项

原告 Fogarty 于 1993 年 11 月 8 日被美国驻伦敦大使馆聘为行政助理，供职于美国中央情报局的下属机构——外国广播信息服务部，1995 年 4 月被解雇。随后原告在北伦敦工业法庭对美国政府提起诉讼。原告声称美国政府对她的解雇是出于性别歧视的结果，从而违反了 1975 年《反性别歧视法》的有关条款，请求法院判决美国政府赔偿经济损失。原告还特别指出，上司曾不断地对她进行性骚扰导致工作关系破裂，故被解雇。美国政府在这一诉讼程序中没有要求援引国家豁免。1996 年 3 月 13 日，法庭支持了原告的诉讼请求，判令美国政府赔偿原告 12 000 英镑。

1995 年 6 月，原告又向美国驻伦敦大使馆申请了另一行政助理职位，并同大使馆签订了为期一年的雇用合同，该合同截止于 1996 年 6 月。1996 年 6 月和 8 月（工业法庭的审理结果已出来），原告再一次向美国大使馆分别申请另外两个职位：美国司法部对外办公室秘书或临时秘书，以及美国对外商务部的国际市场中心临时秘书。但以上两项申请都未获批准。

原告于是又于 1996 年 9 月 15 日向工业法庭提起诉讼。她在起诉书中说，因为美大使馆的性别歧视，导致她 1996 年的两次求职申请被拒，请求法院判决美国的行为违反了 1975 年《反性别歧视法》。

1997 年 1 月 10 日，美国政府向北伦敦工业法庭递交了律师函，要求根据英国 1978 年《国家豁免法》援引管辖豁免。函中载有大使馆第一秘书的声明，声明说原告申请的两个职位都属于大使馆的行政和技术职位，因此属于 1978 年《国家豁免法》第十六条第（1）款第（a）项规定的可以援引管辖豁免的情形。

1997 年 4 月 6 日，原告得到律师的建议：由于美国政府依照 1978 年《国家豁免法》请求援引司法管辖豁免，如果其请求成立，则任何英国法院或法庭将对案件无管辖权，原告将无法通过国内法院获得救济。

原告认为，由于国家豁免理论在案件审理中的运用，使她失去了诉诸法院的权利，原告据此于 1997 年 6 月 8 日向欧洲人权法院对英国政府提起诉讼，

① *International Law Reports*, Vol. 123, 2003, 53 – 73 [European Court of Human Rights].

请求法院判决英国政府的行为违反了《欧洲人权公约》第六条第（1）款①以及第十四条②有关反歧视的规定。

2. 双方辩论及法院判决

（1）被告是否违反《欧洲人权公约》第六条第（1）款的规定。

①双方的辩论。

英国政府坚持认为《欧洲人权公约》第六条第（1）款在本案中不适用，因为原告根本不能在国内起诉。国家豁免原则意味着国内法院不能对外国的外交使团的内部事务行使管辖，因此无权解决此类争端。

另外，英国政府还认为，原案件并不涉及公民权利，因为外交使团的雇员从事的是行使主权权力的行为，因此属于公法管辖的范畴。

原告则认为，正如第一次对大使馆提起的诉讼所证实的，国内法赋予了公民免遭性别歧视的权利。国家主权豁免只能阻止国内法院审理此案，而不能剥夺这种权利。这种权利是一种“公民”权利。原告认为她所申请的职位是一种严格意义上的行政性或秘书性质的工作，大使馆不需要也不可能安排她去从事属于履行主权权力的行为。

英国政府认为，假如说援引豁免造成了对原告诉诸法律权利的限制，那也是出于一种合法的目的，即依照国际法的基本原则，尊重他国主权独立与平等。

援引国家豁免所依据的1978年《国家豁免法》第十六条第（1）款第（a）项体现了国际法的一项原则。著名学者 Richard Garnett 曾列举了国家在雇用合同问题上免于他国法院管辖的多种情形③，他指出，各个国家在界定哪些雇用合同不可援引豁免、哪些雇用合同保留豁免时意见很难一致。在有关大使馆或领事馆雇员的案件中，雇主国是否可援引国家豁免的问题上，一些国家基于其国内有关雇佣关系的政策，提倡应该给予更宽松的条件，以扩大法院地国法院对此类案件的管辖范围，限制当事国援引国家豁免（如美国以及大多数欧洲民法法系国家）。

作为政府，选择大使馆的员工应该是一种主权行为。即便是大使馆的服务人员也有可能从事涉及国家主权的行为，并可能接触到国家机密。要判断

① 第六条第（1）款规定：“在决定某人的公民权利和义务或者在决定对某人确定任何刑事罪名时，任何人有理由在合理的时间内受到依法设立的独立而公正的法院的公平且公开的审讯。”

② 第十四条的内容是：应当保障人人享有本公约所列举的权利与自由。任何人在享有本公约所规定的权利与自由时，不得因性别、种族、肤色、语言、宗教、政治的或者是其他见解、民族或者社会的出身、与少数民族的联系、财产、出生或者其他地位而受到歧视。

③ Richard Gardnett. State Immunity in Employment Matters. *International and Comparative Law Quarterly*, Vol. 46, January 1997, 81 - 124.

解雇某大使馆雇员是否公平，或决定是否应该雇用某人，首先必须对大使馆的内部组织进行调查，这就有侵犯国家主权之嫌。在实践中，区分主权行为和管理权行为往往并不是件容易的事情，因此国家在立法中划定有关雇用合同的豁免范围是很有必要的。英国的《国家豁免法》第四条就规定了这样一个范围。根据《欧洲国家豁免公约》第五条和第三十二条之规定，履行外交使团的职能，包括大使馆雇用、招录人员都属于保留国家豁免的情形。其他公约缔约国的实践也支持这一观点。

原告承认1978年《国家豁免法》第十六条（1）款第（a）项是出于合法的目的，但她认为这不合理地限制了她诉诸法律的权利，理由如下：

第一，她的诉讼请求是涉及性别歧视与自由，这些都是民主社会的核心价值，因此，限制他人为了这些核心价值而请求救济的权利是极不合理的。第二，对她来说已经没有别的途径可以寻求救济了，因为美国政府已明确表示不接受司法管辖。第三，原告认为，像她这种情况，英国并不是非得要按照国际法给予被告豁免权。如今的发展趋势是国家豁免的范围越来越受到限制，这可以从《欧洲国家豁免公约》第五条和第七条的规定得到反映，而且英国政府的这一做法并没有得到欧洲理事会其他成员国实践的普遍支持，也没有得到学术界的支持。任命外交使团的成员并不包括在《欧洲国家豁免公约》第三十二条所规定的范围之内。在实践中，英国在解决外国雇员与英国大使馆之间的雇佣关系争端时并没有持绝对豁免的立场，美国政府在解决使馆的雇用纠纷时也不是一味地依照国际法给予被告国豁免权。国际礼让并不意味着绝对主权豁免。另外，国际法委员会也主张，当争端事由是有关法院地国的惯常居民从事与行使政府主权联系并不紧密的行为时，不宜给予被告国豁免权。第四，美国政府在工业法庭的第一次诉讼中没有援引国家豁免。如果说第一次诉讼时是没有援引国家豁免的必要的话，那么难以理解在性质相同的第二次诉讼中是否就真的有必要援引国家豁免。

②法院的判决。

法院认为，在本案中英国法院依照1978年《国家豁免法》给予美国政府豁免权，并没有超出允许国家限制公民诉权的范围。因此，法院以16票赞成、1票反对判决：被告的做法并没有违反《欧洲人权公约》第六条（1）款。

（2）被告行为是否违反《欧洲人权公约》第十四条之规定。

①双方的辩论。

原告诉称，由于国家豁免规则的适用限制了她诉诸法院的权利，英国法庭因此违反了《欧洲人权公约》第十四条有关反歧视的规定。

英国政府辩称，因为《欧洲人权公约》第六条在本案中不适用，所以第十四条也不适用。在征聘问题上，美国大使馆对待原告与对待其他人没有任何差别。

②法院的判决。

法院回顾到，英国工业法庭依照1978年《国家豁免法》第一条和第十六条（1）款第（a）项关于在涉及大使馆雇员（包括行政和技术雇员）的诉讼中适用国家豁免规则的有关规定，驳回了原告的诉讼请求。这一规定适用于所有有关雇员关系的争端，而无关雇佣关系双方的争端事由以及雇员的性别、种族、居住地以及政治见解等。因此不能认为原案中原告在就雇用争端对美国大使馆提起诉讼的问题上受到了与其他任何人不同的待遇，英国法庭限制其诉权的做法也没有任何歧视。

基于以上原因，法院（一致赞成）判决：被告的行为没有构成对《欧洲人权公约》第十四条的违反。

（二）法律评论

1.《欧洲人权公约》第六条第（1）款的适用问题

《欧洲人权公约》第六条第（1）款本身并没有将缔约国在实体法上的“公民权利与义务”绝对化。按照法院的说法，公约的规定只是承认国内法上的“公民权利与义务”，而个人是否有权在国内法院提起诉讼，不仅仅决定于国内法中相关民事权利的规定，还取决于是否存在程序上的障碍，禁止或限制将诉讼提交法庭。然而，如果某一国家并不受公约实施机构的约束或控制，它在民事诉讼方面有免于法院管辖的豁免权，或者对某一群体或特殊种类的人群享有民事责任豁免权，那么，可能会出现与民主社会的法治精神或公约第六条第（1）款所体现的基本原则不一致的情况，也就是说，某一民事求偿虽然合法，但却不能够提交法院来审判。

因此，即使被告的行为确实违反了1975年《反性别歧视法》，构成对原告的性别歧视，但由于美国政府享有司法管辖豁免权，所以英国法院不能够为了维护原告在国内法上的实体权利而受理原案。从实体上来说，对一个国家起诉并不受限制：如果被告国不选择援引管辖豁免，则诉讼程序得以在法院继续下去，直到作出判决，正如原告第一次起诉美国政府时那样。但是，给予雇用国司法管辖豁免并不是免除其实体上的责任和义务，而只是一个程序上的障碍，阻止原告将诉讼提交工业法庭。

被告国政府曾提出，由于原告的诉讼请求是有关美国大使馆对人员的招聘问题，因此并不涉及“公民权利”。要确定《欧洲人权公约》第六条第

(1) 款是否适用于有关政府雇员的雇用合同纠纷，主要是看雇员的职责与义务的性质。如果政府雇员的职责具有典型的为政府公共事物服务的性质，是受行政当局的委托从事维护国家普遍利益的行为，则第六条第（1）款不适用于此类雇佣关系争端的解决。本案正是属于这种情形。

2. 适用国家豁免规则是否构成对公民诉权的侵犯

法院回顾了“Golder 诉英国案”的判决[①]，该判决指出，《欧洲人权公约》第六条提供了有关公平、公开、快捷的程序保证，但是如果缺乏前提条件，即连诉诸法律的权利都没有，那么所谓的程序保证也就毫无意义了。公约第六条隐含了一种内在的对公民诉权的保护措施，这种保护的依据是基于一般法律原则和禁止权利滥用原则。因此，公约第六条第（1）款确保了任何人有权要求法院保护其公民权利与义务。

然而，诉权并不是绝对的，有时候可能要受到一些限制。诉权是一种公民权利，其性质决定了它必须接受国家的管束。在公民的权利与自由方面，《欧洲人权公约》留给各缔约国一定的自由裁量空间，对公约的遵守最终也取决于各国的法院。但是，对诉权的限制并没有伤害到这种权利的实质。一些案例也证明，如果不是为了追求合法的目的，或者目的虽然合法，但其意义远小于雇用的意义，则对诉权的限制与公约第六条第（1）款所体现的精神是不协调的。[②]

问题的关键在于对诉权的限制是否出于追求合法的目的。主权豁免是国际法的一个概念，它源于“平等者之间无管辖权”的法律格言，意思是一国免受另一国法院的管辖。法院考虑到，在国内诉讼中给予外国主权豁免是为了追求一种符合国际法的目的，即通过尊重彼此的主权来促进国际礼让与友好的国际关系。

另外，对诉权的限制是否与所追求的目的相称。对任何公约条款的解释应该依照 1969 年《维也纳条约法公约》的有关规定。《维也纳条约法公约》第三十一条第（3）款第（c）项规定，解释条约时应该考虑到“适用于当事国间关系之任何有关国际法规则”。因此，对《欧洲人权公约》应该放在有关背景下进行解释。法院必须考虑到该公约作为人权条约的特殊性质，同时又要把相关的国际法规则考虑进去。法院解释公约时应该尽可能地与包括国家豁免原则在内的其他国际法规则协调一致。

缔约国在国内法院的诉讼中给予外国豁免权，依据的是国家主权豁免这

---

① Golder V. The Untied Kingdom, Judgment of 21 February 1975, Series A, No. 18, 13 – 18, Parts. 28 – 36.

② Waite and Kennedy V. Germany. *International Law Reports*, Vol. 116, 2000, 635 – 636.

一国际社会普遍接受的国际法规则，因此不应该被看作是对《欧洲人权公约》第六条第（1）款所述诉权的一种不适当的限制。正如诉权被看作是人权公约为公民受到公正审判而提供的保证之一，对诉权的限制也同样应该被看作是国际社会所普遍承认的国家豁免理论的内在要求。

实践表明，国际法与比较法越来越倾向于在处理雇佣关系争端时对雇主国援引国家豁免给予更多的限制。然而，在有关外交使团和使领馆的雇佣关系的诉讼问题上，国际实践出现了分歧意见，有的主张对这类诉讼仍然保留国家豁免，有的则认为应该取消国家豁免。主张仍然保留国家豁免的意见也分成两类，一类认为只有对于有关外交使团和使领馆的高级雇员的争端才适用国家豁免规则，另一类则主张应该涵盖所有雇员。因此，在有关外交使团的雇佣关系的诉讼中给予被告主权豁免并没有超出当今所公认的国际准则。

在本案中，原告所希望提起的诉讼并不涉及大使馆中的现职雇员的合同权利问题，而只是关于在人员招聘过程中的歧视问题。外交使团和使领馆招聘工作人员，必然要涉及一些敏感的带有国家秘密性质的问题，涉及外国的对内对外政策，至于说国际法上的发展趋势是在有关外交使团的雇用合同问题上更多地限制国家豁免规则的适用，这一点对法院来说并不重要。

从另一个角度来说，一个国家选择录用外交和领事人员时必须考虑到其本国的利益、法律法规并依照一定的程序。如果国家任命包括普通职员在内的海外代表时，依照外国特别是东道国的法律和程序，那是不可思议的。因此，国家在选任驻外国雇员时，显然是在行使政府公共权力，属于国家主权范畴。

这一观点反映在2004年《联合国国家豁免公约》第十一条。该条第一款规定："除有关国家间另有协议外，一国在该国和个人间关于已全部或部分在另一国领土进行，或将进行的工作之雇用合同的诉讼中，不得向该另一国原应管辖的法院援引管辖豁免。"但是该条接着又补充道，以上例外不适用于当"诉讼事由是个人的招聘、雇用期的延长或复职"的情形以及"招聘该雇员是为了履行行使政府权力方面的特定职能"的情形。按照国际法委员会的解释，以上规定适用于任何人对外交或领事职位的应聘。[①] 也就是说，在选聘雇员的时候是保留国家豁免的，然而一旦某个人与雇主签订了雇用合同而成为雇员以后，情况就有所不同了，在履行雇用合同的过程中出现的某些纠纷可能适用国家豁免的例外。

本案所涉及的情形应该适用国家豁免规则，因为：第一，本案所涉及的

① *Yearbook of the International Law Commission*, Vol. II, Part 2, 1991, 42 - 43.

是外交与领事人员的招聘而不是雇用合同的履行；第二，并不妨碍《欧洲人权公约》中任何强行法规则的适用；第三，从《欧洲人权公约》第六条第（1）款的角度来说，限制诉权并没有什么不妥。

正如法院在其判决中所指出的："缔约国在国内法院的诉讼中给予外国豁免权，依据的是国家主权豁免这一国际社会普遍接受的国际法规则，因此，不应该被看作是对《欧洲人权公约》第六条第（1）款所述诉权的一种不适当的限制。"

综上所述，每一个独立的国家有自主权制定和实施本国的对外政策，任命和使用任何符合要求的人员，这一点是至关重要的，即使公民的诉权也不能超越这一基本规则。

（三）有关使领馆雇用合同的诉讼中的国家豁免问题

联合国国际法委员会在讨论和修改《国家及其财产管辖豁免条款草案》时，曾将本案列为重要参考案例之一。[①] 本案涉及有关使领馆雇用合同案中的两个重要问题。

第一个问题是当诉讼事由是有关个人的征聘时，是否保留国家豁免。按照习惯国际法，一国在该国和个人间的雇用合同的诉讼中，不得向另一国原应管辖的法院援引管辖豁免。本案原告因两次向美国大使馆应聘职位遭到拒绝，因而向英国法院提起诉讼。在诉讼中，美国政府向法院申请援引管辖豁免。英国 1978 年《国家豁免法》没有关于案件涉及雇员的征聘时，雇用国可否保留国家豁免的规定。英国法院考虑到，美国大使馆聘用或不聘用某人，这是与美国政府的"政府或政治职能"有关的"国家活动"，聘用行为是行使政府权力的行为，因此视为"主权行为"。为了维护国家在行使任命或不任命某人担任某一官方职位或工作职位的自主权，有必要给予被告管辖豁免。

《联合国国家豁免公约》肯定了上述国家实践，公约第十一条第二款第（三）项明确规定：一国在该国和个人间关于已全部或部分在另一国领土进行，或将进行的工作之雇用合同的诉讼中，不得向该另一国原应管辖的法院援引管辖豁免；但如果诉讼的事由是个人的招聘、雇用期的延长或复职时，以上规定不适用。

本案涉及的另外一个问题是大使馆雇员的工作性质、职务高低是否影响被告援引管辖豁免。现有资料表明，理论和实践上对此有两种立场：一种认为，在有关使领馆或外交使团雇员对雇主提起的诉讼中，无论雇员的工作性

① UN Docs. A/54/10, 282.

质、职务高低如何，被告都享有豁免权；另一种认为，在此类诉讼中，只有当雇员具有高级职位、从事的是带有主权性质的工作时，被告才享有豁免权，而对于普通行政或技术人员提起的诉讼，被告不得援引管辖豁免[①]。本案中，原告在大使馆内担任行政助理，属于一般的行政、技术工作人员。按照英国1978年《国家豁免法》第十六条第一款的规定，只有当提起诉讼的雇员是“外交使团成员”或“领事使团成员”时，雇用国才享有管辖豁免权。英国的司法实践表明，《国家豁免法》所述“外交使团成员”或“领事使团成员”应该包括外交代表、领事官员以及使领馆中的行政、技术人员[②]。因此，本案原告也属于《国家豁免法》第十六条第一款第（一）项所指雇员。

《联合国国家豁免公约》与英国1978年《国家豁免法》的规定有所不同。《联合国国家豁免公约》第十一条第二款第（二）项规定，当提起诉讼的雇员是“1961年《维也纳外交关系公约》所属的外交代表或1963年《维也纳领事关系公约》所述的领事官员以及其他享有外交豁免的人员”时，被告国保留豁免权。《联合国国家豁免公约》所指的雇员范围要小些，特指外交代表或领事官员，不包括使领馆中的行政、技术人员。公约的规定代表了一种趋势，那就是在有关使领馆的雇用合同案件中，除非涉及“严格的主权问题”，对于一般性质上属于普通民事纠纷的案件，法院地国的法院通常都主张对案件有管辖权。

本章小结

雇用合同问题是国家豁免领域内一个不太引起人们重视的问题。然而这一问题却牵涉多方面的利益。一个国家及其机构同自然人签订合同，而此雇用合同系全部或部分在另一国领土内履行，当该自然人因雇用合同所载规定和条件而引发的纠纷在合同履行国法院提起诉讼时，往往会产生一些矛盾和冲突。由于诉讼涉及两个主权国家，即雇用国和法院地国，因此，两种法律体系会竞相适用其各自的法律。

对雇用国而言，国家或其行使政府权力的一个机关、机构或部门在选择、征聘和任命雇员时适用其法律是符合其利益的。为了对其本身的工作人员或

---

① R. Garnett. State Immunity in Employment Matters. *International and Comparative Law Quarterly*, Vol. 46, 1997, 81 – 126.

② Sengupta V. Republic of India, English Employment Appeal Tribunal. *International Law Reports*, Vol. 85, 1991, 238 – 241; Arab Republic of Egypt V. Gamal-Eldin, English Employment Appeal Tribunal. *International Law Reports*, Vol. 118, 2001, 610 – 615; Ahmed V. Kingdom of Saudi Arabia, English Court of Appeal. *International Law Reports*, Vol. 120, 2002, 608 – 611.

政府雇员行使纪律监督，雇用国切实希望确保其本国条例以及因其作出的单方面决定而产生的任命权或解雇权得到遵守，这也是有道理的。

另外，法院地国在关于保护其当地劳动力的国内公共政策的问题上，即使没有压倒一切的利害关系，也似乎保留专属管辖权。有关诸如医疗保险、对某些风险的保险、最低工资、享受休息和娱乐的权利、带薪假期、雇用合同终止时应付的补偿费等问题，都是法院地国最关注的问题，尤其是如果雇员应聘在该国工作，或应聘时是该国国民或长期居民。除此之外，法院地国可能没有充分理由主张它在行使管辖权方面有压倒一切或重大的利害关系。管辖的基础显然而且无疑是雇用合同和法院地国之间的密切领土关系，即工作是在法院地国进行的，而且雇员是该国国民或长期居民或永久居民。

对于涉及上述雇用合同的诉讼，法院地国是否有管辖权的问题，各国在实践中有不同的做法。有的法院地国往往是把雇用合同当作商业或私人法律合同予以分析，立足于平衡雇用国的利益和法院地国劳工法之间的矛盾，强调主权行为和非主权行为的区别，允许对司法或商业性质的雇用合同实施管辖权。而对于那些出台了国家豁免方面的专门立法的国家而言，“雇用合同”成为有别于“商业交易”的一项单独的国家豁免的例外。

《联合国国家豁免公约》有关“雇用合同”的内容充分吸收了一些国家的国内立法以及之前的有关国际条约或草案的长处，具有一定的系统性和完整性。公约无疑是各国今后制定相关立法或者对现有立法进行修订的重要蓝本。然而，公约的有关规定与一些国家长期以来在司法实践上的做法有些不一致之处。例如，公约第十二条第二款规定只在外交代表、领事官员等享有外交豁免的人员提起的诉讼中保留雇用国的豁免权，而一些国家在实践中对使领馆中的行政、技术人员以及从事日常工作的低级雇员提起的诉讼中也保留国家豁免。相关国家如何对待公约中与本国立法或实践不一致的规定，取决于各国对各种利益的取舍。

第七章　我国的立场与对策

第一节　我国在国家豁免问题上的立场

一、我国立场之演变

一些学者认为，我国在20世纪80年代以前一直坚持“绝对豁免”立场①，这种观点其实是不全面的。在新中国成立以来的很长一段时间里，我国国际法理论受苏联理论的影响，认为国家行为无统治权行为和商业行为之分，再加上中国在历史上曾受帝国主义的蹂躏，认为似乎坚持绝对豁免就等于限制帝国主义。因此，一些学者的确主张应该坚持绝对豁免主义②。然而，在实践中，我国往往采取比较灵活的做法。我国的外交实践表明，20世纪90年代以前，我国在国家豁免问题上的立场可以概括为“肯定国家豁免原则，倾向于绝对豁免立场，但却又允许一定‘例外原则’的存在”。这可以从我国对“湖广铁路债券案”的态度和我国参加国际法委员会起草《国家及其财产的管辖豁免条款草案》时所展现的立场以及我国早期参与签署的多边、双边条约得到证实。

美国法院审理的“杰克逊等诉中华人民共和国案”，即“湖广铁路债券案”是涉及中国国家豁免的一起重要案件。1979年1月，美国公民杰克逊等人在美国联邦阿拉巴马北部地区法院起诉中华人民共和国，声称他们是中国清朝政府于1911年发行的“湖广铁路五厘利息递还金镑借款债券”的持有人，要求中国赔偿债券1亿美元外加利息和诉讼费。该联邦地区法院于1979年11月13日向中华人民共和国发出传票，并指名由中国外交部长黄华收，要求被告中华人民共和国于收到传票20日内提出答辩，否则作缺席判决。中

① 郭延曦．中国关于主权豁免问题的对策．法学，1995（3）：38；曾涛．中国在国家及其财产豁免问题上的实践及立场．社会科学，2005（5）：55．

② 李浩培．李浩培文选．北京：法律出版社，2000．528～532．

国外交部拒绝接受传票并将其退回。于是，美国地区法院于1982年9月1日作出“缺席判决”，判决中华人民共和国赔偿原告等损失4 100万美元，外加利息和诉讼费①。

对于美国法院的上述审判，中国政府一开始拒绝应诉，并且通过外国途径提出交涉。1983年2月2日，中国外交部长向美国国务卿递交了外交备忘录，表明了中国政府的严正立场：“国家主权豁免是国际法的一项重要原则，其根据是联合国宪章所确认的主权平等原则。中国作为一个主权国家无可非议地享有司法豁免权，美国地方法院对一个主权国家作为被告的诉讼行使管辖权，作出缺席判决甚至以强制执行其判决相威胁，完全违反了国家主权平等的国际法原则，违反联合国宪章。对于这种将美国国内法强加于中国，损害中国主权、损害中国民族尊严的行为，中国政府坚决拒绝。如果美方无视国际法，强制执行上诉判决，扣押中国在美国的财产，中国政府保留采取相应措施的权利。”②

1983年6月中旬，原告企图执行上述“缺席判决”。中国政府在和美国政府协商的基础上，于1983年8月12日通过雇聘当地律师第一次在美国联邦地区法院为提出撤销“缺席判决”和驳回起诉的动议而特别出庭。与此同时，美国国务院和司法部也分别向美国地方法院提出了两个“利益陈述”，表示支持中国的动议。在这种情况下，美国联邦地区法院于1984年4月27日主要以1976年美国《外国主权豁免法》没有追溯效力和“公共利益”为理由，撤销了地区法院于1982年所作出的“缺席判决”。这一判决后来还得到美国联邦第十一巡回上诉法院的确认。

从处理上述“湖广铁路债券案”的经过可以看出，中国政府对其在外国法院被诉的情形下一贯坚持国际法上的国家豁免原则，原则上拒绝接受外国法院的司法管辖，并坚决反对外国法院对中国国家财产采取强制措施③。另外，在美国法院审理该案过程中，中国政府虽然开始完全拒绝应诉，但后来经过和美国政府的外交交涉，又雇聘当地律师出庭抗辩并提出撤销“缺席判决”的动议，这说明在国家管辖豁免问题上，被诉国在坚持国家豁免原则的前提下，还应掌握和灵活运用法院地国的法律手段。

---

① Jackson V. People's Republic of China. *International Law Reports*, Vol. 84, 1991, 132 - 158.

② 参见中国国际法年刊，1984. 483. 关于对该案的评论，详见陈体强. 国家主权豁免与国际法——评湖广铁路债券案. 中国国际法年刊，1983. 31.

③ 事实上，该案不仅涉及国家豁免问题，也涉及国家继承问题。由于“湖广铁路债券”发行的历史背景，这笔债券属于“恶债”之列，根据国际法的恶债不继承的原理，中华人民共和国政府当然没有继承的义务。参见陈体强. 国家主权豁免与国际法——评湖广铁路债券案. 中国国际法年刊，1983. 51.

尽管美国联邦地区法院最后主要以《外国主权豁免法》没有追溯效力等其他理由而否认了对中国政府的"缺席判决"，但值得注意的是，美国政府在该案审理过程中向法院提出了"利益陈述"。如前所述，自美国1976年制定《外国主权豁免法》以后，法院改变了过去在外国豁免问题上遵从政府意见和建议的惯例。然而，在该案中美国政府仍然通过向法院表明见解来向法院施加影响。这也反映出国家豁免问题往往是一个政府无法彻底回避的、有关外交关系的政治敏感问题。

中国代表在联合国大会第六委员会的一些会议上也多次表明了中国政府的一贯立场。

例如，在1986年第41届联大六委上，中国政府代表就联合国国际法委员会一读通过的《关于国家及其财产管辖豁免条款草案》首先表明了原则性立场，即"根据国家主权和主权平等原则以及'平等者之间无管辖权'这一著名法律格言，国家享有豁免是一项重要的国际法原则；一国非经其同意不受他国法院管辖"[①]。与此同时，中国政府代表还指出，在各国存在着不同主张和原则性分歧的情况下，应研究如何取得"合理的平衡"并达成"明显一致的谅解"。为此，中国代表认为："条款草案既应以明确的规范性语言确认国家豁免是国际法的一般性原则，同时又要充分考虑到这一原则的实施可能受到某些'例外'的限制，从而达到真正'合理的平衡'。"[②] 这表明，我国是以一种比较务实的态度来处理有关国家及其财产管辖豁免的争议的[③]。

1991年在第46届联大六委会议上，中国政府代表就国际法委员会二读通过的《关于国家及其财产管辖豁免条款草案》进一步表明了立场。中国代表团始终认为"国家豁免是基于国家主权和国家主权平等的一项国际法基本原则"，"国家财产的执行豁免……是一项久已确立和公认的原则"。同时，中国代表重申："为了维护和促进国家间正常的往来和经贸关系，可以就国家管辖豁免制定一些例外的规定。然而，考虑到国家豁免原则的性质和内涵，这些例外必须限于确有实际需要的某些情况而保持在最低限度上。不然，整个条款草案就会出现在原则上肯定而在具体上否定国家豁免原则，这是与制定该专题法律制度的目的背道而驰的。"[④]

---

① 中国国际法年刊，1987. 835.

② 在关于国家豁免的"例外"问题上，中国政府同意可以对国家豁免规定某些例外，如有关"商业合同"、"不动产的所有、占有和使用"以及"商业船舶"等。见中国国际法年刊，1987. 836.

③ Guiguo Wang. China's Attitude toward State Immunity: An Eastern Approach, Japan and International Law: Past, Present and Future. *International Symposium in Commemoration of the Centennial of the Japanese Association of International Law*, 1997, 185.

④ 中国代表孙林关于国际法委员会报告中"国家及其财产的管辖豁免"议题的发言，1991. 4 ~6.

由此可见，中国政府在国际会议上一方面坚持国家管辖豁免为基本原则的一贯性立场；另一方面也表明了在具体规则上可以采取灵活处理的态度。

在双边条约方面，1958 年我国与苏联缔结了通商航海条约，在附件第四条中规定：商务代表处就对外贸易享有主权国家有权享有的一切豁免权，但下列事项构成此一原则的例外：①关于商务代表处在接受国缔结或担保的对外商业合同的争议，在缺乏有关仲裁或任何其他管辖权的选择的情况下，应受接受国法院的管辖，但接受国法院不得作出提供担保的临时命令；②就上述争议对商务代表处作出的最后判决可以强制执行，但这种强制执行仅能对商务代表处的货物和债权实施。[①] 这条规定一方面肯定了彼此商务代表处的豁免权；但另一方面也同意彼此可以自愿放弃一些豁免权作为例外。

我国加入一些多边公约，也包含关于国家及其财产豁免的条款，这些规定在我国具有法律效力。例如，我国 1975 年加入的《维也纳外交关系公约》第二十二条和 1979 年加入的《维也纳领事关系公约》第三十一条规定使领馆及其财产享有豁免权，这里所指的财产当然属于国家财产；我国 1980 年加入的《国际油污损害民事责任公约》第十一条第一款规定，缔约国将就油污损害赔偿案件放弃损害所在地缔约国法院的管辖豁免权；1996 年开始对我国生效的《联合国海洋法公约》第三十二条、第九十五条以及第二百三十六条规定，军舰、海军辅助船、为国家所拥有或经营并用于政府非商业性目的的船舶或飞机都享有主权豁免。上述公约的这些规定，无疑是我国处理有关国家及其财产豁免案件的重要法律依据，也体现了我国在这一问题上的立场。

20 世纪 90 年代以来，随着我国改革开放的进一步深化，以及我国越来越多地参与国际事务，我国的对外政策也更趋于务实。在对外经贸发展过程中，我国的主要贸易伙伴大都采用限制豁免立场，如欧盟、美国等。当我国与它们发生贸易争端时，如果我国仍倾向于绝对豁免主义，对对方无管辖权，而由于对方坚持限制豁免，它们对我国可以进行管辖，这显然对我国是非常不利的。在这样的背景下，我国在国家豁免问题上的立场越来越与西方国家的观点相接近。1997 年第 51 届联大六委会在讨论“国家及其财产管辖豁免”议题时，中国代表团阐述了我国的基本立场：“如果国家以其名义从事以营利为目的的商业交易，则不应在外国主张管辖豁免……”[②] 2005 年 9 月，我国签署了《联合国国家豁免公约》。尽管该公约是持不同立场的国家之间相互平衡与妥协的产物，但毋庸讳言，其基调还是倾向于限制豁免的。对公约的签署表明我国在国家及其财产豁免问题上基本接受限制豁免立场。

---

① http://www. npc. gov. cn/zgrdw.

② 中国国际法学会．中国国际法年刊（1997）．北京：法律出版社，1999．427.

二、我国有关国家豁免方面的最新立法与实践

（一）2005 年《中华人民共和国外国中央银行财产司法强制措施豁免法》

事实上，我国已开始了有关国家豁免立法的进程。2005 年 10 月 25 日第十届全国人民代表大会常务委员会第 18 次会议通过的《中华人民共和国外国中央银行财产司法强制措施豁免法》（以下简称《外国央行豁免法》）开启了我国国家豁免立法的先河。

1. 国际上关于外国中央银行财产豁免的主要做法

对于外国中央银行或其他货币当局财产的豁免问题，这里有必要先探讨一下西方国家在这方面的做法，以便与我国的《外国央行豁免法》的规定进行比较。

各国中央银行的功能和在其本国国内法上的地位不大相同，所涉及的工作从发行货币、管理外汇到进行借贷活动等。在这种情况下，中央银行的财产是否应比其他国家财产享有更高程度的执行豁免呢？欧洲大陆法法系的国家，如法国、德国和瑞士等国的法院判决显示，并没有对外国中央银行的财产给予特殊的待遇[①]。而在国内立法方面，加拿大《国家豁免法》将外国中央银行的财产分为“商业用途”和“非商业用途”，前者不享有执行豁免，而后者享有执行豁免[②]。澳大利亚《外国国家豁免法》没有专门保护外国中央银行财产的规定，而英国和美国的立法对此有专门的规定。英国《国家豁免法》第十四条第四款规定，属于外国中央银行或其他货币当局的财产，不得被视为商业财产。美国《外国主权豁免法》第一六一一条第 2 款第 1 项对于外国中央银行或货币当局自己所持有的财产给予绝对的执行豁免，不过必须符合三个条件：第一，主体必须是中央银行或者货币当局；第二，财产必须为中央银行或货币当局自己持有；第三，没有明示放弃豁免的情形。美国《外国主权豁免法》如此立法的目的主要有二：第一，鼓励外国的中央银行在美国存放金钱，并且保证在未获其同意之前，这些钱绝对不会受到干扰；第二，避免因为执行外国中央银行的财产而产生严重的外交问题。[③]

在国际公约方面，1972 年《欧洲国家豁免公约》对外国中央银行的财产

---

① 龚刃韧．国家豁免问题的比较研究（第二版）．北京：北京大学出版社，2005．292．

② H. L. Molet & M. L. Jewett. The State Immunity Act of Canada. *Canada Yearbook of International Law*, Vol. 20, 1982, 116.

③ House Report No. 94 – 1487, *UN State Immunity Materials*, 121.

没有作特别规定。2004 年《联合国国家豁免公约》第二十一条第一款将“外国中央银行或其他货币当局的财产”排除在“具体用于或意图用于政府非商业性用途以外目的的财产”之外，规定不得在另一国法院的诉讼中被采取判决后的强制措施。很显然，《联合国国家豁免公约》对外国中央银行的财产给予了特别保护①，不区分中央银行财产是用于政府目的还是政府非商业性用途以外的目的，一律给予执行豁免。这种豁免权显然带有绝对豁免主义的特点。

综上所述，国际上对外国中央银行财产的豁免主要有三种做法：一是整体豁免，如英国《国家豁免法》和《联合国国家豁免公约》，将该类财产规定为非商业财产，一律享有执行豁免；二是如美国的区分对待的做法，规定外国中央银行或其他货币当局的财产为其自身利益持有的财产不得被扣押和执行，换句话说，用于其他目的诸如投资、金融交易的中央银行财产就享有执行豁免；三是欧陆少数一些国家如德国、法国，对外国中央银行和其他类似单位的财产视同普通财产，不享有执行豁免的特殊待遇。

2．我国的立法

在司法实践中，我国法院向来既不对外国中央银行行使司法管辖权，也不对外国中央银行的财产采取强制措施，但一直没有相应的国内立法。

我国出台《外国央行豁免法》，最初目的是为了解决香港的外国中央银行财产在港的司法豁免权问题②。香港回归前，根据其适用的英国《国家豁免法》，外国中央银行财产在香港享有司法豁免；香港回归后，英国《国家豁免法》在香港不再适用，香港特别行政区没有关于外国中央银行财产保护方面的成文法可依，一些外国中央银行对此表示忧虑。为了给予在香港的外国中央银行财产以豁免保护，维护并巩固香港作为国际金融中心的地位，并考虑到外国中央银行豁免问题涉及国家主权和外交事务，2000 年底，香港特别行政区政府向中央人民政府提出通过立法解决外国中央银行财产在香港的豁免问题。2001 年 9 月，外交部向国务院报送了《建议通过全国性立法解决包括香港、澳门特区在内的保护外国中央银行在华财产问题的请示》，请示经国务院同意后，外交部会同国务院港澳办、人民银行、外汇局、最高人民法院等有关部门起草了《关于对在华外国中央银行财产给予司法强制措施豁免的决定（草案）》，报请国务院批准，并提请全国人大常委会审议。第十届全国人

---

① 据《联合国国家豁免公约》第二十一条第一款，给予特别保护的除了中央银行财产外，还有“属于军事性质或用于军事目的的财产”、“构成一国文化遗产的一部分或该国档案的一部分且非供出售或意图出售的财产”、“构成具有科学、文化或历史价值的物品展览的一部分且非供出售或意图出售的财产”以及外交机构的财产。

② 外国中央银行财产将获司法豁免，并将适用于港澳．法制日报，2005－08－23.

大常委会第17次会议审议并通过了该决定。在此基础上，第十届全国人大常委会第18次会议于2005年10月25日审议通过了《外国央行豁免法》。根据《中华人民共和国香港特别行政区基本法》和《中华人民共和国澳门特别行政区基本法》（以下统称《基本法》），全国人大常委会在分别征求了港、澳特别行政区基本法委员会和香港、澳门特别行政区政府的意见后，决定把《外国央行豁免法》列入《基本法》附件三，则该法既适用于我国内地对外国中央银行财产的豁免，也适用于香港和澳门特别行政区。不过，香港特别行政区政府倾向于以本地立法的方式在香港实施《外国央行豁免法》，对该法作必要的变更及适应化，以配合香港的实际情况。①

《外国央行豁免法》有如下条款：

第一条　中华人民共和国对外国中央银行财产给予财产保全和执行的司法强制措施的豁免；但是，外国中央银行或者其所属国政府书面放弃豁免的或者指定用于财产保全和执行的财产除外。

第二条　本法所称外国中央银行，是指外国的和区域经济一体化组织的中央银行或者履行中央银行职能的金融管理机构。本法所称外国中央银行财产，是指外国中央银行的现金、票据、银行存款、有价证券、外汇储备、黄金储备以及该银行的不动产和其他财产。

第三条　外国不给予中华人民共和国中央银行或者中华人民共和国特别行政区金融管理机构的财产以豁免，或者所给予的豁免低于本法的规定的，中华人民共和国根据对等原则办理。

从第一条的规定可以看出，该法没有将外国中央银行的财产区分为用于政府非商业性用途和商业性用途，其唯一的豁免例外是银行所属国政府明示放弃豁免或者指定该财产用于财产保全和执行。这一立法原则与《联合国国家豁免公约》的规定是一致的。

该法第二条对“外国中央银行”和“外国中央银行财产”分别进行了界定。在司法实践中，要给予银行财产豁免权，法院必须首先确定涉案的外国银行是否为外国的中央银行或履行中央银行职能的金融管理机构，然后还必须确定财产是否为中央银行所持有和使用。关于如何确认外国银行是否具有中央银行身份，国外一些司法判例表明，一般是由主张其具备中央银行资格者承担举证责任。② 而在确定财产是否归属于中央银行方面，一些国家的做法是看该财产是否与中央银行有关而被其使用或持有，并强调应和外国或其他

① http：//www. brandhk. gov. hk/brandhk/press/200510/271005c1. htm.

② Commercial Bank of Kuwait V. Rafidain Bank and Central Bank of Iraq. *International Law Reports*, Vol. 107, 1997, 261 -268.

实体仅用于商业交易的财产有所区分①。有判例表明，如果外国银行能够提供证明，表示存放在银行账户内的钱完全是供中央银行所使用，而对方又提不出相反的证据，则这些存款即可享有绝对的强制措施豁免②。至于我国法院关于外国中央银行及其财产的具体认定问题，实践中也可以由最高人民法院通过司法解释的方式解决。

从第二条的规定还可以看出，该法所保护的不仅仅限于主权国家的中央银行财产，区域经济一体化组织的中央银行的财产也在该法保护之列。这可以说是对主权豁免原则的一个延伸。

该法第三条体现了国际民事诉讼中的对等原则。我国《民事诉讼法》第五条第二款也有类似的规定③。对等原则是一项消极平等待遇原则，是国际法上的"反报"，一国以同样或类似的行为回应另一国的不友好、不礼貌或不公平的行为④。随着经济全球化，国际交往日益频繁，从总体上看，对等原则与国际法律秩序是不相容的。因为这一原则降低了相关国家国际法主体的待遇和地位，极不利于正常、友好的国际关系的建立和发展。目前《联合国国家豁免公约》对国家财产的强制措施豁免已有了统一的规定，因此，笔者认为《外国央行豁免法》第三条似乎是多余的：当其他缔约国法院违背公约的规定对我国央行采取强制措施时，我国完全可以根据公约的规定追究该缔约国的责任；反之亦然。依据国际社会公认的国际法律规则来处理国际争端，总比用对等原则解决问题更文明、更为符合现代法律精神。

《外国央行豁免法》虽然内容非常简单，但它毕竟是我国有关国家及其财产豁免方面的第一部法律，为今后《联合国国家豁免公约》在我国的实施，以及我国下一步制定全面的国家豁免法拉开了序幕。同时，该法也将在鼓励外国中央银行在我国正常开展业务，避免因执行外国中央银行的财产而产生不必要的外交问题等方面起到重要的作用。

（二）"仰融诉辽宁省政府案"引发的国家豁免问题

近年来，我国政府在国外特别是在美国面临多次被诉。在以往的案件中，

---

① UN State Immunity Materials, 121.

② Verlinden BV V. Central Bank of Nigeria. *International Law Reports*, Vol. 79, 1998, 548 - 560.

③ 《民事诉讼法》第五条第二款规定："外国法院对中华人民共和国公民、法人和其他组织的民事权利加以限制的，中华人民共和国人民法院对该国公民、企业和组织的民事诉讼权力实行对等原则。"

④ 黄进. 国际私法. 北京：法律出版社，1999. 217.

中国政府坚持绝对豁免主义，并且美国国务院也会出面干预此类案件①。可是在近年来的案件中，美国国务院基本不再插手此类案件，而是让中国直接出庭应诉。“仰融诉辽宁省政府案”（以下简称仰融案）就是很典型的例子，在该案中美国国务院就没有对美国法院提供有关意见。仰融案在中美法律界引起极大关注，该案是新中国历史上我国地方政府首次在国外被起诉的案例，涉及国际私法、国际公法等诸多法律问题，特别是国家及其财产豁免问题。根据2004年《联合国国家豁免公约》第二条第二款第（二）项的规定，辽宁省政府作为我国地方一级政府，是有权援引国家豁免的主体。辽宁省政府的积极应诉，表明我国在国家豁免问题上的态度更趋务实。

1. 案情简介②

1991年仰融与辽宁省沈阳市成立了沈阳金杯客车制造有限公司（沈阳汽车），其主要合作方是由仰融全资拥有的在香港涉诉的华博财务公司（华博）和沈阳市政府拥有的金杯汽车控股有限公司（金杯）。

为通过进入美国资本市场从而扩大企业规模，合作方准备将沈阳汽车在纽约证交所上市。仰融作为沈阳汽车的首席执行官，在百慕大成立了百慕大控股（华晨中国），作为沈阳汽车在纽约证交所上市的融资工具，并将其40%的股权转让给了华晨中国。金杯亦将其在沈阳汽车的11%股权转让给华晨中国，至此，华晨中国拥有沈阳汽车51%的权益。1992年5月，华博、中国人民银行及另外几家中国政府机构成立了一家非政府组织——中国金融教育发展基金会（基金会）。中国人民银行副行长尚明担任基金会主席，仰融任副主席。

1992年9月，华博将其在华晨中国的股份转让给了基金会，基金会拥有了华晨中国55.85%的股权，金杯拥有其15.37%的股权。

2002年年初，辽宁省政府成立了一个由省长助理领导的“工作小组”。2002年3月，该工作小组宣布基金会名下的所有股权，包括仰融在华晨中国的权益，均为国有资产，要求他将这些股份转让给省政府。仰融拒绝之后，工作小组通知仰融和华晨中国董事会，基金会不再承认华博在华晨中国的收益权益。根据辽宁省政府的指示，华晨中国董事会解除了仰融的总裁、首席

① “湖广铁路债券案”，参见陈体强. 国家主权豁免与国际法——评湖广铁路债券案. 中国国际法年刊，1983. 31~53；“烟花案”，参见杨贤坤. 中外国际私法案例评述. 广州：中山大学出版社，1992. 61~65；“海后一号案”，参见国际私法教学案例选编. 北京：人民法院出版社，1988. 37；“美国空难家属诉中国民航总局案”，参见龚柏华. 美中经贸法律纠纷案例评析. 北京：中国政法大学出版社，1996. 223~233.

② 资料来源：华晨迷宫. 财经，2001（4）（总第37期）；孔文清. 仰融事件的前前后后. 北京青年报，2003-01-11；新浪网，http：//news. sina. com. cn/w/2005-07-1302256418313s. shtml.

执行官和董事的职务，将工作小组成员安排在这些职务和其他管理职务上。2000 年 10 月，新组建的华晨中国董事会不再支付仰融工资，并于次月解除了其经理职务，终止其劳动合同。辽宁省政府还成立了华晨汽车集团控股有限公司（新华晨），任命省政府官员作为新公司的管理人员。大约两个月后，新华晨以市场价格的6%即1 800 万美元收购了名义上由基金会为华博托管的华晨中国的股份。新华晨与华晨中国董事会并对剩余的华晨中国的股份，包括纽约证交所交易的股份进行了要约收购，导致2002 年 12 月 18 日至 19 日华晨中国股票在纽约证交所停牌。

当工作小组进行收购时，仰融代表在各级法院寻求救济。2002 年 9 月 27 日，华博财务向北京高院提出诉讼，状告中国金融教育基金会，要求确认其在基金会的投资权益，包括华晨股权。2002 年 10 月 14 日，北京市高级人民法院经济庭正式受理该案。2002 年 10 月 18 日，辽宁省检察院以涉嫌经济犯罪为名批准逮捕仰融。2002 年 12 月 2 日，华博收到一份通知称，北京高院驳回起诉，并本着“先刑事后民事”的原则将此案移交辽宁省公安厅调查。随后，仰融出走美国。

2002 年 12 月 18 日，华晨中国在香港发布公告称，辽宁国有独资公司华晨汽车集团控股有限公司同基金会就基金会所持有的 39. 4% 股权正式签署收购协议。2003 年 1 月，仰融以基金会股权不明为由，提请百慕大法院发出禁止令，禁止华晨中国出售其股权。百慕大高等法院经过调查，于 2 月 12 日宣布驳回禁止令。百慕大诉讼是仰融以华博财务有限公司的名义提出的。华博公司声称其“拥有的华晨中国的股权，被中国辽宁省政府拥有的华晨集团错误征收”。百慕大法院经对本案事实、证据全面审理，作出判决认定：“华博公司从未拥有华晨中国的任何股权”，法院还认为，华博公司的诉讼不是“可信的诉讼”；华博公司提出“其以信托方式将华晨中国的股权交给基金会”的主张构成“滥用法院程序”；华博公司是“蓄意误导法院”，没有向法院说明华博公司从未拥有 CBA 股权的证据，是对“重大事项未作披露的严重行为”；华博公司“故意向法院隐瞒事实”。据此，PhilipStorr 大法官在判决书中警告仰融，如果他本人以个人名义重新起诉，就意味着他此前向法院提交的所有证言都是谎言，希望他不要再作浪费法律资源的事情。

虽然仰融对该判决可以上诉，但熟悉此案的律师都认为，上诉根本没有成功的可能。百慕大法院的判决实际上彻底宣判了仰融对华晨中国资产图谋的破灭。

在百慕大法院驳回禁止令后，2003 年 8 月 7 日，仰融在美国华盛顿联邦法院以个人名义起诉辽宁省政府，此案在当地时间 8 月 7 日一经受理便在海内外引起了巨大反响。一些观察人士认为，事实上，仰融正在将这场私人产权纠纷案作为“人质”，向一个地方政府“挑战”。

2003年8月8日，美国华盛顿哥伦比亚特区联邦地区法院立案受理新中国历史上首例美国公民状告中国地方政府的诉讼案：华晨中国汽车控股有限公司（香港上市代码：1114；纽约上市代码：CBA，以下简称“华晨汽车”）的前主席仰融在美国起诉辽宁省政府。

起诉书称，原告仰融、Rhea Yeung（仰妻）及华博财务（仰融持70%股权）因辽宁省不正当行为，财产被不当剥夺。其有关请求包括：辽宁省政府将华晨汽车和其他产权利益还给华博，或以此股份现值补偿原告；废止华晨汽车的交易，命令将此股份和其他产权交还华博；依华博股份权益金额判决赔偿金和从原告夺走的其他财产；律师费及该案诉讼费，等等。

8月21日，美国联邦法院哥伦比亚特区分庭就仰融等起诉辽宁省政府非法侵占财产一案，正式向辽宁省政府发出民事案传票，并以特快形式寄往中国司法部，请求司法部传送辽宁省政府。该传票称，被告方需在送达后的60日内答辩，如被告未按时送达答辩，法庭将以缺席判决被告败诉，并按原告方诉状要求的赔偿请求作出判决。

中国司法部拒绝了仰融律师提出的司法文书送达请求。司法部有关人士指出，根据国际法和公认的国际关系准则，任何外国司法机构都不能对另一主权国家、国家机构行使管辖权。根据《海牙送达公约》第十三条第一款“执行请求损害被请求国的国家主权或利益的，不予送达”的规定，中国司法部拒绝了仰融律师的送达请求，并退回仰融律师的请求及其所附的司法文书。

中国司法部于10月8日拒绝仰融在美诉辽宁省政府产权纠纷案的律师司法文书的送达请求后，次日，美国律师即通过哥伦比亚地方法院，以外交途径将文件递交到美国国务院，由其下属的特殊领事服务司负责将该案的法律文书送往中国外交部。

收到美方通过外交途径转递的传票后，辽宁省政府积极出庭应诉，请求美国法院驳回仰融的诉讼请求。美国哥伦比亚地区法院经审理后认为，辽宁省政府征收华晨中国的股份是主权行为而不是商业行为，不适用美国1976年《外国主权豁免法》第一六〇五条第一款第（2）项规定的商业行为的国家豁免例外，因此辽宁省政府享有豁免。地区法院于2005年作出判决，驳回仰融的起诉。仰融随后提出上诉，对地区法院拒绝适用商业行为的豁免例外提出质疑。

美国上诉法院哥伦比亚特区巡回法庭在2006年7月7日就仰融的上诉作出判决，维持地区法院因缺乏标的管辖权而驳回起诉。

2. 关于辽宁省政府是否出庭的争论①

当时辽宁省政府收到美方通过外交途径传递的传票后，国内外许多学者曾就辽宁省政府是否应出庭展开了激烈的讨论。这一讨论从一个侧面反映出对有关国家豁免的诉讼问题的不同看法。下面对各种不同的意见作一简要分析。

第一种意见认为辽宁省政府不应出庭。持这种意见的人又有两种不同的原因：一是认为国家及其财产在本案中享有豁免权，因此对美国的诉讼行为不必理睬；② 二是认为辽宁省政府如果出庭的话，就“开启了在美国法院控告中国地方政府的先例”，且“既不能胜诉又不能败诉”，如果胜诉，则可能打击民企的信心，败诉则会使类似的案件接踵而来。③ 甚至有人认为败诉的话，那么辽宁省政府在海外的所有资产包括对外贸易的往来款都将被冻结，辽宁省今后也可能会失去所有的国际贸易，而间接的投资影响将无法计算。④ 因第一种原因而主张不出庭的意见符合中国政府实践中的一贯做法，也就是在没有真正作出不利于我们的判决之前，保持绝对的大国姿态，不予理睬。只有真的判处了罚金或已经有了强制执行的威胁时，才会重视起来。这种消极的做法将使我们在国家豁免问题上始终处于被动的不利地位，一味声称享有绝对豁免，对外国法院的诉讼文书不予理会，只会延误时机，给之后的法律进程自行设置障碍，反而有损国家利益，这是不可取的。至于因第二种原因而主张不出庭的意见，提出此意见者似乎多虑了。在国际交往已相当频繁的今天，有关国家及其财产豁免的案件在美、英等发达国家是很常见的，况且现在又有《联合国国家豁免公约》作依据，遇到此类案件，我们完全可以依照公约的有关规定主张我们的权益，大可不必讳疾忌医。至于说如果败诉之后财产会被执行，根据《联合国国家豁免公约》，一国法院对外国国家的财产采取强制措施是有条件的，首先要排除几个特殊类型的财产等，如中央银行的财产、用于军事目的的财产；其次，要区分过去或现实用于商业活动的财产和非商业的财产；最后，只能针对曾用于或正用于诉讼所基于的商业活动的

---

① 在讨论这一个问题时，许多学者使用的词语是“应诉”，而不是出庭。笔者查阅了我国学者对于“应诉”的理解后认为，双方当事人在发生争议前或发生争议后没有达成书面选择管辖法院的协议，原告选择法院起诉后，被告对该法院行使管辖权并未提出异议，无条件应诉答辩或提起反诉，这就推定被告方当事人同意该法院有管辖权。“应诉”这一行为会使原来没有管辖权的法院取得管辖权。如果一个国家被起诉之后为对一项权利主张答辩或对案情实质提出争辩而无条件地或者说一般性出庭，并且也不主张管辖豁免时，那么该国的这种行为就明显地构成了豁免的放弃。在本案中，如辽宁省出庭，则其目的是主张管辖豁免权，所以不是“应诉”行为，称之为“特别出庭”比较妥当。

② http：//business. sohu. com/66/25/article214172566. shtml.

③ 郎咸平．仰融案：上上之策应避免应诉．财经时报，2003－08－30.

④ http：//business. sohu. com/66/25/article214172566. shtml.

财产采取强制措施。因此，即使败诉，也不可能出现“辽宁省政府在海外的所有资产被冻结”的情况。

第二种意见认为，仰融是中国的经济犯罪嫌疑人，应交回中国，接受中国法律制裁，刑事优先于民事。这种意见当然有一定的道理，但是可以想见作为美国常住居民的仰融已经提起诉讼，并且美国法院也已经受理并向中方辽宁省政府送达传票，终止诉讼是不现实的，也是不会为美方所接受的，即便会将嫌疑人仰融交回中国，也不会是在诉讼结束之前。

第三种意见认为辽宁省政府应该出庭，积极向美国法院主张豁免权。这种意见是正确的。首先，根据《联合国国家豁免公约》第八条第二款的规定，一国仅仅是为了援引豁免或对诉讼中有裁决的财产主张一项权利或利益而介入诉讼或采取任何其他步骤，不应被视为同意另一国法院行使管辖权；该条第三款还规定，一国代表在另一国法院出庭作证不应被解释为同意该另一国法院的管辖。因此，辽宁省政府派代表到美国法院出庭，并不构成默示放弃豁免，也不构成默示承认美国法院享有管辖权。其次，选择不出庭，这无疑是放弃主动利用当地救济来维护我国利益的途径。在我们有相当大可能获得国家豁免的情况下，到美国法院出庭主张援引国家豁免，比起依靠外交途径来说更为直接有效，且相对更迅速、代价更小。同时，适当的出庭应诉又可以为国内立法、实践提供相关的经验和启示。

国际社会同国内社会一样，国际法治的形成与发展有赖于社会的成员——各主权国家法制意识的提高。在国际社会已经出台规范国家及其财产豁免问题的国际公约的情况下，通过司法途径来解决有关纠纷应该更为客观、公平、公正、有效。

（三）中航油公司被诉案

近年来涉及我国国有企业在外国法院被诉的另一个案子是中航油公司在新加坡被诉案。

中航油（新加坡）公司因炒作石油衍生产品巨亏 5.5 亿美元而被债权人在新加坡法院申请破产。该公司于 2004 年 11 月向新加坡高等法院申请债务重组，以避免公司被清盘。2005 年 1 月，中航油公布了初步的债务重组方案，但由于部分债权人持有异议，公司对方案进行了修改，并于 2005 年 5 月中旬公布了新方案。除了公司高级管理人员可能被追究刑事责任外，中航油（新加坡）公司自身也一直面临着诸多的法律纠纷，有些还牵连到它的母公司——中国航油集团公司（CAOHC）。中航油（新加坡）公司向新加坡法院提出破产保护申请。而其母公司在诉讼审理过程中提出，因其是“由中华人民共和国中央政府拥有并受它监管，故应被视为一个政府部门”，从而可获得国家豁免而不受新加坡法院的管辖和法庭程序的约束。但是未获成功，请求遭到了新加坡法院的驳回。

就本案来说，中国航油集团公司虽然具备援引国家豁免的主体资格，但可否就其行为援引国家豁免，还值得分析。《联合国国家豁免公约》第二条第一款对作为豁免主体的“国家”作了解释，包括：①国家及其政府的各种机关；②有权行使主权权力并以该身份行事的联邦国家的组成单位或国家政治区分单位；③国家机构、部门或其他实体，但须他们有权行使并且实际在行使国家的主权权力；④以国家代表身份行事的国家代表。对于像中航油这样的国有企业应该属于上述定义中的“其他实体”。在司法实践中，多数国家在决定是否给予国有企业国家豁免时，通常会考虑国有企业的主体结构与其行为的性质。上文已经提到，《联合国国家豁免公约》承认国有企业与国家主权机构的区别，主张具有独立法律人格的国有企业的商业交易行为不能在外国法院援引国家豁免，国有企业只有在被授权或代表国家行使国家主权权力的情形下，才可能成为国家豁免的主体。新加坡法院的这次裁定正是以此为依据的。

中国航油集团公司是由国有资产管理委员会代表国家投资设立的，有企业法人资格，其人格在法律上是完整的和独立的，因此它具有独立的责任能力；况且，此次中航油收购股权的行为无论就其本身性质，还是主观目的来看，它所做的都是一个普通市场主体为了获取收益最大化而进行的商业行为、私法行为，而决不是代表国家进行的主权行为、公法行为。对处于转型期的中国国有企业而言，其与国家（政府）的关系时常是暧昧的。一方面，以营利为目的国有企业都被界定为独立的法人实体，具有行为能力和责任能力，作为出资人的国家（政府）在理论上不应介入国有企业的日常经营；但另一方面，现有的国有企业不可能完全摆脱国家（政府）的干预，其行为很多时候带有国家公共政策的影子。这种状况其实在中航油集团所处的“国民经济战略行业”中表现得尤其突出。举例而言，我们很难对国内各大石油巨头的海外扩张行为是否具有经济上的纯粹性作出肯定的判断。正是这种“一身二任”的模糊身份，让中航油集团感觉自己是国家主权的延伸，是公共利益的代言人，以至在新加坡法庭上提出“由中华人民共和国中央政府拥有并受它监管，故应被视为一个政府部门”的抗辩。当然，这样的理由无论在国际法上还是新加坡国内法上都是值得商榷的。

新加坡的法院没有混同中国国家和中国的国有企业，从而拒绝了中国航油集团公司的国家豁免请求。表面上这将可能使中国航油集团公司支付高额的违约赔偿，但从长远来说，这对我国的其他国有企业也是一个很好的启示。因为这意味着国有企业并非任何时候都能受到国家豁免权的保护，在大多数时候，国有企业与外国非国有实体从事商业交易时，其诉讼地位都是平等的，这更有利于我国企业在世界范围内的公平竞争。

第二节 我国司法实务中有关不得援引国家豁免的诉讼问题

我国政府十分重视国家及其财产豁免问题，从 20 世纪 80 年代起，就开始派代表参加《国家及其财产管辖豁免的条款草案》的历次磋商。在公约的起草和讨论过程中，我国对一些重大问题如商业交易的判断标准、国家和国有企业的关系、财产的强制执行等表明了自己的立场。《联合国国家豁免公约》的有关这些方面的规定大体符合我国的主张，这与我国的努力和重视是分不开的。

然而，《联合国国家豁免公约》毕竟是各国相互妥协的产物，公约中的一些重要条款（如有关商业交易的判断依据、国有企业与国家的关系等）无不留下不同立场国家之间讨价还价的痕迹。由于西方发达国家在国家豁免问题上比发展中国家有更为长期、丰富的立法与司法实践经验，公约也是以欧美诸国的国内立法为蓝本起草的，公约中的一些内容符合西方发达国家的客观实际，却不一定完全适应包括中国在内的发展中国家的国情。因此，要确保公约将来在我国的有效实施，既要利用公约最大限度地维护我国国家主权，保护国有财产及公民和法人的利益，又要依照公约有效地保护外国在华的合法利益，维持和发展友好对外关系，营造良好的贸易、投资环境。一方面需要对国内某些法律、制度及安排进行改革，使之适应新形势的需要；另一方面在对外应诉和交涉中，要在公约的框架内充分利用国家豁免方面的知识来维护我方的利益，这就需要花大力气提高我国有关法律从业人员在这方面的素养。另外，我国在签署公约时，对于某些不符合我国国情的条款，可以在公约允许的范围内提出保留。

一、处理好国家与外国自然人、法人之间的关系

在国家与外国自然人或法人进行交易时，应该做准备，以免出现使我国处于不利地位的可能性。首先是在商业交易中，国家应该尽量减少直接进入

成为其中的主体。相应的措施既包括明确国有企业的独立法律地位，也包括政府进行的各项采购活动应避免直接与外国私人进行。

在一些国家或政府参加的商业交易中，对于我国认可不应视为国家豁免范围内的行为，政府与自然人或法人可以就这一项目关于放弃国家豁免的问题作出明确的约定，这样适当的回避主权，可以让交易者不那么担忧，也能够真正明确我国的立场和原则，并使其在实践中成为我国良好国际信誉的体现，有利于促进我国对外经济的发展。当然，也可以采取缔结或参加国际公约的方式来实现。例如，我国于 1980 年参加的《国际油污损害民事责任公约》第十一条第二款规定："关于为缔约国所有而用于商业目的的船舶，每一国都应该接受第九条所规定的管辖权受理的控告，并放弃一切以主权国地位为根据的答辩。"

总的来说，对于我国公民对外国政府提起诉讼，我们应当鼓励和支持，这样才能适应加入 WTO 后国家直接控制或是参与到市场经济中的经济职能弱化的趋势。这不但是保护本国利益的一种途径，而且可以增加我国在国家豁免问题上的实践，同时又是增加我国在国家豁免问题上对其他国家筹码的一种方式。但同样要强调的是，这样的诉讼应当不与我国国家豁免的立场原则相冲突。

二、国有企业与国家的关系问题

（一）《联合国国家豁免公约》中的"国有企业与国家的关系问题"

国家在从事商业活动时，其形式是多种多样的。一种是国家本身直接从事商业活动，签订合同；另一种是国家成立各种国有企业。我国是以公有制为主体的发展中国家，国有经济在国民经济中占主导地位，国有企业是我国的经济支柱。在我国，相当大一部分商业活动是由国有企业或其他国有实体来完成的。因此，国有企业从事商业交易时与国家的关系问题是研究国家及其财产豁免问题时需要涉及的关键问题之一。

《联合国国家豁免公约》第十条第三款专门就国有企业与国家的关系问题作了规定：当国有企业或国家所设其他实体具有独立的法人资格，并有能力起诉或被诉，且能够获得、拥有或占有和处置财产（包括国家授权其经营或管理的财产）时，其卷入与其从事的商业交易有关的诉讼时，该国享有的管辖豁免不应受影响。

该条款在公约起草过程中得到了多数国家的支持。在豁免问题上，国家与具备独立法人地位的国有企业应明确区分开来。涉及这些企业的诉讼与扣押财产不应波及国家本身，国家也不应当为这些企业从事商业活动主张主权豁免；反之，对国家从事商业活动所引起的诉讼与扣押财产也不应涉及国有企业，不少国家的代表认为："该条款有利于防止一国利用另一国国有企业的责任对该另一国滥用司法程序，该条款有利于国际关系的正常发展。"①

然而，该条款却遭到了一些发达国家的强烈反对。德国代表认为："该条款使一国能建立一个独立的实体，而不给其提供足够的资本，从而秘密地逃避其责任风险，其结果是在扣押财产时，私人诉讼方可能会发现该国有企业并没有可以扣押的财产。"英国代表完全同意此观点，并认为这是一个原则性的根本问题，因此认为"保留这一条款没有任何正当理由"。美国代表认为，发展中国家的国有企业与政府从来就是政企不分的，企业做生意亏了本，法院如要扣押其财产时，国家早已把企业的资产抽走了，使与之进行交易的私人公司遭受了损失。因此，美国认为，该条款"不应妨碍按照法院地国国内法审议国家的赔偿责任，包括一国作为国家企业或其他实体担保人的情况，如果从事交易的企业或实体是国家机构，或坚持国家企业或其他实体具有单独的法律地位会造成欺诈或不公平"②。

实际上，第十条第三款第（二）项规定得十分清楚。"处置财产，包括处置国家授权其经营或管理的财产"自然包括法院为了执行判决，采取强制措施，以满足债权人的要求。所以上述代表的观点显然是不合适的。这样公然指责负责维护社会秩序与道德的国家或政府会像私人那样进行欺诈的做法，也不会为大多数国家接受。经过激烈的争论，最后在 2000 年 11 月的第六次会议中建议了两种备选案文③。这两种案文保护的角度是不同的：案文一强调"一旦某一国家企业或实体被诉，国家享有的豁免不受影响"，在此类诉讼中，侧重保护的是国有企业所属国的国家利益；而案文二则重在保护与国有企业涉诉的相对一方当事人的私人利益，其强调"一旦某一国家企业或实体被诉，其不享有国家豁免"。我们选择备选案文一是易见之理，因为该案文反映了现行的做法和整个条款草案的整体目标，对国家在国有企业在所涉诉讼中的管辖豁免问题进行明确界定，有利于发展中国家，特别是像我国这种国民经济比重相对较大的国家。相比之下案文二则对此未予明确。

在公约草案的讨论中，有一些代表多次提出，要求条文中明确在以下情

---

① UN Doc. A/C. 6/55/L. 12.

② UN Doc. A /53/274/Add. 1, 2.

③ *Report of the ILC on the Work of its Fifty-second Session*, UN GAOR, 55 th Sess., Supp. No. 10, Para. 47 - 84; UN Doc. A /55/10 (2000).

况下的国家责任：其一，国家企业和其他实体以国家指定代理身份行为；第二，国家作为国家或其他实体所承担的赔偿责任的担保人。另一种相对独立的观点是不在条文中明确。对这一问题规定得越具体，对国有企业所属国而言弹性空间越小。[①] 笔者认为对此问题没有必要予以明确。由于我国的国有企业改革尚在进行，行政对企业干预仍然存在，一方面不可避免会造成国家和国有企业在法律关系上模糊不清；另一方面不排除外方当事人以此为借口对我国进行滥诉。对此事项的规定，在国际法律文件中保持灵活性，不予确定化，这有利于拓展此部分规定的弹性限度，有利于更好地维护我国在对外经济交往中的正当权益。

（二）我国的国有企业与国家的关系

按照《联合国国家豁免公约》的要求，国有企业或其他实体不享有国家豁免。当它在外国被诉并承担赔偿责任时以其本身的财产为限，但我国相关规定均确定国有企业的财产所有权属于国家，使国家不可避免地承担了国家企业的对外债务，从而在国家及其财产豁免的外交实践中陷入极为被动的局面。另外，根据《联合国国家豁免公约》的标准，只要国有企业和其他实体有独立法律行为能力等，就不享有国家豁免。而我国的国有企业往往政企不分，一个主体两种身份，政府管理国有企业，使外方认为我国国有企业在法律上没有独立的法律行为能力，从而使国家为国有企业承担了无限责任，不利于我国的对外经济交往。

上述国家与国企关系的现状，究其原因，主要是相关立法的弊端及其带来的负面影响。第一，两权分离，国有企业没有真正的独立法律人格。两权分离是我国国企产权改革的主导思想，《民法通则》第八十二条规定："全民所有制企业被国家授予它经营管理的财产依法享有经营权。"《全民所有制工业企业法》第二条规定："企业的财产属全民所有，国家依照所有权和经营权分离的原则授予企业经营管理权。"这些表明国家授予企业经营权以无收益权、处分权为"度"。企业无权支配收益，表明企业无独立的法律人格，是依附于国家的一个单位。随着我国国企改革的深入，国有企业应该逐步实行现代公司制度，但我国的基本经济制度是以公有制为主体的，因此《公司法》第四条第三款仍规定"公司中国有资产所有权属于国家"。第二，政企不分，所有权人地位虚化。我国《宪法》第八十五条规定："中华人民共和国国务院，即中央人民政府，是最高国家权力机关的执行机关，是最高国家行政机

① UN Doc. A /C. 6/48 /3, 3; A/CN. 4/415, 109.

关。”而《全民所有制工业企业转换经营机制条例》第四十一条规定：“企业财产属于全民所有即国家所有。国务院代表国家行使企业的财产的所有权。”由此易知，政府既是国家所有权主体，又是国家行政权主体，即集所有权与行政权于一身，形成一个主体两种身份，为政府干涉企业提供了法律依据，使政府以所有权身份凭借行政手段实现所有权。这样造成在国际法上国家和国企关系混沌不清，这就为外国法院依国际法要求政府承担国企连带责任提供了依据，不利于我国国家及其财产豁免权的行使，甚至会导致我国与外国经济交往受阻。

（三）我国的对策

我国作为日益开放的发展中国家和国有经济比重较大的社会主义国家，积极参加国际政治经济事务。国有企业也正以积极的态度和实力在国际浪潮中一展身手。但我国市场经济体制尚未完善，国有企业改革正在进行之中，各种涉外经济法制未臻完善。所以，从国际法的角度，尤其是从国家及其财产豁免原则上看，在国家与国企关系上还有许多要完善的地方，但目前最需要考虑的有以下几个方面：一是积极维护我国国家、自然人和法人的利益。作为政府部门（即行政或职能机关），应尽量避免直接与外国私人和法人签订商业合同；作为具有独立法人资格的国有公司、企业或其他机构，应独立地享有权利并承担义务和责任。在国家与国企的关系上应坚持我国的立场，保护我国国家、自然人和法人应有的利益，同时又要科学、合理地处理相关问题，维护外国及其私人在我国应有的地位和利益。国家可通过与他国签订双边、多边协定、国际公约等途径来协调、消除各国之间有关国家与国企关系问题的规定中所存在的冲突。二是在将来的国家豁免立法中明确国家与国有企业合理的关系。我国目前只是在上述相关国内立法中笼统地规定了国家与国有企业的关系，散乱而不成体系。在未来的国家豁免立法中，应当根据我国的实际情况，结合公约的有关规定及他国的国内立法，对国家与国企关系作出明确而系统的规定。三是修订和完善相关国内民商事经济立法，以厘清国家与国企的关系。修订相关立法，实行新的“两权分离”，即国家作为投资人享有国有企业的股权，而国有企业享有法人财产所有权，从而使国有资产与现在企业制度找到契合点，为国家不承担国有企业对外法律责任提供法律依据。同时修订相关立法，实行政企彻底分开，尤其要注意在职能、权限、责任以及财产的处置等方面，进一步明确区分政府部门与具有独立法人资格的经济实体，从法律上真正确认国有企业的独立法律人格，解除国家对国有企业承担的无限责任。目前，我国正在如火如荼地进行民法典的制定，笔者认为，此乃规范国家和国有企业关系的最佳切入点，应慎重考虑。

三、商业交易问题

我国经济体制是以公有制为主体的，政府在经济生活中的地位始终处在一个相当重要或者说主导的地位。对于广大由国家所有、控制或者管理的社会实体，国家豁免原则运用得当就会起到增加一层保护膜的作用。虽然享有了豁免并不代表着在实体上可以免去国家的责任，但即使避免不了遭到实体上的损失，能得以通过国家豁免原则的运用摆脱外国法院的司法管辖，对于我国还是相当有利的，尤其是避免强制执行，也就是执行豁免的利用对于保护一个国家的利益是绝对必要的。

因为一旦避免了外国国内法院的司法管辖，解决纠纷的途径无非两种：一是进入国际法院或国际仲裁机构等待裁判，这相对于外国国内法院的判决更易得到公正且权衡多方面利益的结果；二是依靠国家之间的外交措施解决，当个人主体无法以国际法主体资格提起诉讼时，政府层面外交保护等措施的采取对于本国也不能不说是有利的，因为这样可以更多地加入国家之间政治利益的权衡，更灵活，更温和，很难会有审判、强制执行那样直接触及国家利益和国家尊严的激烈手段。

考察国外立法及司法实践，结合我国历史上在外国法院被诉时运用国家豁免原则主张权利的结果，可知在有关国家豁免案件的处理中，最关键的一步是对涉案行为作出判断，即是商业行为还是政府非商业目的的行为。关于判断的标准，前面已经提到，《联合国国家豁免公约》第一条第二款采取了折中方案：在确定一项合同或交易是否为“商业交易”时，应主要参考该合同或交易的性质，但如果合同或交易的当事方已达成一致，或者根据法院地国的实践，合同或交易的目的与确定非商业性质有关，则其目的也应予以考虑。而此前中国代表团在参与公约草案的讨论时，是极力主张采取目的标准的。[①]

在目的与性质之间，以目的为标准无疑是有利于我国的，但从实质上考虑，仅以目的为标准与绝对主义的立场并没有太多的不同，因为国家的每一项行为究其目的来说都是主权行为——都是在行使其国家对内管辖权，都具有为国家利益而行为的本质。因此，同样基于上面所述之原因而无法采用。

若仅以性质为标准——像美国、英国等国家立法中所规定的那样，很显然将大大缩小国家豁免的范围，很多国家行为都被排除在国家豁免之外。对

---

① 参见本书第二章“商业交易”。

于有着巨额对外投资利益的发达国家是有利的，它们的跨国公司将在国外得到更全面的保护；而对于在对外投资领域无论是数额还是投资的深度、广度，以及项目的技术含量、利润率等远远落后的发展中国家而言，在与市场机制相对健全的发达国家的交易中，其很多企业都将成为国家豁免的例外，无形中就失去了相当重要的一层保护。

究竟是以目的为主兼以性质来衡量，还是以性质为主兼以目的标准来判断，这就涉及究竟采取怎样的倾向了。在实践中，有时候很难将“商业行为”和“主权行为”绝对分开来，如本书第三章提到的所谓“特殊领域中的商业交易”问题。因此，关键是应该怎样确定其豁免的问题。笔者认为，前者可以看作是以绝对主权豁免为原则，而排除豁免的情况只能视为一种例外；而后者则是把对于主权豁免加以限制（或者说主权豁免是属地管辖原则的一种例外）作为原则，只是排除商业性行为在少数情况下具有相当行使主权的性质时，不能再视为商业行为来排除豁免。

在立法上，前者就应该规定哪些行为不在豁免之列，剩余的国家行为则都可以享有豁免；而后者则会规定模糊的商业行为对于国家豁免加以限制，而只是例外性的列举商业行为中哪些是仍然可以享有豁免的。

很显然，以国家行为的目的为主兼以考虑行为的性质更有利于捍卫国家豁免的范围，只是从绝对豁免立场对相对豁免作出了少许“让步”，在裁判上更接近于绝对豁免主义，除例外不享有豁免的情况之外，可以说仍给予国家在外国充分的保护，这对于发展中国家而言是很有利的，也是适合于广大发展中国家现状的。应该看到，公约对于此项问题显然是偏向于主要发达国家的（其采用的是以性质为主、以目的为辅的模式），虽然在发展中国家的主张之下公约第一条第二款并未完全采用西方国家的性质标准。

当然，像限制豁免的这种“让步”事实上是必要的，因为这样更有利于发展中国家在商业行为的核心问题上保持与世界大趋势的一致，同时也维护了大多数国家契约中私人的利益。

第三节　我国国家豁免立法中有关不得援引国家豁免的诉讼问题

一、立法的必要性

西方发达国家在限制豁免主义的立法与实践方面已先行多年，积累了许多经验，也留下了维护发达国家利益的深刻烙印。当前，虽然国际层面上已出台了《联合国国家及其财产管辖豁免公约》，但作为各国利益妥协产物的国际公约，不可能所有内容都符合我国的实际情况。因此，加强对适合我国国情的限制豁免理论的研究，建立我国的国家豁免立法已是当务之急。

我国的《公司法》、《民法通则》、《民事诉讼法》等法律都明确了国有企业、公司的法人地位。上文已经提到，在理论和实践上我国都将“法人地位说”用于国家豁免领域，主张国有企业与国家区别对待。这些法律规定及实践在很大程度上给外方当事人“吃了定心丸”，而且这些做法与《联合国国家豁免公约》的规定也是相符的。然而，目前我国尚无主权豁免方面的专门立法，涉及不得援引国家豁免的诉讼方面的内容，仅仅是一些零星的法律法规中的个别条款笼统地对国有企业地位作出规定，还难以适应解决当今频繁的跨国商贸往来中出现的各种纠纷的迫切需要。我国缺乏国家豁免立法以及实践的复杂性还会导致我国国有企业、公司无所适从。因此，应该积极地进行国内相关社会实体的改革及完善。目前，国有企业改革得到了许多学者的支持，并已经在中国的外交活动中明确地予以阐述，这是一项防御性的措施，使在世界上已经公认应排除在国家豁免之外的国家所有的企业或国家控制下的企业充分享有独立主体的权利和义务，不但避免其自身财产被当作国家财产予以强制执行，同时也可以避免由于管理、经营不善而使国家财产蒙受损失。

依据目前的法律规定，我国对外国限制我国主权豁免的唯一补救手段是采取对等措施，即报复。例如，上文已经介绍，我国2005年出台的《外国中央银行财产司法强制措施豁免法》第三条就明确规定：外国不给予我国中央银行的财产以豁免，或者所给予的豁免低于我国法律的规定的，我国根据对等原则办理。然而，在国家豁免领域采取报复措施未必是明智之举。首先，报复的程度和范围须视具体情况具体处理，缺乏稳定性和透明度。这不仅触犯了国际商务的忌讳，亦不利于我国的法制建设。报复措施需在考虑两国间以至国际上的政治、经济、外交、宗教、民族等诸多因素后权衡利弊而定，很难与对方加诸于我国的限制豁免的措施对等，难以避免在国际社会上产生副作用。其次，在越来越多的国家接受限制豁免主义的今天，我国在对外诉讼和国内司法审判中没有形成一贯的、符合国际大趋势的做法，将会遇到比过去多得多的麻烦。倘若有了国际豁免方面的国内立法，这些问题将迎刃而解。因此，改变我国在国家豁免问题上的被动不利地位，不能长期依靠对等措施，而应该尽快制定我国关于国家豁免的立法，并健全和完善其他相关法律法规。

我国制定国家豁免立法，做到在国内有法可依，改变目前拒绝接受对于外国国家诉讼的惯例，对于外国国家的行为，特别是与中国的政府、企业有着直接利害关系的行为，在法律允许的范围内，也就是在法律规定排除豁免的情况下行使管辖权，不但能对外国国家在有关中国的案件管辖问题上施加一定的压力，即便是在通过外交手段解决纠纷的情况下，也会有法可据，不致处于被动地位。

二、在立法中确定不得援引国家豁免事项的方式

从有关国家豁免的国际公约和各国立法来看，在立法中规定不得援引国家豁免事项的方式主要有以下几种。一是单独列举不得援引国际豁免的事项。这是大多数国际公约和国内立法所采用的方式。二是单独列举可以援引国家豁免的事项。这种方式往往与否定国家豁免原则理论相联系。持国家豁免否定论的国际法学者虽然在原则上一般地否认了国家豁免原则，但作为例外仍保留某些特定的国家豁免事项。例如，否定论的代表学者劳特派特在论述这一理论的同时，作为例外情形列举了以下四种可援引豁免的事项：①有关外国国家的立法行为和执行措施；②有关外国国家在其领域内的行政管理行为；③有关依据国际私法，外国国家应免于当地管辖的合同行为；④有关外国的外交豁免事项，以及有关构成外国武装力量组成部分的军舰或飞机的对物诉讼。[①] 由于否定国家豁免论并不流行，所以这一种方式较少为国际条约和各国立法所采用。三是同时列举不得援引事项和可以援引事项。国际法学会特别报告员、英国学者布朗利曾建议在国际法学会关于国家豁免的决议草案中采用新的方式，即基于属物理由同时列举有关国家豁免事项和非豁免事项。[②] 按照这种方式，在国家豁免问题上所谓“原则”与“例外”的关系已丧失意义。四是在立法中不明确或不具体列举不得援引事项和可以援引事项，而是笼统地规定外国国家可以就其“统治权行为”援引国家豁免权，不得就“管理权行为”援引国家豁免权。至于国家行为的性质如何，由司法机关根据具体的案情并依据限制豁免理论来判断。

作为法律规范必须力求明白、清晰。在有关国家豁免的案例中，如何确定哪些事项可以援引管辖豁免、哪些事项不得援引管辖豁免，往往是法庭争论的焦点；作为豁免主体的“国家”与外方当事人（自然人或法人）发生关

① Lauterpacht, Hersch. The Problem of Jurisdictional Immunities of Foreign States. *British Yearbook of International Law*, Vol. 28, 1951, 237 - 238.

② *Yearbook of the Institute of International Law*, Vol. 62, Part 1, 1987, 54.

系时，这项内容也是各方关注的重点。因此，考虑到大多数国际公约和各国国内立法的普遍做法，无论是从法律规范的确定性而言，还是从司法实务的角度，在国内立法中明确规定不得援引国家豁免的事项是非常有必要的。

综合以上分析，我国国家豁免立法在规定不得援引国家豁免事项方面宜采用列举不得援引国家豁免事项为主、列举可以援引国家豁免事项为辅的方式。具体而言，首先在立法中明确国家豁免的一般原则，即外国国家及其财产在我国法院享有司法管辖豁免；然后详细列举不得援引国家豁免的事项，在列举不得援引国家豁免事项的同时，就某一项具体的不得援引国家豁免的事项中存在的可以援引国家豁免的情形分别予以规定。这种安排有很多优点，其中最主要的两点：一是可操作性强，便于司法机关在实际判案中掌握和应用；二是透明度高，增强外方当事人的确定性和可预知性。

三、在立法中应该确定的不得援引国家豁免的事项

（一）哪些事项不得援引国家豁免，哪些事项可以援引国家豁免，这是在立法中必须予以明确的

关于不得援引国家豁免的具体事项，国际法学界很早就有研究，各国国内立法中的相关规定也有些差异。1891 年国际法学会通过的《关于对外国国家、外国君主或元首的法院管辖权的国际规则草案》第二条就列举了诸如有关财产所有权、继承或赠与财产、商业工业、合同行为以及侵权行为等非豁免事项。① 同样，在 1932 年《哈佛研究院草案》第九条至第十三条中，也将有关不动产、继承或赠与财产、工商金融等企业活动、公司股东权益以及某些涉及外国利益的对物诉讼等列举为非豁免事项。② 根据 1991 年国际法学会修订的决议草案第五条第三款，就下列事项被告国不得援引国家豁免：商业交易、外国为当事人方的私法性质关系、雇用合同和职业服务合同、按照当地法基于诚意和信任的关系、侵权行为、财产权益、对仲裁协定的监督管辖、当事人双方不打算通过外交途径和适用国际公法原则解决争端，以及纳税责任等。③

美国《外国主权豁免法》第一六〇五条列举了以下几种国家豁免的例外事项：有关商业活动，有关违反国际法取得的财产，有关财产继承、赠与以

① *Annuaire de l'Institut de Droit International*, Vol. 11, 1889 - 1892, 436 - 437.

② *American Journal of International Law*, Supplement, 1932, 609 - 640.

③ *Yearbook of the Institute of International Law*, Vol. 64, Part 1, 1991, 84 - 89.

及不动产，有关侵权行为，有关外国商业用途船舶及货物的海事诉讼等。可见美国法规定得比较粗略。但其中专门将有关违反国际法取得的财产作为国家豁免的例外，反映出美国立法机关保护美国私人在外资产利益的强烈意图。

英国法规定得稍微细致一些。同时，由于英国立法的目的之一是批准《欧洲国际豁免公约》，所以其内容及形式也都比较接近《欧洲国家豁免公约》。根据英国《国家豁免法》的有关规定，国家豁免的例外事项主要包括：有关商业交易的诉讼（第三条），有关雇用合同行为的诉讼（第四条），有关侵权行为的诉讼（第五条），有关不动产、继承或赠与财产的诉讼（第六条），有关专利、商标、外观设计以及著作权的诉讼（第七条），作为法人、非法人团体以及作为合伙成员资格的诉讼（第八条），有关仲裁协议的诉讼（第九条），有关商业用途的外国国家船舶以及货物的海事诉讼（第十条），有关税收的诉讼（第十一条）等。

其他国家，如新加坡、南非、巴基斯坦、加拿大和澳大利亚等国的有关立法基本上与英国法的规定相似。

上述这些国家的立法有两个共同特征：第一，详细列举了不得援引国家豁免事项；第二，以“商业活动”或“商业交易”作为不得援引国家豁免事项的核心内容。

对于我国的立法来说，一个重要的原则就是要尽可能详细地列出不得援引国际豁免的事项。以上一些国际组织的草案或一些国家的立法对不得援引事项的列举要么不够详细，要么比较含糊。参考各国的做法以及《联合国国家豁免公约》第三部分的规定，我国可以在立法中规定以下不得援引国家豁免的事项：商业交易，雇用合同，人身伤害和财产损害，财产的所有、占有和使用，知识产权和工业产权，参加公司或其他集体机构，拥有或经营商船及货物，仲裁协定以及征税等。之所以把征税列为其中一项，是因为有关外国企业纳税义务的诉讼并不包含在其他不得援引国家豁免的诉讼中。

对以上不得援引国家豁免的事项的具体规定，在立法过程中还应参照《联合国国家豁免公约》的相关内容，并结合我国的实际情况予以处理。例如，在规定商业交易事项时，应该按照我国有关法律中关于涉外民事案件的管辖规则，明确规定哪些案件应该由我国法院管辖，在此基础上再规定是否可以援引国家豁免的问题。又如，在雇用合同问题上，根据我国《劳动法》的规定，在我国建立劳动关系主体双方中用人单位一方并不包括外国驻华代表机构，所以《联合国国家豁免公约》中有关外国使领馆的雇用合同的规定与我国的实际情况不大一样，我国立法中应作相应的变化。

（二）在对外诉讼中充分利用公约的有关规定，捍卫国家豁免权

对于受诉的情况首先要明确一点：像发达国家那样以维护本国利益为准，适当采取多重手段，如外交交涉。对于外国法院受理以我国国家为被告的案件，我国传统的做法一般是对外声称国家享有豁免权，因此拒绝应诉，不予理睬，直到外方法院作出“缺席判决”并可能强制执行我国财产时，我国才出面处理有关事宜。这是很被动的做法，既增加了处理有关纠纷的时间和成本，也容易造成国际关系紧张。所以，应该积极地参加诉讼活动，及时地运用国际法维护我国的权益。值得说明的是，参加诉讼并不能一概而论是对于外国法院管辖的默示服从，其中参加诉讼并主张应该享有管辖豁免就是一个例外，这应该解释成是利用（外交途径之外的）外国当地的救济途径来充分保证本国在外国的国家利益不受损失的表现。

尤其要注意的是，当两个国家在相关案件中有关国家豁免的立场存在分歧时参加诉讼，是依据该国国内法还是依据本国法，或是以国际公约为准。很显然，作为这样一个传统的国际公法问题，除了在有条约明确约定且该条约签署国未就该项明确表示保留的情况下，利用本国法是不能被当地法院更不能够被该国政府接受的；国际公约也只能在已经普遍达成共识的条款上方能得以引用，但是若就相关案件的立场已经达成共识，无论是属于直接在国内生效的公约，还是经过二次立法在国内法有所体现的公约，就不存在应用何种法为准据法的问题了，无论采用何种法结果都是相同的，这种情况不在我们上述所限制的情况之列。由此可见，若纯粹是采取参加诉讼的形式，只能以该国的国内法为依据。当然，在对本国不利时，可以运用外交手段从而使本国立场及国际上有一定影响力的公约及有关学术团体的意见通过该国政府影响到案件的结果，这也是利用许多发达国家存在政府对于外国国家是否享有豁免权具有实际上的决定权或具有相当的影响力来实现的。

结束语

不得援引国家豁免的诉讼意味着被告国在某些情况下不能援引国家豁免，即法院地国的法院对案件有管辖权。《联合国国家豁免公约》第三部分所规定的八种不得援引国家豁免的情形，已被大多数国家的理论和实践所确认。公约的出台，一方面有利于阻止各国对外国在其境内可享有的豁免任意施加限制，从而维护国家主权利益；另一方面，公约对豁免例外规则的全面确立，有利于保护同国家发生各种财产关系的个人或法人的利益。

然而，公约对于法院地国法院管辖权问题的规定还比较零散，缺乏一个总的原则，而且有的规定可操作性不强。例如，对“商业交易”问题，公约规定法院地国法院的管辖权应该根据该国的“国际私法适用的规则”来确定；而对“雇用合同”以及“人身伤害和财产损害”问题，公约则设置了非常严格而详尽的管辖条件。又如，公约第十一条第二款规定，如果雇用国“招聘雇员是为了履行行使政府权力方面的特定职能”，则可以援引国家豁免。至于何谓“履行行使政府权力方面的特定职能”，公约没有作明确规定，这给国内法院确定管辖权带来一定的困难。而公约对法院地国法院管辖权规定的零散性，将影响法院对案件的有效管辖，这一点也遭到许多学者特别是国际人权运动人士的批评。他们认为，在国内法院对外国国家提起诉讼是自然人或法人获得救济的最有效途径，如果法院不能行使管辖权而给予外国豁免，则意味着不保护人权①。

其实，管辖与豁免并不是完全对立的，正如国际法院在“逮捕证”案中所指出，“必须把国内法院的管辖规则与管辖豁免规则区别开来：管辖并不必然意味着拒绝豁免，反过来，拒绝豁免也并不必然意味着管辖”②。希金斯、伯根索等法官在有关该案的个别意见中也表示：“豁免并不是国际法上一独立的概念……‘豁免’与‘管辖’是密不可分的。”③ 《联合国国家豁免公约》

① Christopher Keith Hall. UN Convention on State Immunity: The Need for a Human Rights Protocol. *International and Comparative Law Quarterly*, Vol. 2006, 55, 422.

② *International Court of Justice Reports*, 2002, Para 39.

③ *Joint Separate Opinion*, Para. 3.

也体现了这个观点，即法院地国对案件的管辖权与豁免范围的确定是密不可分的。因为根据公约的规定，无论是确定法院的管辖权还是被告国的豁免权，都必须要考虑管辖基础的性质、被告国行为的性质以及被告国的主权地位等因素。

当然，与国际社会在个人国际犯罪管辖权方面具有广泛一致的意见不同，在民商事管辖权方面，各国的步调还很难统一。国际法委员会特别报告员Ogiso也不得不承认，由于不同法律体系之间的民商事管辖规则各不相同，导致公约缺乏总体管辖原则是在所难免的。①

总体管辖原则的缺失将会增加公约在缔约国法院适用的复杂性，但是公约毕竟在统一各国在国家豁免问题上的立法与实践方面迈出了可喜的一步。只要缔约国法院在实践中遵循“在充分尊重国家主权的基础上维护自然人及法人的利益”这一原则，公约的各项规则和制度还是能够得到有效实施的。

长期以来，“国家主权豁免”被认为带有一定的任意性质，一些国家于是随意确定不得援引国家豁免的诉讼的范围。比较典型的例子是美国。在1976年《外国主权豁免法》出台以前，美国法院一般是根据行政部门（国务院）的意见来决定给予或拒绝外国国家的豁免权②，往往把“国家豁免”作为推行外交政策的工具。美国学者开普兰就认为，“国家豁免只不过是法院地国给予外国国家的一种优惠或特权”，他把国家豁免定义为“法院地国为了促进国家间友好关系而放弃对外国进行司法管辖”③。这意味着国家在给予外国主权豁免的问题上可以任意取舍。1976年《外国主权豁免法》虽然对不得援引国家豁免的范围有所界定，但美国法院仍然具有很大的自由裁量权。例如，《外国主权豁免法》第一六〇五条第一款（b）项规定，外国在美国领土以外进行商业活动，只要对美国造成了“直接影响”，美国法院就有管辖权。对于何谓“直接影响”，该法没有明确规定，留待法院自由裁量。

近年来，美国等一些国家甚至出现了进一步扩大国内法院对外国的司法管辖权、扩大不得援引国家豁免范围的趋势。例如，美国《外国主权豁免法》第一六〇五条第一款（e）项规定，外国的侵权行为在美国境内造成人身伤害或财产损害时，该外国不得援引国家豁免，即法院管辖的前提是损害结果发生在美国境内。然而，美国1996年《反恐怖活动和有效死刑法案》以反恐需要为由对《外国主权豁免法》的上述条款进行了修正，使美国法院对行为和结果都发生在美国领土以外的诸如伊朗、叙利亚等所谓“支持恐怖主义”的

---

① *Yearbook of International Law Commission*, 1988, Vol. Ⅱ, Part 1, 109.

② 陈纯一. 国家豁免问题之研究——兼论美国的立场与实践. 台北：三民书局，2000. 125~129.

③ *American Journal of International Law*, Vol. 97, 2003, 741－755.

国家的侵权行为也具有管辖权。这一修正案可以说把美国法院对外国政府的司法管辖权扩大到了极限。正如美国学者锡林所指出的："……（修正案授权）美国法院可以选择在任何时候对任何外国行使国内司法管辖权。这显然是美国凭借其'超级霸权'地位作出的不合逻辑的规定……"①

欧洲人权法院在近年来审理的一些案例中也主张应该进一步限制国家豁免的范围，认为法院地国的法院可以对外国在法院地国领土外发生的侵犯人权的行为行使管辖权②。

这种不断限制外国国家豁免、扩大国内法院对外国政府的管辖范围的做法如果超过一定的限度，必然会侵犯到他国的主权，从而引起国家之间的矛盾甚至冲突。作为对美国《外国主权豁免法》修正案把伊朗列入管辖范围的报复，伊朗就针锋相对地通过了一项立法，允许伊朗国民在国内法院起诉美国的"侵略"行为③。

《联合国国家豁免公约》的出台将结束各国在国家豁免问题上各自为政的局面。公约肯定了国家豁免是一项国际法规则，而不仅仅是法院地国出于国际礼让给予外国的特权。公约在序言中郑重申明，"国家及其财产的管辖豁免是一项普遍接受的习惯国际法原则"，并强调"习惯国际法的规则仍然适用于公约没有规定的事项"。无论对缔约国还是对非缔约国而言，公约明确和巩固了国家豁免作为国际习惯法原则的法律地位，对国内立法和司法实践都将产生重要的影响。

国家豁免是现阶段国际法发展过程中一项不可或缺的法律原则。国家豁免原则在维护国家主权与保护自然人和法人利益之间找到了平衡点。在"豁免"与"不豁免"的关系问题上，公约肯定了"豁免"是原则，"不豁免"是例外。而且，公约对所列的八种豁免例外规定了比较严格的适用条件。例如，对于有关人身伤害和财产损害的案件，美、英等国的国内立法规定，只要外国侵权行为或损害结果发生在法院地国，法院地国的法院就对案件具有管辖权④，而《国家豁免公约》第十二条不但要求外国的侵权行为发生在法院地国领土内，而且要求侵权行为人在侵权行为发生时也必须处于法院地国领土内。又如，在有关雇用合同的诉讼方面，1972 年《欧洲国家豁免公约》和英国、澳大利亚等国的立法都没有特别强调维护雇用国在行使任命或不任

① *Texas International Law Journal*, Vol. 38, 2003, 103 - 105.

② *International Law Reports*, Vol. 123, 2003, 24, Para. 56.

③ *American Journal of International Law*, Vol. 97, 2003, 968.

④ 见美国 1976 年《外国主权豁免法》第一六〇五条第一款第（5）项、英国 1978 年《国家豁免法》第五条、澳大利亚 1985 年《外国国家豁免法》第十三条等。

命某人担任某一官方职位方面的自主权，而《联合国国家豁免公约》第十一条则明确规定，当“诉讼事由涉及个人的招聘、雇用期的延长或复职”时，雇用国可以保留豁免权。

《联合国国家豁免公约》在注重维护国家主权的同时，也强调保护自然人或法人的利益。正如公约序言中指出的：“公约将加强法治和法律的确定性，特别是在国家与自然人或法人的交易方面。”当今世界全球化日益盛行，国家与外国自然人或法人在经贸、财产、服务、金融等各领域交往越来越密切，如果作为当事一方的国家仍然一味强调其主权地位，而忽视“在民商事法律关系中各当事方地位一律平等”这一重要原则，必然会损害作为当事另一方的自然人或法人的利益，从而使民商事交往无法正常进行。《联合国国家豁免公约》正是适应这一要求，首次以公约的形式确立了国家与外国自然人或法人在发生商业交易、雇用合同和侵权关系等交往过程中各自的地位，以及国家在处理财产、工业和知识产权、参加集体机构、国有船舶等问题上的民事法律地位，这对于促进世界范围内的经贸发展和民商事交往有着重要的意义。

参考文献

1. 梁西. 国际法（第二版）. 武汉：武汉大学出版社，2000.

2. 李浩培. 李浩培文选. 北京：法律出版社，2000.

3. 王铁崖. 国际法引论. 北京：北京大学出版社，1993.

4. 周鲠生. 国际法. 上册. 北京：商务印书馆，1976.

5. 王铁崖. 国际法. 北京：法律出版社，1995.

6. 邵沙平，余敏友. 国际法问题专论. 武汉：武汉大学出版社，2002.

7. 贺其治. 国家责任法及案例浅析. 北京：法律出版社，2003.

8. 邵沙平. 国际刑法学. 武汉：武汉大学出版社，2005.

9. 万鄂湘等. 国际条约法. 武汉：武汉大学出版社，1998.

10. 邵沙平. 跨国洗钱的法律控制. 武汉：武汉大学出版社，1998.

11. 龚刃韧. 国家豁免问题的比较研究（第二版）. 北京：北京大学出版社，2005.

12. 黄德明. 现代外交特权与豁免问题研究. 武汉：武汉大学出版社，2005.

13. 黄进. 国家及其财产豁免问题研究. 北京：中国政法大学出版社，1987.

14. 陈纯一. 国家豁免问题之研究——兼论美国的立场与实践. 台北：三民书局，1997.

15. 当代联邦德国国际法论文集. 北京：北京航空航天大学出版社，1994.

16. 邵沙平. 联合国国家及其财产管辖豁免公约对国际法治和中国法治的影响. 法学家，2005（6）.

17. 倪征燠. 关于国家豁免的理论和实践. 中国国际法年刊，1983.

18. 龚刃韧. 国家管辖豁免的历史形成过程. 中外法学，1991（1）.

19. 陈体强. 国家主权豁免与国际法——评湖广铁路债券案. 中国国际法年刊，1983.

20. 丁颖. 我国未来国家及其财产豁免法的立法取向. 贵州省政法管理干部学院学报，2000（3）.

21．曾涛．中国在国家及其财产豁免问题上的实践及立场．社会科学，2005（5）．

22．梁淑英．浅析国家豁免的几个问题．政法论坛，2000（2）．

23．张露黎．论国家豁免在国家从事侵权行为中的适用．四川理工学院学报，2005（4）．

24．孔文清．仰融事件的前前后后．北京青年报，2003－01－11．

25．郎咸平．仰融案：上上之策应避免应诉．财经时报．2003－08－30．

26．C. J. Lewis. *State and Diplomatic Immunity*（3rd ed.）. London, 1990.

27．Christopher W. Morris. *An Essay on the Modern State*, Cambridge, 1998.

28．C. H. Schreuer. *State Immunity: Some Recent Developments*. Cambridge, 1988.

29．Charles J. Lewis, MA. *State and Diplomatic Immunity*（Second Edition）. Lloyd's of London Press Ltd. 1985.

30．E. Lauterpacht, C. J. Greenwood（ed.）, *International Law Reports*, Cambridge, 1972－2005.

31．Frederick E. Snyder and Sathirathai. *Third World Attitudes toward International Law*, Martinus Nijhoff Publishers, 1987.

32．Georg Schwarzenberge and E. D. Brown. *A Manual of International Law*,（6th ed.）. Professional Books Limited, 1976.

33．G. M. Badr. *State Immunity: An Analytical and Prognostic View.* Martinus Nijnoff Publishers, 1984.

34．Gordon, Michael Wallace. *Foreign State Immunity in Commercial Transactions*, New Hampshire: Butterworth Legal Publishers, 1991.

35．H. Fox. *The Law of State Immunity*. Oxford, 2002.

36．Higgins, Rosalyn. *Problems and Process: International Law and How We Use It.* Oxford, 1996.

37．H. Steiner, D. Vagts & H. Koh. Transnational Legal Problems. *Materials and Text*（4th ed.）. 1994.

38．I. Sinclair. *The Law of Sovereign Immunity: Recent Developments.* Oxford, 1980.

39．I. Brownlie. *Principles of Public International Law*（5th ed.）. 1998.

40．J. Brohmer. *State Immunity and the Violation of Human Rights.* Martinus Nijhoff Publisher, 1997.

41．L. Damrosch, L. Henkin, R. Pugh, et al. *International Law: Cases and*

Materials (4th ed.). 2001.

42. L. Henkin. *Foreign Affairs and the United States Constitution* (2nd ed.). 1996.

43. Malcolm N. Shaw. *International Law* (Fifth ed.). Cambridge University Press, 2003.

44. Max Sorensen (ed.). *Manual of Public International Law*. New York: St. Martiin's Press, 1968.

45. M. Janis & J. Noyes. *International Law: Cases and Materials* (2nd. ed.). 2001.

46. M. Whiteman. *Digest of International Law*, Vol. 6, 1986.

47. Nguyen Quoc Dinh, P. Daillier and A. Pettet. *Droit International Public* (7th ed.). Paris, 2002.

48. N. M. Whiteman. *Digest of International Law*, 1963 – 1973.

49. R. Y. Jennings and A. D. Watts. *Oppenheim's International Law* (9th ed.). London, 1992.

50. S. Sucharitkul. *State Immunities and Trading Activities in International Law*. Leiden, 1959.

51. S. Sucharitkul. *Immunities of Foreign States before National Authorities*. The Hague, 1976.

52. Timothy Hillier. *Principles of Public International Law*. Cavendish Publishing Limited, 1999.

53. UN Legislative Series. *Materials on Jurisdictional Immunities of States and Their Property*. New York, 1982.

54. W. P. Heere. *International Law and the Hague's 750th Anniversary*. T. M. C Asser Press, 1999.

55. Weston, R. Falk & H. Charlesworth. *International Law and World Order: A Problem Oriented Casebook* (3rd ed.). 1997.

56. W. Michael Reisman. *Jurisdiction in International Law*. Ashgate Publishing Company, 1999.

57. Akehurst, Michael. Jurisdiction in International Law. *British Yearbook of International Law* (BYIL), 1972 – 1973, Vol. 46.

58. Bray, W. and Beukes, M. Recent Trends in the Development of State Immunity in South African Law. *South African Yearbook of International Law*, Vol. 7, 1981.

59. Brockbank, Dean. The Sovereign Immunity Circle: An Economic Analysis of Nelson V. Saudi Arabia and the Foreign Sovereign Immunities Act. *George Mason*

University Law Review, Vol. 2, 1994.

60. Brownlie, Ian. Contemporary Problems Concerning the Jurisdictional Immunities of States—Definitive Report and Draft Set of Resolutions. *Annuaire de l'Institut de Droit International*, Vol. 62 – I, 1987.

61. Brown, Jonathan. Diplomatic Immunity: State Practice under the Vienna Convention on Diplomatic Relations. *International and Comparative Law Quarterly* (ICLQ), Vol. 37, 1988.

62. David P. Stewart. The UN Convention on Jurisdictional Immunities of States and Their Property. *The American Journal of International Law*, Vol. 99, No. 1, Jan., 2005.

63. Delaume, Georges R. The State Immunity Act of the United Kingdom. *American Journal of International Law*, Vol. 73, 1979.

64. Denza, E. Diplomatic Agents and Missions, Privileges and Immunities. Bernhardt, Rudolf (ed.). *Encyclopedia of Public International Law*, Vol. I, 1992.

65. *Documentation for the Members of the Committee on State Immunity of the International Law Association*, 1992.

66. Ebenroth, Carsten-Thomas. *Banking on the Act of State—International Lending and the Act of State Doctrine*, 1985.

67. Edwin D. Dickinson. Waiver of State Immunity. *The American Journal of International Law*, Vol. 19, No. 3, July, 1975.

68. Glenn, Gordon H., Padilla, David J. Immunities of International Organizations. *Virginia Journal of International Law*, Vol. 22, 1982.

69. Hazel Fox. Employment Contracts as an Exception to State Immunity: Is All Public Service Immune. *British Yearbook of International Law*, Vol. 66, 1995.

70. Hazel Fox. A "Commercial Transaction" under the State Immunity Act 1978. *The International and Comparative Law Quarterly*, Vol. 43, No. 1, Jan., 1994.

71. Mann, Frederik A. The State Immunity Act 1978. *British Yearbook of International Law*, Vol. 50, 1979.

72. Mehren, Von R. The Foreign Sovereign Immunities Act of 1976. *Columbia Journal of Transnational Law*, Vol. 17, 1978.

73. W. Bishaop. The New Policy of Restrictive Immunity of United States. *American Journal of International Law*, Vol. 47, 1953.

74. Zimmermann, Andreas. Sovereign Immunity and Violations of International Jus cogens—Some Critical Remarks. *Michigan Journal Law*, Vol. 16, 1995.

附　录

《联合国国家及其财产管辖豁免公约》

（2004 年 12 月 16 日经第 59 届联合国大会通过）

本公约缔约国，考虑到国家及其财产的管辖豁免为一项普遍接受的习惯国际法原则，铭记《联合国宪章》所体现的国际法原则，相信一项关于国家及其财产的管辖豁免国际公约将加强法治和法律的确定性，特别是在国家与自然人或法人的交易方面，并将有助于国际法的编纂与发展及此领域实践的协调，考虑到国家及其财产的管辖豁免方面国家实践的发展，申明习惯国际法的规则仍然适用于本公约没有规定的事项，议定如下：

第一部分　导言

第一条　本公约的范围

本公约适用于国家及其财产在另一国法院的管辖豁免。

第二条　用语

一、为本公约的目的：

(a)“法院”是指一国有权行使司法职能的不论名称为何的任何机关；

(b)“国家”是指：

（一）国家及其政府的各种机关；

（二）有权行使主权权力并以该身份行事的联邦国家的组成单位或国家政治区分单位；

（三）国家机构、部门或其他实体，但须它们有权行使并且实际在行使国家的主权权力；

（四）以国家代表身份行事的国家代表。

(c)“商业交易”是指：

（一）为销售货物或为提供服务而订立的任何商业合同或交易；

（二）任何贷款或其他金融性质之交易的合同，包括涉及任何此类贷款或交易的任何担保义务或补偿义务；

（三）商业、工业、贸易或专业性质的任何其他合同或交易，但不包括雇用人员的合同。

二、在确定一项合同或交易是否为第一款（c）项所述的“商业交易”时，应主要参考该合同或交易的性质，但如果合同或交易的当事方已达成一致，或者根据法院地国的实践，合同或交易的目的与确定其非商业性质有关，则其目的也应予以考虑。

三、关于本公约用语的第一款和第二款的规定不妨碍其他国际文书或任何国家的国内法对这些用语的使用或给予的含义。

第三条　不受本公约影响的特权和豁免

一、本公约不妨碍国家根据国际法所享有的有关行使下列职能的特权和豁免：

（a）其外交代表机构、领事机构、特别使团、驻国际组织代表团，或派往国际组织的机关或国际会议的代表团的职能；和

（b）与上述机构有关联的人员的职能。

二、本公约不妨碍根据国际法给予国家元首个人的特权和豁免。

三、本公约不妨碍国家根据国际法对国家拥有或运营的航空器或空间物体所享有的豁免。

第四条　本公约不溯及既往

在不妨碍本公约所述关于国家及其财产依国际法而非依本公约享有管辖豁免的任何规则的适用的前提下，本公约不应适用于在本公约对有关国家生效前，在一国法院对另一国提起的诉讼所引起的任何国家及其财产的管辖豁免问题。

第二部分　一般原则

第五条　国家豁免

一国本身及其财产遵照本公约的规定在另一国法院享有管辖豁免。

第六条　实行国家豁免的方式

一、一国应避免对在其法院对另一国提起的诉讼行使管辖，以实行第五条所规定的国家豁免；并应为此保证其法院主动地确定该另一国根据第五条享有的豁免得到尊重。

二、在一国法院中的诉讼应视为对另一国提起的诉讼，如果该另一国：

（a）被指名为该诉讼的当事一方；或

（b）未被指名为该诉讼的当事一方，但该诉讼实际上企图影响该另一国的财产、权利、利益或活动。

第七条　明示同意行使管辖

一、一国如以下列方式明示同意另一国对某一事项或案件行使管辖，则不得在该法院就该事项或案件提起的诉讼中援引管辖豁免：

（a）国际协定；或

（b）书面合同；

（c）在法院发表的声明或在特定诉讼中提出的书面函件。

二、一国同意适用另一国的法律，不应被解释为同意该另一国的法院行使管辖权。

第八条　参加法院诉讼的效果

一、在下列情况下，一国不得在另一国法院的诉讼中援引管辖豁免：

（a）该国本身提起该诉讼；或

（b）介入该诉讼或采取与案件实体有关的任何其他步骤，但如该国使法院确信它在采取这一步骤之前不可能知道可据以主张豁免的事实，则它可以根据那些事实主张豁免，条件是它必须尽早这样做。

二、一国不应被视为同意另一国的法院行使管辖权，如果该国仅为下列目的介入诉讼或采取任何其他步骤：

（a）援引豁免；或

（b）对诉讼中有待裁决的财产主张一项权利或利益。

三、一国代表在另一国法院出庭作证不应被解释为前一国同意法院行使管辖权。

四、一国未在另一国法院的诉讼中出庭不应被解释为前一国同意法院行使管辖权。

第九条　反诉

一、一国在另一国法院提起一项诉讼，不得就与本诉相同的法律关系或事实所引起的任何反诉向法院援引管辖豁免。

二、一国介入另一国法院的诉讼中提出诉讼请求，则不得就与该国提出的诉讼请求相同的法律关系或事实所引起的任何反诉援引管辖豁免。

三、一国在另一国法院对该国提起的诉讼中提出反诉，则不得就本诉向法院援引管辖豁免。

第三部分　不得援引国家豁免的诉讼

第十条　商业交易

一、一国如与外国一自然人或法人进行一项商业交易，而根据国际私法适用的规则，有关该商业交易的争议应由另一国法院管辖，则该国不得在该商业交易引起的诉讼中援引管辖豁免。

二、第一款不适用于下列情况：

（a）国家之间进行的商业交易；或

（b）该商业交易的当事方另有明确协议。

三、当国家企业或国家所设其他实体具有独立的法人资格，并有能力：

（a）起诉或被诉；和

（b）获得、拥有或占有和处置财产，包括国家授权其经营或管理的财产，其卷入与其从事的商业交易有关的诉讼时，该国享有的管辖豁免不应受影响。

第十一条　雇用合同

一、除有关国家间另有协议外，一国在该国和个人间关于已全部或部分在另一国领土进行，或将进行的工作之雇用合同的诉讼中，不得向该另一国原应管辖的法院援引管辖豁免。

二、第一款不适用于下列情况：

（a）招聘该雇员是为了履行行使政府权力方面的特定职能；

（b）该雇员是：

（一）1961 年《维也纳外交关系公约》所述的外交代表；

（二）1963 年《维也纳领事关系公约》所述的领事官员；

（三）常驻国际组织代表团外交工作人员、特别使团成员或获招聘代表一国出席国际会议的人员；或

（四）享有外交豁免的任何其他人员；

（c）诉讼的事由是个人的招聘、雇用期的延长或复职；

（d）诉讼的事由是解雇个人或终止对其雇用，且雇用国的国家元首、政府首脑或外交部长认定该诉讼有碍该国安全利益；

（e）该雇员在诉讼提起时是雇用国的国民，除非此人长期居住在法院地国；或

(f) 该雇员和雇用国另有书面协议，但由于公共政策的任何考虑，因该诉讼的事由内容而赋予法院地国法院专属管辖权者不在此限。

第十二条　人身伤害和财产损害

除有关国家间另有协议外，一国在对主张由可归因于该国的作为或不作为引起的死亡或人身伤害，或有形财产的损害或灭失要求金钱赔偿的诉讼中，如果该作为或不作为全部或部分发生在法院地国领土内，而且作为或不作为的行为人在作为或不作为发生时处于法院地国领土内，则不得向另一国原应管辖的法院援引管辖豁免。

第十三条　财产的所有、占有和使用

除有关国家间另有协议外，一国在涉及确定下列问题的诉讼中，不得对另一国原应管辖的法院援引管辖豁免：

(a) 该国对位于法院地国的不动产的任何权利或利益，或该国对该不动产的占有或使用，或该国由于对该不动产的利益或占有或使用而产生的任何义务；

(b) 该国对动产或不动产由于继承、赠与或无人继承而产生的任何权利或利益；或

(c) 该国对托管财产、破产者财产或公司解散前清理之财产的管理的任何权利或利益。

第十四条　知识产权和工业产权

除有关国家间另有协议外，一国在有关下列事项的诉讼中不得向另一国原应管辖的法院援引管辖豁免：

(a) 确定该国对在法院地国享受某种程度、即使是暂时的法律保护的专利、工业设计、商业名称或企业名称、商标、版权或任何其他形式的知识产权或工业产权的任何权利；或

(b) 据称该国在法院地国领土内侵犯在法院地国受到保护的、属于第三者的 (a) 项所述性质的权利。

第十五条　参加公司或其他集体机构

一、一国在有关该国参加具有或不具有法人资格的公司或其他集体机构的诉讼中，即在关于该国与该机构或该机构其他参加者之间关系的诉讼中，不得向另一国原应管辖的法院援引管辖豁免，但有以下条件：

(a) 该机构的参加者不限于国家或国际组织；而且

(b) 该机构是按照法院地国法律注册或组成，或其所在地或主要营业地位于法院地国。

二、但是，如果有关国家同意，或如果争端当事方之间的书面协议作此规定，或如果建立或管理有关机构的文书中载有此一规定，则一国可以在此诉讼中援引管辖豁免。

第十六条　国家拥有或经营的船舶

一、除有关国家间另有协议外，拥有或经营一艘船舶的一国，在另一国原应管辖的法院有关该船舶的经营的一项诉讼中，只要在诉讼事由产生时该船舶是用于政府非商业性用途以外的目的，即不得援引管辖豁免。

二、第一款不适用于军舰或辅助舰艇，也不适用于一国拥有或经营的、专门用于政府非商业性活动的其他船舶。

三、除有关国家间另有协议外，一国在有关该国拥有或经营的船舶所载货物之运输的一项诉讼中，只要在诉讼事由产生时该船舶是用于政府非商业性用途以外的目的，即不得向另一国原应管辖的法院援引管辖豁免。

四、第三款不适用于第二款所指船舶所载运的任何货物，也不适用于国家拥有的、专门用于或意图专门用于政府非商业性用途的任何货物。

五、国家可提出私有船舶、货物及其所有人所能利用的一切抗辩措施、时效和责任限制。

六、如果在一项诉讼中产生有关一国拥有或经营的一艘船舶或一国拥有的货物的政府非商业性质问题，由该国的一个外交代表或其他主管当局签署并送交法院的证明，应作为该船舶或货物性质的证据。

第十七条　仲裁协定的效果

一国如与外国一自然人或法人订立书面协议，将有关商业交易的争议提交仲裁，则该国不得在另一国原应管辖的法院有关下列事项的诉讼中援引管辖豁免：

（a）仲裁协议的有效性、解释或适用；

（b）仲裁程序；或

（c）裁决的确认或撤销。

但仲裁协议另有规定者除外。

第四部分　在法院诉讼中免于强制措施的国家豁免

第十八条　免于判决前的强制措施的国家豁免

不得在另一国法院的诉讼中针对一国财产采取判决前的强制措施，如查封、扣押和执行措施，除非：

（a）该国以下列方式明示同意采取此类措施：

（一）国际协定；

（二）仲裁协议或书面合同；或

（三）在法院发表的声明或在当事方发生争端后提出的书面函件；或

（b）该国已经拨出或专门指定该财产用于清偿该诉讼标的的请求。

第十九条　免于判决后的强制措施的国家豁免

不得在另一国法院的诉讼中针对一国财产采取判决后的强制措施，如查封、扣押和执行措施，除非：

（a）该国以下列方式明示同意采取此类措施：

（一）国际协定；

（二）仲裁协议或书面合同；或

（三）在法院发表的声明或在当事方发生争端后提出的书面函件；或

（b）该国已经拨出或专门指定该财产用于清偿该诉讼标的的请求；或

（c）已经证明该财产被该国具体用于或意图用于政府非商业性用途以外的目的，并且处于法院地国领土内，但条件是只可对与被诉实体有联系的财产采取判决后强制措施。

第二十条　同意管辖对强制措施的效力

虽然必须按照第十八条和第十九条表示同意采取强制措施，但按照第七条的规定同意行使管辖并不构成默示同意采取强制措施。

第二十一条　特定种类的财产

一、一国的以下各类财产尤其不应被视为第十九条（c）项所指被一国具体用于或意图用于政府非商业性用途以外目的的财产：

（a）该国外交代表机构、领事机构、特别使团、驻国际组织代表团、派往国际组织的机关或国际会议的代表团履行公务所用或意图所用的财产，包括任何银行账户款项；

（b）属于军事性质，或用于或意图用于军事目的的财产；

（c）该国中央银行或其他货币当局的财产；

（d）构成该国文化遗产的一部分或该国档案的一部分，且非供出售或意图出售的财产；

（e）构成具有科学、文化或历史价值的物品展览的一部分，且非供出售或意图出售的财产。

二、第一款不妨碍第十八条和第十九条（a）项和（b）项。

第五部分　杂项规定

第二十二条　诉讼文书的送达

一、送达传票或对一国提起诉讼的其他文书应按以下方式进行：

（a）按照对法院地国和有关国家有约束力的任何可适用的国际公约；或

（b）如果法院地国法律未作禁止，则按照求偿方和有关国家关于送达诉讼文书的特殊安排；或

（c）如无此公约或特殊安排，则：

（一）通过外交渠道送交有关国家的外交部；或

（二）采取有关国家接受的不受法院地国法律禁止的任何其他方式。

二、以第一款（c）（一）项所指的方式送达诉讼文书时，外交部收到该项文书即视为该项文书已送达。

三、在必要时，送达的文书应附有译成有关国家正式语文或正式语文之一的译本。

四、任何国家在对其提起的诉讼中就实质问题出庭，其后即不得声称诉讼文书的送达不符合第一款和第三款的规定。

第二十三条　缺席判决

一、不得对一国作出缺席判决，除非法院已查明：

（a）第二十二条第一款和第三款规定的要求已获遵守；

（b）从按照第二十二条第一款和第二款送达传票或其他起诉文书之日算起，或视为已送达之日算起至少已经四个月；并且

（c）本公约不禁止法院行使管辖权。

二、对一国作出任何缺席判决，应通过第二十二条第一款所指的一种方式并按该款规定将判决书的副本送交该有关国家，必要时附上译成有关国家正式语言或正式语言之一的译本。

三、申请撤销一项缺席判决的时限不应少于四个月，时限应从有关国家收到判决书副本或视为有关国家收到判决书副本之日算起。

第二十四条　法院诉讼期间的特权和豁免

一、如一国未能或拒绝遵守另一国法院为一项诉讼的目的所下达的关于要求它实行或不实行一项特定行为，或提供任何文件，或透露任何其他资料的命令，则这种行为除了对该案的实质可能产生的后果外，不应产生任何其他后果。特别是，不应因此对该国处以任何罚款或罚金。

二、一国对它在另一国法院作为被告方的任何诉讼，均无须出具无论何种名称的担保、保证书或保证金保证支付司法费用或开支。

第六部分　最后条款

第二十五条　附件

本公约附件为公约的组成部分。

第二十六条　其他国际协定

本公约不影响与本公约所涉事项有关的现有国际协定对缔约国所规定的，适用于这些协定缔约方之间的权利和义务。

第二十七条　争端的解决

一、缔约国应致力通过谈判解决关于本公约的解释或适用方面的争端。

二、两个或两个以上的缔约国之间关于本公约的解释或适用方面的任何争端，不能在六个月内谈判解决的，经前述任一缔约国要求，应交付仲裁。如果自要求仲裁之日起六个月内，前述缔约国不能就仲裁的组成达成协议，其中任一缔约国可以依照《国际法院规约》提出请求，将争端提交国际法院审理。

三、每一个缔约国在签署、批准、接受或核准本公约或加入本公约时，可以声明本国不受第二款的约束。相对于作出这项保留的任何缔约国，其他缔约国也不受第二款的约束。

四、依照第三款的规定作出保留的任何缔约国，可以随时通知联合国秘书长撤回该项保留。

第二十八条　签署

本公约应在2005年1月17日之前开放给所有国家在纽约联合国总部签署。

第二十九条　批准、接受、核准或加入

一、本公约须经批准、接受、核准或加入。

二、本公约持续开放给任何国家加入。

三、批准书、接受书、核准书或加入书应交存联合国秘书长。

第三十条　生效

一、本公约应自第三十份批准书、接受书、核准书或加入书交存联合国秘书长之日后第三十天生效。

二、对于在第三十份批准书、接受书、核准书或加入书交存以后批准、接受、核准或加入本公约的每一国家，本公约应在该国将批准书、接受书、核准书或加入书交存之后第三十天生效。

第三十一条　退出

一、任何缔约国可书面通知联合国秘书长退出本公约。

二、退出应自联合国秘书长接到通知之日起一年后生效。但本公约应继续适用于在退出对任何有关国家生效前，在一国法院对另一国提起的诉讼所引起的任何国家及其财产的管辖豁免问题。

三、退出决不影响任何缔约国按照国际法而非依本公约即应担负的履行本公约所载任何义务的责任。

第三十二条　保存机关和通知

一、联合国秘书长应为本公约的保存机关。

二、联合国秘书长作为本公约的保存机关，应将以下事项通知所有国家：

(a) 本公约的签署及按照第二十九条和第三十一条交存批准书、接受书、核准书或加入书或退出通知的情况；

(b) 本公约按照第三十条生效之日期；

(c) 与本公约有关的任何文书、通知或来文。

第三十三条　作准文本

本公约的阿拉伯文、中文、英文、法文、俄文和西班牙文文本同等作准。

本公约于 2005 年 1 月 17 日在纽约联合国总部开放签字。下列签署人经各自政府正式授权在本公约上签字，以昭信守。

公约附件

对公约若干规定的理解

本附件旨在列出对有关规定的理解。

第十条

第十条中的“豁免”一词应根据本公约全文来理解。

第十条第三款并不预断“掀开公司面纱”的问题，涉及国家实体故意虚报其财务状况或继而减少其资产，以避免清偿索赔要求的问题，或其他有关问题。

第十一条

第十一条第二款（d）项所提到的雇主国“安全利益”主要是针对国家安全事项和外交使团和领事馆的安全而言。

1961 年《维也纳外交关系公约》第四十一条和 1963 年《维也纳领事关系公约》第五十五条规定，条款提及的所有个人都有义务遵守东道国的法律规章，包括遵守东道国的劳工法。同时，1961 年《维也纳外交关系公约》第三十八条和 1963 年《维也纳领事关系公约》第七十一条规定，接受国有义务在行使管辖时，不对使团或领馆开展工作造成不当妨碍。

第十三条和第十四条

“确定”一词不仅指查明或核查是否有受保护的权利，而且指评价或评估此类权利的实质，包括其内容、范围和程度。

第十七条

“商业交易”一词包括投资事项。

第十九条

（c）款“实体”一词指作为独立法人的国家，以及具有独立法人地位的联邦制国家的组成部分、国家政治区分单位、国家的机构或部门或其他实体。

（c）款“与被诉实体有联系的财产”一语应理解为具有比“所有”或“占有”更广泛的含义。

第十九条并不预断“掀开公司面纱”的问题，涉及国家实体故意虚报其财务状况或随后减少其资产，以避免清偿索赔要求，或其他有关问题。